Lawrence E. Joseph

SCORPIO

SONNEN
Katastrophe

Eine kosmische Schicksalsbeziehung

368 Seiten, gebunden mit Schutzumschlag

ISBN 978-3-943416-39-8

David K. Miller

GAIA-Verbundenheit

Wie wir mit unseren Gedanken
und Gefühlen die Erde und uns
selbst heilen können

Aus dem Amerikanischen
von Jochen Lehner

TRINITY

Die Originalausgabe ist 2012 unter dem Titel Biorelativity. *Planetary Healing Technologies* bei Light Technology Publishing, O'Ryin Swanson, P.O. Box 3540, Flagstaff, AZ 86003, USA erschienen.

© 2012 by David K. Miller
© 2013 Trinity Verlag in der Scorpio Verlag GmbH & Co. KG,
Berlin · München
Umschlaggestaltung: Guter Punkt, München
Umschlagmotiv: © Getty Images
Satz: BuchHaus Robert Gigler, München
Druck und Bindung: Pustet, Regensburg
ISBN 978-3-95550-022-1

Alle Rechte vorbehalten.

www.trinity-verlag.de

Dieses Buch ist dem weltumspannenden Meditationsverbund »Gruppe der Vierzig« gewidmet, der sich mit größtem Engagement für die Heilung der Erde einsetzt.

Es wäre nicht möglich gewesen ohne Gudrun R. Miller und ihren unermüdlichen Einsatz beim Transkribieren der Channelings. Dank auch an Linda Abell, die die Manuskripte und eine erste Textfassung erstellte, sowie an Bill Spuhler und Kate Sparks, die sich um die Vorbearbeitung jedes Kapitels kümmerten und so den Weg von den Channelings zur Druckseite ebneten.

INHALT

11

EINLEITUNG

Die telepathische Kommunikation zwischen Mensch und Erde bezeichnen wir als Biorelativität. Es geht dabei um Einflussnahme auf die Folgen von Naturereignissen wie Wirbelstürmen, Vulkanausbrüchen und Erdbeben. Biorelativität hat es in der Gestalt schamanistischer Methode schon immer gegeben – die Ureinwohner Amerikas beteten um Regen, biblische Gestalten um günstiges Wetter, oder denken wir an die Kachina-Tänze der Hopi, die ebenfalls für günstige Wetterbedingungen in der Aussaat- und Wachstumszeit sorgen sollten.

Aber in der modernen westlichen Welt mit ihrer rationalen Prägung finden die schamanistischen Praktiken der Biorelativität keine allgemeine Anerkennung mehr, einfach weil die Erde nicht mehr als Lebewesen gesehen wird und Kommunikation mit etwas Unbelebtem für unmöglich gehalten wird. Die Welt hat jedoch in den letzten 25 Jahren einen Bewusstseinswandel erlebt, und manche sind Zeugen eines wichtigen Markierungspunkts dieses Wandels geworden, der sogenannten harmonischen Konvergenz des Jahres 1987. Diese harmonische Energiekonvergenz läutete eine neue Phase in der Evolution des menschlichen Bewusstseins hinsichtlich unserer Beziehung zur Erde und zum Kosmos ein. Wir lassen jetzt gelten, dass uns Menschen ein Austausch mit der lebendigen Erde möglich ist, ja sogar dass dieser lebendige Planet in einer energetischen Beziehung zur Galaxie steht.

Es zeichnet sich ab, dass die Erde über ein Rückkopplungs- oder Feedback-System verfügt: Sie antwortet uns. Wir leben auf diesem wunderbaren Planeten, dessen Biosphäre mit all ihren biologischen und energetischen Systemen leider gänzlich von der Behandlung abhängig ist, die wir der Umwelt, den anderen Lebensformen und der Erde insgesamt angedeihen lassen. Wirbelstürme, Überschwemmungen, Orkane und andere Ereignisse dieser Art können Antworten der Erde auf das Verhalten der Menschen sein.

Lichtstädte und der Baum des Lebens unterstützen die Heilung der Erde

Ich arbeite jetzt schon 15 Jahre auf diesem Gebiet der Biorelativität und zeige mögliche Ansätze auf, die ich der intuitiven Verbindung zu meinen Geist-Führern und Lehrern verdanke, darunter eine Gruppe von Lehrern der fünften Dimension, die sich »Arkturer« nennen. Gerade in den letzten fünf Jahren habe ich von ihnen mehr darüber erfahren, wie man die Prinzipien der Biorelativität noch effektiver nutzen kann, um die Erde positiv zu beeinflussen. Dieses neue Vorgehen beruht auf zwei von den arkturischen Führern benannten Voraussetzungen: den Lichtstädten und dem Plan, den arkturischen Baum des Lebens zur Heilung der Erde einzusetzen.

Bei den Lichtstädten der Erde handelt es sich um Zonen, die von Erd-Heilern ausgewiesen und betreut werden. Diese Zonen sind zur Verwahrung heiliger Energie bestimmt, damit in der jeweiligen Gegend ein möglichst hohes, reines und spirituelles Energiefeld aufrechterhalten werden kann. Hier verhalten sich die Menschen umweltbewusst und leben nach den höchsten energetischen Prinzipien, die einer höheren Energiequelle entspringen, nämlich der fünfdimensionalen Energie. Eine Vo-

raussetzung für die Aktivierung einer Gegend zur Lichtstadt besteht darin, dass dort spirituell engagierte Menschen leben. Sie müssen bereit sein, mit den Energien des Orts zu arbeiten und energetische Lichtkreise rings um die ganze Gegend anzulegen. Diese Lichtkreise erzeugt man mit Gebeten, Kristallen und Energievisualisationen. So wird dafür gesorgt, dass alles im Inneren Geschehende – sei es gesellschaftlicher, politischer oder wirtschaftlicher Art – mit Energie von höchster Qualität ausgeführt wird.

Die zweite Technik der Intervention auf der Erde, der arkturische Baum des Lebens, ist von dem Baum des Lebens abgeleitet, der in der jüdischen Mystik der Kabbala schon sehr lange bekannt ist. Der kabbalistische Baum des Lebens besteht aus einer einzigartigen Konstellation von zehn Sphären, die miteinander und mit der Erde in Wechselwirkung treten. Die Sphären sind zu Triaden angeordnet, die jede für bestimmte Energiefelder steht. Die unterste Sphäre repräsentiert die Erde und die dort manifestierte Realität.

Die Arkturer haben den Lebensbaum der Kabbala für die Heilung der Erde überarbeitet und bezeichnen seine angepasste Form jetzt als arkturischen Baum des Lebens. Dieses »Update« besteht aus zwei zusätzlichen Sphären der Energie und zwölf Zonen, die die Arkturer rings um die Erde als Entsprechungen der Energiesphären des Lebensbaums festgelegt haben. Energetisch aufgefüllt werden diese Zonen durch Downloads ätherischer Kristalle. Das Jahr 2011 wurde von den Arkturern zum Jahr der Heilung der Erde bestimmt. Die neuen Heilmittel stehen jetzt zur Anwendung bereit.

Dieses Buch ist eine Sammlung gechannelter Mitteilungen von arkturischen, indianischen und anderen mystischen Führern – darunter Juliano, Chief White Eagle, Metatron, Sananda und Erzengel Michael – die von 2009 bis Anfang 2011 übermittelt

wurden. Diese Lehrvorträge behandeln Übungen und gedank-liche Entwicklungen im Zusammenhang mit der Biorelativität, den Lichtstädten und dem arkturischen Baum des Lebens, also all das, was wir als neuere Techniken zur Heilung der Erde bezeichnen können. Manche dieser Sitzungen waren schon in früheren Sammlungen enthalten, aber wir bringen sie hier noch einmal, um eine zusammenhängende und alle Aspekte berück-sichtigende Darstellung der jüngsten Geschichte der Biorelati-vität in einem Band vorlegen zu können. So können Sie die neuen Heiltechniken für die Erde sofort anwenden und aktiv an den spannenden Veränderungen mitwirken, die Mensch und Erde zu einer heilenden Einheit zusammenführen.

1 DIE TECHNIKEN DER BIORELATIVITÄT

Juliano und die Arkturer, Chief White Eagle, Sananda

Unser Anliegen ist die Entwicklung und Übermittlung neuer spiritueller Techniken, mit deren Hilfe euer Planet tief greifend verändert werden kann. Die Erde ist im Begriff, ein fünfdimensionaler Planet zu werden, so wie du ein fünfdimensionales Wesen wirst. Die Erde weist bestimmte Muster auf, und es gibt Techniken, die Menschen anwenden können, um die Transformation der Erde zu beschleunigen. Wie könnte eine fünfdimensionale Erde aussehen und welche Art von Austausch könnte es zwischen ihr und der Adam-Spezies geben? Das Besondere an einem fünfdimensionalen Planeten liegt darin, dass er sich auf telepathischem Weg mit seinen Bewohnern verständigen kann. Diese Form der Interaktion basiert auf dem, was wir Biorelativität nennen: Die Bewohner eines Planeten erschaffen und gestalten mittels ihrer telepathischen Kräfte eine Umwelt, die mit ihren eigenen Bedürfnissen und Wünschen im Einklang ist.

Eines der derzeitigen Probleme für eure Erde wird erkennbar, wenn wir uns die Bedürfnisse ihrer Bewohner einmal näher ansehen. Etwa die Hälfte der Menschen auf eurem Planeten ist direkt oder indirekt in Konflikte und Kriege verwickelt, und da findet sich wenig, was sich zu fünfdimensionaler Energie beschleunigen ließe. Welche Bedürfnisse spielen bei Kriegen und Konflikten eine Rolle? Man möchte mehr Waffen. Man wünscht sich mehr Schlagkraft gegen den Feind. Und manchmal würde man das Land, in dem der Gegner lebt, am liebsten

ganz zerstören. Aus der Sicht der Biorelativität kann es nur so sein, dass diese Menschen destruktive Gedankenwellen in Richtung Erde schicken.

Sieh vor deinem inneren Auge einen fünfdimensionalen Planeten und zugleich die fünfdimensional orientierten Bewohner eines dreidimensionalen Planeten. Dir würde sofort auffallen, dass sie sich deutlich von den üblichen dreidimensionalen unterscheiden. Sie neigen mehr zu Einheit und Harmonie, sie beschleunigen die Transformation, die wir Aufstieg nennen.

Wenn fünfdimensionale Wesen daran arbeiten, einen dreidimensionalen Planeten in einen fünfdimensionalen zu verwandeln, setzen sie bestimmte Techniken und Gedankenmuster ein, mit denen sie den Planeten ins Gleichgewicht bringen und beschleunigen. Genau darin besteht zurzeit die Arbeit der Sternensamen und der Gruppe der Vierzig auf der Erde. Sie arbeiten mit den Gruppen derer, die fünfdimensional werden möchten, und helfen ihnen bei der Transformierung der Erdenergie zur Fünfdimensionalität.

Was die Erde aus dem Gleichgewicht bringt

Ich weiß, dass es heute durchaus eine Diskussion um Klimawandel und Erderwärmung gibt. Ja, es besteht eindeutig ein Zusammenhang zwischen der Ölkatastrophe im Golf von Mexiko und den derzeitigen Klimaveränderungen. Die Ölpest wirkt sich auf Meeresströme und schwere Stürme aus. Soweit ich sehe, fragt sich aber niemand, ob sich Konflikte und Kriege nicht auch, und zwar deutlich, auf das Klima und andere globale Parameter auswirken. Bedenkt bitte, dass die kriegslüsternen Gedankenenergien der an den Konflikten beteiligten Menschen ebenfalls an den Entgleisungen mitwirken, die ihr gegenwärtig wahrnehmen könnt.

Wir sprechen von den Bedürfnissen des Menschen und denen der Erde, und für diesen Zusammenhang verwenden wir den Begriff »Biorelativität«. Viele argumentieren heute aus wissenschaftlicher Sicht, die Erde sei eben dabei, einen neuen Gleichgewichtszustand herzustellen. Außerdem wird argumentiert, es habe globale Veränderungen schon immer gegeben, zum Beispiel Eiszeiten. Auch Phasen der globalen Erwärmung hat es bereits gegeben. Das stimmt zwar, aber unter dem Gesichtspunkt dessen, was wir »Relativität« nennen, sind globale Veränderungen nicht unbedingt im Interesse der Menschheit. Und die Biorelativität beschreibt nun, wie ihr Menschen die Erde zum Besseren beeinflussen könnt.

Die Erde wird ein neues Gleichgewicht finden, das ihr selbst und den Menschen dient, das also einen Ausgleich zwischen den Bedürfnissen des Menschen und denen der Biosphäre schafft. Und das wollen wir mit dem Begriff »Biorelativität« zum Ausdruck bringen: Die Bedürfnisse der Menschheit müssen in Relation zu den Bedürfnissen der Biosphäre und aller derzeitigen Bewohner des Planeten gesehen werden. Kein Bewohner der Erde, gleich ob Mensch oder nicht, hat etwas von einer neuen Eiszeit oder dem nächsten gigantischen Zyklon. Zunächst jedenfalls schaffen solche Umbrüche und Katastrophen eher Chaos als Abhilfe. Sicher, langfristig dienen sie wohl der Herstellung eines neuen stabilen Zustands, aber fragt euch doch einmal, ob dorthin nicht auch weniger umständliche Wege führen, auf denen nicht so viel zerstört wird. Könnte die Umstellung nicht auch harmonischer vonstattengehen? Seht euch alles an, was jetzt wieder ins Lot gebracht werden muss – die Luftverschmutzung, die Meere, die schädlichen Energien, die durch Kriege und Konflikte in die Welt gesetzt werden, und so weiter.

Ihr werdet in naher Zukunft immer wieder zu Biorelativitätsübungen aufgefordert werden. Das wird in vielen Ländern

und Regionen nötig sein, um die Kräfte der kommenden weltweiten Veränderung abzumildern, die im Moment noch kurz vor ihrem Ausbruch stehen. In dieser Mitteilung konzentrieren wir uns auf die neue Technologie der Biorelativität, die ihr benötigen werdet.

Messung und Verstärkung von Gedankenenergie

Zunächst möchte ich die Maßeinheit »Arkan« einführen, in der wir auf Arktur die Stärke einer Gedankenschwingung angeben. Auf der Erde operiert ihr mit Begriffen wie »Spannung« und »Stromstärke«, um den elektrischen Strom quantitativ zu erfassen. Mit anderen Maßeinheiten beziffert ihr die Stärke elektromagnetischer Felder. Wir wissen, dass Gedankenschwingungen ebenfalls elektromagnetische Phänomene sind, aber von so verschwindend geringer Feldstärke, dass ihr Menschen noch keine Messinstrumente dafür besitzt.

»Wozu Gedankenwellen messen?«, wirst du vielleicht fragen. Nun, in der Biorelativität kommt es darauf an, die Gedankenwellen zu verstärken, also den Arkanwert möglichst weit zu steigern. Ihr möchtet ja andere Gedanken und Muster übertönen, die ihr unwissentlich der Erde aufbürdet. Um hier etwas zu erreichen, braucht ihr stärkere Gedankenwellen. Dafür ist es nützlich, die Stärke der Gedankenwellen messen zu können.

Es gibt auf der Erde bereits ein paar interessante Beispiele für die Kraft der Gedanken. Mir fällt dazu Uri Geller ein, der allein mit der Kraft seines Geistes Löffel verbiegen konnte. Natürlich gab es Diskussionen, ob das nicht alles einfach Schwindel war, aber darauf wollen wir hier nicht eingehen. Ich nenne den Fall nur als Beispiel für mögliche Messungen der Arkanstärke von Gedanken. Ein Gedanke von hoher Arkanstärke könnte etwas bewirken, vielleicht an einem Löffel, vielleicht

auf andere Art. Uns geht es um die Frage, wie wir die Gedanken verstärken können, die von Sternensamen ausgesendet werden, um die Erde wieder ins Lot zu bringen, damit es weniger schwere Stürme und weniger Erdbeben gibt.

Es gibt mehrere Möglichkeiten, die Arkanstärke von Gedanken zu erhöhen. Im ersten Ansatz kommt es darauf an, die Richtung eines Gedankens zu erkennen. Viele stellen sich vor, Gedankenenergie fließe ganz geradlinig in Wellen. Tatsächlich ist der direkteste Weg hier jedoch nicht die Gerade, sondern eine leicht gekrümmte Bahn. Daher auch der Name der Maßeinheit »Arkan«; er ist abgeleitet von *arcus*, dem lateinischen Wort für »Bogen«, wie es euch zum Beispiel in dem Wort »Arkade« begegnet.

Wenn ihr in der Biorelativität die Ausbreitung einer Gedankenwelle visualisiert, stellt ihr euch am besten eine leicht gekrümmte Bahn vor. Gedankenwellen sind empfindlich, ihre Stärke hängt auch davon ab, wie ihr ihren Verlauf im Äther visualisiert, nämlich am besten ganz leicht bogenförmig.

Die Erde in die fünfte Dimension heben

Wir wissen, wie wertvoll es ist, Gedankenwellen verstärken zu können. Wir haben unsere arkturischen Tempel als Stätten gestaltet, an denen die Gedanken der hier Meditierenden mit Kristallen verstärkt werden. Es gibt bei uns besonders begabte »Vollzeit-Meditierende«, die einen stetigen Strom positiver Gedankenenergie zu unserem gesamten Planeten hin aussenden. So können wir einen Zustand der Homöostase aufrechterhalten. In unserer fünfdimensionalen Welt und anderen, die wir besucht haben, gibt es keine Orkane oder Vulkanausbrüche, keine überraschenden Katastrophen. Durch Meditation und andere spirituelle Arbeit haben wir auf Arktur ein Feedback-

System eingerichtet, mit dem sich die Homöostase stabilisieren lässt. So könnte es auch auf einer fünfdimensionalen Erde sein. Auf ihr würde eine höhere Harmonie mit weniger Naturkatastrophen herrschen, ein Gleichmaß, das viele als paradiesisch empfinden würden und in dem weitere Städte des Lichts entstehen könnten.

Wir möchten die Erde in die fünfte Dimension heben, um sie ins Gleichgewicht zu bringen. Fünfdimensionale Planeten sind von harmonischer spiritueller Schwingung, die sogar eine Kommunikation mit höheren Wesen auf anderen Planeten erlaubt. Einstweilen befindet sich die Erde aus unserer Sicht noch in einem eher elementaren Entwicklungsstadium, weil noch nicht wirklich intensiv versucht wurde, die Umwelt mittels Biorelativität zu stabilisieren. Euer Vorteil besteht jetzt darin, dass es Sternensamen wie euch auf der Erde gibt, die sich bereits für die Reorganisation der Energiefelder eures Planeten einsetzen. Damit schafft ihr die Voraussetzungen für den Übergang der Erde in die fünfte Dimension.

Behaltet stets die Vision der fünfdimensionalen Erde vor dem inneren Auge. Stellt euch vor, wie die Erde durch Anwendung der Biorelativität in Einklang mit den jetzt auf ihr wirkenden fünfdimensionalen Sternensamen existieren wird. Diese Sternensamen sind nötig, um die Transformation der Erde in Gang zu bringen und zu beschleunigen. Haltet euch immer das Bild der anstehenden fünfdimensionalen Transformationen bewusst, die eben jetzt beginnen, weil schon viele Sternensamen mit diesen fünfdimensionalen Bildern arbeiten.

Es geht uns wie gesagt um die Intensität der Gedanken, und deshalb haben wir die Maßeinheit Arkan eingeführt. Angenommen, du möchtest jemandem harmonisierende Gedanken zur Unterstützung der Heilung senden. Du schickst die heilende Gedankenenergie direkt in sein kosmisches Ei-Feld, die Aura. Vielleicht wird sie am oberen Ende des Ei-Felds aufge-

nommen, an der Stelle, die ihr als Kronen- oder Scheitelchakra bezeichnet. Nach dem Empfang verteilt sich die Gedankenschwingung im gesamten Energiefeld der Person, also auch in der Aura.

So ähnlich können wir es auch bei der Erde sehen. Wenn sich irgendwo eine Naturkatastrophe ereignet, beginnt die Heilung damit, dass man zunächst dem gesamten Energiefeld der Erde – ihrer Aura, die weit über die Erdoberfläche hinausreicht – Energie sendet. Das ist in solch einem Fall die grundlegende Biorelativitätsübung. Ihr fragt euch vielleicht: »Wie mache ich das? Schicke ich der gesamten Erde meine Gedankenenergie, dem Erdinneren? Von welcher bildhaften Vorstellung lasse ich mich dabei leiten?« Hier wird auch etwas über Meridiane und Ley-Linien zu sagen sein.

Zur Beantwortung der letzten Frage kann der Hinweis dienen, dass wir die Erde als »Blaues Juwel« bezeichnen. Die wunderschönen Aufnahmen der Erde, die ihr von Satelliten oder Raumschiffen aus gemacht habt, vermitteln euch aus dieser Perspektive ein Bild des Energiefelds der Erde. Um der gesamten Aura der Erde Energie schicken zu können, müsst ihr euch die Erde aus einer Höhe von mindestens 80 bis 100 Kilometern vorstellen. Diese Perspektive weist euch eine geozentrische oder geostationäre Umlaufbahn zu, die durchaus auch in einer Höhe von 30.000 Kilometern verlaufen kann. Stellt euch am Beginn der Übung einen Punkt in dieser Höhe über der Erdoberfläche vor.

Wir haben, um die Lokalisierung dieser Bahn zu erleichtern, eine Markierung über der Erde angebracht, die wir »Iskalia-Spiegel« nennen. Diesen Iskalia-Spiegel haben wir über dem ätherischen Energiefeld der Erde in der Verlängerung der Erdachse über dem Nordpol positioniert – an einem Punkt, dem beim Menschen das Kronenchakra entspricht. Die erste Stufe der Biorelativität besteht nun darin, dass ihr fünf-

dimensionale Energie über den Iskalia-Spiegel zur Erde sendet. Auf diese Art können die Licht- und Heilenergie so verteilt werden, dass sie ausgleichend wirken. Wir sehen das als hochwirksame Form der Gedankenheilung für die Erde.

Verstärkung der Gedankenenergie

Eure heilenden Gedanken sollen natürlich von möglichst hoher Arkanstärke sein. Wie viel Arkan kannst du allein aufbringen? Ein Einzelner kann vielleicht Licht von zehn Arkan zum beschriebenen »Scheitelpunkt« der Erde aussenden. Deswegen sagen wir, dass ihr eure Gedanken stärker machen müsst, und das kann durch unsere ätherischen Kristalle geschehen. In unserem arkturischen Tempel wird Gedankenenergie mit solchen Kristallen verstärkt, die wir rings um die Meditierenden installieren. So lässt sich die Energie der Gedanken um das Zehn- bis Fünfzehnfache verstärken.

Viele meinen, die Kraft der Gedanken hänge von der Anzahl der beteiligten Personen ab. Es trifft zwar zu, dass die Zahl der Teilnehmer für die Arkanstärke der Gedanken mitbestimmend ist, doch selbst ein Einzelner kann seine Gedanken für die Menschheit so stark machen, dass er die Gedanken vieler anderer, das heißt deren negative Energie, wettmacht. Das Denken des Jesus-Sananda ist dafür ein gutes Beispiel. Denk nicht, dass unbedingt Tausende beteiligt sein müssen.

Andererseits sind große Gruppen natürlich eine gute Sache. Wir haben herausgefunden, dass für die höchste Arkanstärke der Gedankenmuster in der Biorelativität 1 600 Sternensamen oder Lichtwerker optimal sind, und zwar aufgeteilt in 40 Gruppen mit je 40 Teilnehmern. Die Zahl 40 ist für Gruppenarbeit immer von Bedeutung, und das gilt auch für Biorelativitätsübungen für bestimmte Zwecke, wie etwa schwere Sturmtiefs.

Diese Übung hat noch einen zweiten Aspekt: Wenn du die Biorelativitätsaktion über den Scheitelpunkt der Erde wie beschrieben eingeleitet hast, kannst du von dort aus die ausgleichenden Lichtwellen direkt dorthin senden, wo sie gerade benötigt werden. Hier ist es ganz wichtig, die Radarbilder der Erde einzubeziehen. Wir sind ganz begeistert von dem Wetterradar, das ihr jetzt auf der Erde habt. Wenn ihr also bei schweren Stürmen die Biorelativität über den Iskalia-Spiegel koordiniert, dann sendet ihr das Licht vom Spiegel aus zu den Bildern des Wetterradars und könnt dabei direkt deren Veränderung hin zu einem Abklingen des Sturms visualisieren.

Drittens lässt sich wie erwähnt die Arkanstärke eurer Heilgedanken mit ätherischen Kristallen anheben. Wenn du beispielsweise Gedanken von zehn Arkan aufbieten kannst, lässt sich das mit den Kristallen um das Fünfzigfache steigern. Noch viel mehr Beschleunigung entsteht natürlich, wenn solche Heilgedanken über den Iskalia-Spiegel und folglich nochmals verstärkt zur Erde gelangen. Du kannst zu dieser Verstärkung auch mehrere Kristalle anwenden, dann aber möglichst in der Anordnung eines Dreiecks, sofern es mehr als zwei Kristalle sind. Von solch einem Lichtdreieck aus kannst du Gedankenenergie von bis zu annähernd 50 Arkan aussenden.

Die Bedeutung der Meridian- oder Ley-Linien-Muster

Für die Übertragung von Gedankenenergie in der Biorelativität sind außerdem die Ley-Linien von Bedeutung. Jemand aus der arkturischen Gruppe der Vierzig möge zur Vergegenwärtigung der Erde eine Erdkarte oder einen Globus beschaffen. Zeichnet die Meeresströme ein, und nutzt die Karte oder den Globus dann für einen Biorelativitätsübung zur Regulierung der Meeresströme. Die Meeresströmung steht in direkter Feedback-

Verbindung mit dem Kern der Erde, und das Ganze dient dem homöostatischen Gleichgewicht der Erde. Die Meeresströmungen sind eigentlich Meridiane. Andere für die Biorelativität wichtige Meridiane stehen mit dem pazifischen Feuerring, den Ley-Linien, die den Äquator kreuzen, und der vom Nordpol zum Südpol verlaufenden Ley-Linie in Zusammenhang. Erstaunlicherweise sind sogar die Linien der internationalen Zeitzonen so etwas wie Meridiane. Dieses Meridiansystem ist zwar künstlich über die Erde gebreitet worden, aber es hat trotzdem seinen Stellenwert.

Im Zusammenhang mit den Meridianlinien sprechen wir außerdem vom »Ring des Aufstiegs«. Gemeint ist eine ätherische Ley-Linie rings um das kosmische Ei der Erde, ihr Energiefeld. Stellen wir uns noch einmal vor, dass wir uns hoch über der Erde befinden und ihr Energiefeld als kosmisches Ei sehen. Wir sind jetzt über dem Nordpol in der Nähe des Iskalia-Spiegels. Wir sitzen hier in unserem fünfdimensionalen Körper und haben zugleich unseren dreidimensionalen Körper auf der Erde. Lass dieses Bild einen Moment lang auf dich wirken.

Verbinde dein drittes Auge mit einem Gedanken, und versende ihn dann über den ätherischen Kristall, dem du dich innerlich besonders nahe fühlst. Das kann der Grose-Valley-Kristall in Australien sein oder der Mount-Shasta-Kristall in Kalifornien oder vielleicht der Kristall im spanischen Montserrat. Diesem Kristall schickst du deinen Gedanken der Heilung, des wiederhergestellten Gleichgewichts der Erde und des Einklangs unter den Menschen. Der Kristall verstärkt den Gedanken. Du befindest dich in einem höheren Zustand und sendest den Gedanken mit fünf Arkan, die der Kristall auf 50 Arkan anhebt.

Der Weg des Gedankens verläuft von deinem dritten Auge zum Kristall, von dort aus direkt zu deinem fünfdimensionalen Körper über dem Iskalia-Spiegel und dann über den Spiegel und nochmals verstärkt zum Energiefeld der Erde. Halte dir

diesen Verlauf jetzt direkt vor Augen. Während du das tust, findet der Energie-Download ins kosmische Ei der Erde statt, und die Energie kann dann verteilt werden, zum Beispiel auf Meeresströme oder auf Risse in der Aura der Erde.

Während wir die Energie halten, möchte ich noch zwei weitere Möglichkeiten der Erhöhung der Arkanstärke von Gedanken ansprechen. Wenn ihr bei dieser Biorelativitätsarbeit eine Abstimmung bewerkstelligen könnt, lässt sich die Gedankenenergie auch auf diesem Wege verstärken. Ihr könnt beispielsweise über die Zentralsonne Gedanken senden und empfangen. Die Abstimmung verbindet euch mit der Zentralsonne, und ihr könnt sie deshalb als Verstärker einsetzen. Viele von euch können sich auch nach dem Stern Arktur ausrichten, vor allem wenn er nachts zu sehen ist. Auch das ist sehr wirksam zur Verstärkung der Gedanken.

Solche Abstimmungen können nicht nur räumlicher, sondern auch zeitlicher Art sein. Das Datum 11.11.11 beispielsweise markierte eine bedeutende Abstimmung, die euch Gelegenheit zur Erhöhung der Arkanstärke eurer telepathischen Gedanken bot, sodass jetzt wirksamere Biorelativitätsübungen möglich sind. Natürlich waren auch der 12.12.12 und der 22.12.12 gewaltige Momente der Ausrichtung und Abstimmung, die ähnliche Chancen boten.

Schließen wir diese Gedankenübung jetzt ab, damit du von deinem fünfdimensionalen Körper beim Iskalia-Spiegel in deinen Erdenkörper zurückkehren kannst. Der hier erzeugte Energie- und Lichtstrom wird noch mindestens zwei Stunden anhalten. In dieser Zeit kannst du den Iskalia-Spiegel jederzeit wieder besuchen.

Jetzt wird Chief White Eagle noch weiter über die Erhöhung der Arkanstärke eurer Gedanken, aber auch über weitere Methoden des Aufbaus telepathischer Kräfte zur Heilung der Erde mit euch sprechen.

Das Medizinrad und seine Kräfte

Chief White Eagle

Mir, Chief White Eagle, seid ihr alle lieb und wert, weil ich weiß, dass ihr euch für die Heilung der Erde einsetzt. Viele von euch sind zurückgekehrt, weil sie in dieser Inkarnation Erd-Heiler sein und dazu ihre Fähigkeiten und ihre Herzenergie einbringen möchten.

Juliano hat einen entscheidend wichtigen Gedanken vorgegeben: Die Erde benötigt fünfdimensionale Sternensamen, wenn sie sich selbst in die fünfte Dimension erheben möchte. Deshalb haben viele von euch den Wunsch, über den ersten Aufstieg, die erste Welle hinaus auf der Erde zu bleiben, bis sie selbst aufgestiegen ist. Dieses Engagement finde ich sehr anerkennenswert. Ich verstehe und achte eure Gefühle. Bedenkt aber auch, dass euer eigener Aufstieg die Bildung höherer Gedankenwellen und auf diesem Wege den Aufstieg der Erde fördert. Es bringt den Planeten ein großes Stück weiter, wenn seine Menschen aufsteigen. Alles wird im Energiefeld und der Aura der Erde aufgezeichnet. Was ihr zur Transformation der Erde beitragt, geht nicht verloren, wenn ihr selbst aufsteigt.

Ich spreche aus der Sicht der eingeborenen Völker und kann euch sagen, dass wir uns des Medizinrads und der Arkan-Energie eurer Gedanken bedienen. Das Medizinrad ist ein sehr wirksamer Verstärker des Denkens, wenn ich auch nicht wie Juliano einen Faktor angeben kann. Ich kann nicht sagen: »Geht ins Medizinrad, und eure Gedanken werden um das Zehnfache stärker.« Wir denken nicht wissenschaftlich. Aber das Medizinrad, das wissen wir, ist ein aus höheren galaktischen Quellen stammendes heiliges Werkzeug.

Wenn wir in unseren Medizinrädern meditieren und mit Mutter Erde sprechen, werden unsere Gedanken deutlich höher

gestimmt und verstärkt. Deshalb verwenden wir das Medizinrad in unseren Zeremonien zur Heilung von Menschen und zur
Heilung der Erde. Wir bilden das Medizinrad zu verschiedenen
Zeiten, nachts bei Vollmond oder in der Morgendämmerung
oder am Abend oder wenn bestimmte Gestirne aufgehen. Es
gehört zu unseren Gebeten und Gebetskreisen. Wir sehen das
Medizinrad als große Hilfe für die Heilung der Erde an, weil es
uns direkt mit dem Feedback-System der Erde verbindet.

Wir scheuen keine Mühe bei der Einrichtung des Medizinrads, wir verwenden die schönsten Steine und Kristalle, die wir
finden können. Das macht die Kraft des Medizinrads aus, seine
Fähigkeit, unsere Gedanken zu verstärken. Ihr in der Gruppe
der Vierzig erzeugt 40 Medizinräder rings um den Globus und
verstärkt damit eure Heilkräfte für die Erde. Wenn ihr euch
alle zusammen in eurem Medizinrad einsetzt, zeitlich abgestimmt mit allen anderen Gruppen in der Welt, werdet ihr Erstaunliches vollbringen.

Ich werde gebeten, etwas über das Sprechen und Beten als
Form der Biorelativität zu sagen. Wir visualisieren nicht nur,
wir reden mit der Erde. Im gewissen Sinne sind wir darin wie
die alten Meister der Kabbala. Wir glauben an die Kraft des
Sprechens, die in der Reinheit der Worte liegt. Die Wahl der
richtigen Worte ist wie die Wahl der richtigen Gedanken. Wenn
wir das Medizinrad anlegen, dann in dem Bewusstsein, dass
jedes darin gesprochene Wort heilig ist. Jedes Wort gelangt direkt an die richtige Stelle auf der Erde, um dort Veränderungen
einzuleiten und ein höheres Gleichgewicht herzustellen, das
der Menschheit dient.

Mutter Erde, wir beten jetzt in unserem ätherischen Medizinrad darum, dass die Erde in ein neues Gleichgewicht mit
einem neuen System der Kommunikation gebracht werden
kann. Möge es so geschehen, dass die Erde in eine höhere Ausrichtung kommt und alle Umstellungen harmonisch ablaufen

können. Ich rufe das Medizinrad auf, sich nach der Zentralsonne auszurichten.

In der Trance gehen wir über unser Normalbewusstsein hinaus, das ist der Sinn unserer Gesänge und Tänze. In dem Raum, in den wir so gelangen, wird die Kraft unserer Gedanken – die Arkanstärke, wie Juliano sagt – vermehrt.

Ich hoffe, dass ihr alle in euren Medizinrädern tätig werdet und bleibt. Ich bin bei euch, wenn ihr in euer Medizinrad eintretet. Jetzt möchte ich, dass Sananda noch ein paar Worte sagt.

Aufstiegsleitern im Licht

Sananda

Ich bin sehr froh über das, was ihr im Hinblick auf die Aufstiegsleiter über Jerusalem und dem Tempelberg geschafft habt. Mein Herz schlägt für jeden Einzelnen von euch, der daran beteiligt ist. Das gilt auch für die Schaffung der Aufstiegsleiter über Sedona in Arizona. Es war wirklich ein besonderer Augenblick im Frühjahr 2011, auch als ich dann zur Tagundnachtgleiche beim Download der zweiten Aufstiegsleiter von Sedona zugegen war.

Jeder von euch möchte etwas zum Aufstieg beitragen. Wenn ihr nicht in der ersten Welle aufsteigt, bedenkt bitte, dass die Schaffung weiterer Aufstiegsleitern ganz wichtig für den Download von fünfdimensionalem Licht ist. Ein Planet benötigt Leitern für die Verbindung zur fünften Dimension, und eben jetzt wird die Einrichtung der nächsten vorbereitet.

Denkt dabei an Jakobs Leiter, an die Engel und anderen Wesen, die über diese Leiter auf- und abstiegen. Aufstieg führt in eine höhere Dimension; Abstieg ist das, was wir hier »Down-

load« nennen: die Versorgung bestimmter Orte mit fünfdimensionaler Energie. Wir werden weiter am Aufbau dieser heiligen
Energie arbeiten. Die Erde gelangt in ein neues Gleichgewicht.
Ihr könnt euch darauf freuen. Der Baum des Lebens soll auch
den Namen »Baum des Lichts« tragen, denn dies ist das Ziel:
das Licht über die ganze Erde auszubreiten.

2 DIE AUFSTIEGSLEITER ÜBER JERUSALEM

*Juliano und die Arkturer, Sananda,
Erzengel Michael*

Wir Arkturer und insbesondere ich, Juliano, beteiligen uns mit großer Freude und Begeisterung an eurem Werk. Es ging mit eurer Hilfe um die Einrichtung der himmlischen Aufstiegsleiter über dem Felsendom in der Altstadt von Jerusalem. Es handelt sich hierbei um ein Schlüsselelement eures gesamten Aufstiegswerks. Der Aufstieg in die fünfte Dimension bedarf vieler Vorarbeiten und komplexer Verknüpfungen, und es ist für euch wichtig, das genau zu verstehen.

Das hat auch viel mit der Ausrichtung und Abstimmung der Erde zu tun. Wichtig war zum Beispiel die Ausrichtung zur Zentralsonne am 21. und 22. Dezember 2012. Wir haben auch die Ausrichtungen im Hinblick auf die Präzession der Erde verzeichnet, die einen Zyklus von 26.000 bis 27.000 Jahren hat. An vielen Stellen der Galaxis finden Aktivierungen statt. Wir wissen, dass die Erde und dieser ganze Bereich der Galaxis eine spirituell aktive und offene Zone ist. Ihr werdet euch erinnern, dass wir bereits über Finsternisse gesprochen haben – sie bieten einen so wunderbaren Anblick, dass viele auf der Erde weite Reisen auf sich nehmen, um sie zu sehen. Auf der galaktischen Ebene können wir Ähnliches über die Zentralsonne sagen. Stellt euch vor, die Erde käme an eine Position in der Galaxis, wo ihr eine Schlüsselrolle für die bevorstehenden Ausrichtungen zur Zentralsonne zufallen würde. Und stellt euch anschaulich vor, dass dieses gewaltige

Schauspiel der Ausrichtung zur Zentralsonne jetzt bevorsteht und bald einsetzen wird.

Viel ist über den Umbruchs- und Endzeitaspekt des Ereignisses im Dezember 2012 gesagt worden. Nach unserer Ansicht handelte es sich um eine Verschiebung, die viele Aspekte hat und viele Dimensionen betraf. Unter anderem besteht ein Zusammenhang mit dem, was wir den »Wendepunkt« nennen. Mit diesem Begriff ist gemeint, dass etwas zur Reife kommt und dann Neues in Bewegung gesetzt wird. Veränderungen müssen rechtzeitig eingeleitet werden, denn am Wendepunkt besteht keine Möglichkeit mehr, die Energie »zurückzusetzen«. Das hat aber nie bedeutet, dass es sich um eine Endzeit gehandelt hätte.

Vielmehr ist es ganz wichtig, dass jetzt alle Sternensamen, alle Lichtwerker und alle, die aufsteigen möchten – unter ihnen die Erd-Heiler – mit aller Kraft ihre spirituelle Arbeit fortsetzen.

Der Dezember 2012 hat das bereits in Gang Gesetzte einfach enorm beschleunigt. Alles in Gang Gesetzte folgt erst einmal seiner Bahn. Wer in Finsternis lebt oder polarisiert, wer sich Habgier und Herrschsucht beugt oder die Umwelt missachtet, wird vielleicht dabei bleiben wollen. Aber, und das ist ein großes Aber, der Dezember 2012 hat das, was jeder eingeschlagene Weg an Folgen haben muss, ein großes Stück näher gebracht. Wer wie ihr spirituelle Arbeit geleistet hat, wird in dieser Zeit große Chancen geboten bekommen.

Spirituelle Auswirkungen der Zentralsonnenfinsternis

Stellt euch eine Mondfinsternis vor. Ihr wisst, dass eine totale Mondfinsternis von der ersten Schattenbildung über die volle Abdeckung der Mondscheibe bis zu den letzten Schattenresten Stunden dauern kann, wobei die totale Finsternis nur einige Minuten anhält.

Eine Sonnenfinsternis läuft äußerlich gesehen ähnlich ab, nur dass während der totalen Abdeckung der Sonnenscheibe eine drastische Veränderung des Lichts und der elektromagnetischen Energie eintritt. Bekanntlich können bestimmte wissenschaftliche Experimente nur während einer Sonnenfinsternis durchgeführt werden, und tatsächlich wurden Einsteins Ansichten über die Natur des Lichts und über Relativität während einer Sonnenfinsternis bestätigt.

Ich erzähle das zur Veranschaulichung einer Sonnenfinsternis, die sich im Dezember 2012 ereignet hat, die ihr aber von der Erde aus nicht sehen konntet. Es handelte sich um die Verfinsterung der Zentralsonne durch eure Sonne, ein Ereignis von unglaublicher Energie und spiritueller Strahlkraft. Wir sprechen hier also über eine Sonnenfinsternis von ganz anderen Dimensionen, denn die Zentralsonne ist Tausende Lichtjahre von der Erde entfernt.

Viele haben etwas von diesen Vorgängen gespürt. Ihr wisst ja, dass Verfinsterungen eurer Sonne durch den Mond immer eine gewisse, auch im Tierreich zu beobachtende Verunsicherung oder Desorientierung mit sich bringen, in früheren Zeiten auch große Ängste, weil die Menschen keine Erklärung für die Erscheinung hatten. Dies als Vorbemerkung zu der Beobachtung, dass viele Menschen während der Zentralsonnenfinsternis im Dezember 2012 etwas in Verwirrung gerieten und zu irrationalem Verhalten neigten.

Nun, jeder kann einmal verwirrt sein. Du bist zwar ein fünfdimensionaler Lichtwerker, aber dein niederes oder animalisches Ich hast du trotzdem noch. Für den Aufstieg geht es ja auch darum, dieses animalische Ich unter Kontrolle zu bringen und seine Energie in höhere Energie zu transformieren. Wenn das animalische Ich verunsichert ist, ruft das mitunter das spirituelle Ich, das wissenschaftliche Ich, das Forscher-Ich auf den Plan – erinnere dich an die Bestätigung von Einsteins Theorien

während einer Sonnenfinsternis. Kurz, bei einer Sonnenfinsternis sind große intellektuelle Leistungen und eine hohe spirituelle Verwirklichung möglich.

So stellen wir euch jetzt auch neue spirituelle Technologie zur Verfügung, die gerade in dieser Phase besonders wirksam eingesetzt werden kann. Eine dieser spirituellen Errungenschaften, die wir euch erst neuerdings anbieten können, die aber der Mithilfe vieler aus der Gruppe der Vierzig zu verdanken ist, besteht in der Aktivierung der Aufstiegsleiter über Jerusalem. Das ist jetzt eine weitere Stelle, an der Aufstiegsenergien zugänglich werden. Ich werde Sananda und Erzengel Michael bitten, dir Näheres darüber zu erzählen. Ich kann dir aber sagen, dass wir Arkturer schon mit vielen anderen Planeten zusammengearbeitet haben und einige von ihnen bereits den Aufstieg bewältigt haben.

Die Einrichtung der Aufstiegsleitern ist von größter Bedeutung für den Aufstieg der Erde insgesamt. Wir möchten mindestens drei oder vier weitere Leitern bereitstellen. Mit eurer Hilfe trauen wir uns das zu. Du wirst vielleicht fragen, wozu weitere Leitern erforderlich sind. Nun, bei der Bevölkerungsdichte der Erde und all den vielen Sternensamen ist es nicht nur möglich, sondern auch wünschenswert, für mehr Leitern dieser Art zu sorgen. Sie befinden sich derzeit noch in Planung. Im Moment sind wir einfach sehr stolz auf die Leiter über Jerusalem. Jetzt wird Sananda sprechen.

Die Aufstiegsleiter und wie man sie benutzt

Sananda

Ich segne euch von Herzen und übermittle auch den Segen meines Vaters und der aufgestiegenen Meister. Ihr wisst, wie wich-

tig Jerusalem und die dort vorhandene spirituelle Energie für unsere Arbeit sind. Die jetzt installierte Aufstiegsleiter ist eigentlich die Erneuerung einer schon viele Jahrhunderte in Jerusalem vorhandenen Leiter. Sagen wir, es war einfacher, eine alte Aufstiegsleiter zu erneuern, als eine völlig neue einzurichten. Wir leben in einer Zeit, die sich deutlich von der eurer Vorfahren unterscheidet. Es ist eine Zeit der Polarisierung und der großen Konflikte, aber eben auch eine Zeit der Spiritualität und des Lichts. Zum ersten Mal findet auf breiter Basis ein Erwachen statt, sodass sich die Chance zu einem Massenaufstieg Tausender bietet.

Ihr werdet wissen wollen, wie man die Aufstiegsleiter handhabt. Es gibt etliche wichtige Dinge, die ich euch dazu erzählen muss. Zunächst einmal müssen Liebe und Einssein in euch sein, damit ihr euch der Leiter überhaupt nähern könnt und in ihr Energiefeld eingelassen werdet. Dieses Einssein beruht auf dem, was ihr bereits über die fünfte Dimension wisst. Ihr nähert euch also der Leiter in diesem Einheitsbewusstsein, eurem höchsten Bewusstsein, in dem ihr die Einheit der Polaritäten erkennt. Ihr erkennt die Vollkommenheit des göttlichen Plans, den ihr unmittelbar vor Augen habt. Ihr bleibt in dieser Bewusstheit, auch wenn ihr vielleicht nicht ganz durchschaut, wie sich die Dinge auf der Ebene des Normalbewusstseins abspielen.

Denkt daran, dass ihr am Einlass zur Leiter, gleich bei ihrer ersten Sprosse, in den Austausch mit ihrer Energie kommt und in einen höheren Bewusstseinszustand eintretet. Lasst euch von dieser energetischen Öffnung, diesem energetischen Zug, nicht verunsichern. Ihr könnt euch immer sagen, dass eure Intention, eure spirituellen Studien und eure Meditation euch sicheren Boden für die Aktivierung dieser Energie und für den höheren Bewusstseinszustand bieten. Dann wird der Rest der Leiter erscheinen. Zuerst seht ihr nur ein paar Sprossen. Wenn ihr zu steigen beginnt und nach oben blickt, seht ihr viele weitere.

Sehr wichtig ist außerdem zu wissen, dass man nicht in Jerusalem sein muss, um zur Leiter zu kommen. Juliano hat euch viele Techniken der Gedankenprojektion vermittelt. Natürlich wäre es vorteilhaft, in Jerusalem zu sein, wenn die Aufstiegsenergie am stärksten ist und der Moment des Aufstiegs da ist. Aber es ist eben auch so, dass von der Aufstiegsleiter und dem massenhaften Aufstieg über dem Felsendom eine positive Wirkung auf ungezählte Menschen überall auf der Erde ausgeht.

Würde der Aufstieg irgendwo in einer abgelegenen Gegend stattfinden, sagen wir am Lago Puelo in Argentinien, wo ihn nur ein paar Leute direkt miterleben würden, wäre er natürlich weniger spektakulär. Aber in Jerusalem, wenn der Himmel aufgeht, die Aufstiegsleiter erscheint und Tausende sich an den Aufstieg machen, das wäre schon etwas anderes. Ihr wisst ja, wie alle Blicke auf Jerusalem gerichtet sind. Über alles, was sich dort abspielt, wird mit Lichtgeschwindigkeit überall auf der Welt berichtet. Wenn ihr nicht selbst dort sein könnt, habt ihr immer die Möglichkeit, euch mittels Gedankenprojektion dorthin zu versetzen. Außerdem haben wir da jetzt auch jemanden, der zur Gruppe der Vierzig gehört, der dem Aufstiegslicht und der Aufstiegsleiter als Anker dient.

Ein dritter wichtiger Punkt zu dieser Leiter: Wenn ihr meditiert, visualisiert und euch zur himmlischen Aufstiegsleiter projiziert, werdet ihr eine Erfahrung von unglaublicher ekstatischer Freude machen. Ich kann euch versichern, dass nichts, was ihr je erlebt habt, dieser Freude gleichkommt. Nichts auf der Erde kommt dem auch nur nahe. Ihr werdet allen Schmerz, allen Kummer, alles Drangsal eurer früheren Leben auf der Erde verstehen und sie in diesem Augenblick in Liebe und Freude annehmen.

Ihr werdet wissen, dass alles, was ihr je getan und erlebt habt, Vorbereitung des Aufstiegs war und euch jetzt an diesen Ort führt. Während eurer früheren Erlebnisse habt ihr viel-

leicht nicht gewusst, weshalb die Umstände so waren, weshalb euch bestimmte Schwierigkeiten begegneten, doch all das wird euch vollkommen klar sein, sobald ihr euch der Leiter nähert und zu steigen beginnt. Ihr werdet wissen, dass jeder Schritt dazugehörte und ein Schritt der Anbahnung war. Ich weiß aus eigener Erfahrung, dass selbst ein grausamer und schmerzhafter Tod in keiner Weise gegen den Aufstieg spricht. Das wurde, wie ihr wisst, bewiesen, es wurde der Welt vor Augen geführt. Nicht dass euch ein solcher Tod bevorstehen müsste; ich will nur sagen, dass alles, was auf der Erde geschieht, im Augenblick des Aufstiegs sein rechtes Maß findet.

Mit Julianos Hilfe werden wir drei weitere Aufstiegsleitern auf der Erde einrichten. Ich werde bei Juliano und Erzengel Metatron sein, wenn sie die Standorte der Leitern bekannt geben. Die Energie der Leiter über dem Felsendom muss über einige Zeit gehalten werden, dann werden sich Hinweise auf die nächste ergeben. Vergesst nicht, euch mittels Gedankenprojektion dorthin zu versetzen, zu dieser Leiter. Verwendet die ätherischen Kristalle, die Juliano und die Arkturer installiert haben – sie sind so etwas wie spirituelle »Teilchenbeschleuniger«. Juliano hat über Physik und Kosmologie gesprochen, und dieses Bild des Teilchenbeschleunigers lässt sich für die Verstärkung spiritueller Energien verwenden. Verwendet also die Kristalle als spirituelle Beschleuniger, wenn ihr euch zur Aufstiegsleiter über dem Felsendom projiziert.

Wendet euch nun, wie Juliano schon sagte, eurem Lieblingskristall zu. Ich sende mein Licht und meine Energie jetzt zu dem wunderbaren Kristall in Montserrat bei Barcelona. Wenn ihr euch mir anschließen möchtet, schickt euer Licht ebenfalls dorthin. Das Licht von Montserrat wird eben jetzt zur Aufstiegsleiter projiziert. Projiziert euch vom ätherischen Kristall in Montserrat aus zum unteren Ende der Aufstiegsleiter über Jerusalem. Ich stehe schon dort und begrüße euch. Wir

blicken zusammen die Sprossen hinauf zur fünften Dimension. Aufsteigen könnt ihr jetzt nicht, aber ich habe den Zugang geöffnet, das Energiefeld der Leiter. Schaut nach oben und seht die himmlischen Heerscharen. Da ist Erzengel Michael, mein Sohn. Er wird jetzt von der sechsten Sprosse aus zu euch sprechen. Seht ihn schweben in diesem ätherischen Licht.

In die Höhe schimmern

Erzengel Michael

Ich heiße euch alle bei dieser wunderbaren Leiter willkommen. Man spürt hier das Wirken all der Propheten und Weisen und religiösen Führungsgestalten, die im Laufe der Jahrhunderte hier gewesen sind. Das ist die alte Aktivierung, und ich reiche jetzt eine helfende Hand zu einer neuen Aktivierung. Es ist die neue Aktivierung der Sternenfamilien, der Sternenbruderschaft und Sternenschwesternschaft sowie der fünfdimensionalen Meister.

Fünfdimensionales Licht strahlt von der Zentralsonne her die Leiter herab. Ich leite es euch zu, bis jeder in dieses Licht getaucht ist. Empfangt es jetzt, es wird euch die Sprossen der Aufstiegsleiter hinaufhelfen. Macht euch im Näherkommen bewusst, dass euer Körper wie ein Umhang ist. Ihr braucht ihn nur abzulegen, dann seid ihr im Licht eurer Seele, in ihrem Energiefeld.

Euer höheres Ich, Neschama, erstrahlt, während ihr euch der Leiter nähert. Juliano hat euch vom »Schimmern« erzählt, das euch mit eurem fünfdimensionalen Ich verbindet. Visualisiert euer fünfdimensionales Ich jetzt am oberen Ende der Leiter und das dreidimensionale Ich als in einen höheren Zustand versetzt. So gesteigert, fühlt ihr, dass ihr den Umhang eures niede-

ren Ichs ablegen und euch ans obere Ende der Leiter »schimmern« könntet. Euer fünfdimensionales Ich wartet da oben auf euch. Ich zähle bis drei, und dann schimmert ihr euch nach oben. Euer irdischer Körper bleibt hier unten. Also, los!

Wir befinden uns jetzt in einem herrlichen ätherischen Garten mit hochfrequentem Licht. Die Last eures dreidimensionalen Körpers ist vorübergehend von euch genommen. Ihr sitzt hier im großen Kreis mit mir, Sananda und Juliano. Ich werde in Stille und Meditation sitzen, während ihr das große Licht erlebt. Es fühlt sich so gut an, mit Freunden in diesem Lichtkreis zu sein, in diesem großen Lichtkreis mit euren Sternensaat-Freunden. Wir sind die weiße Bruderschaft und Schwesternschaft. Wir sind eine Seelengruppe, eine dem höchsten Licht geweihte Familie.

Jetzt schimmert zurück in euren dreidimensionalen Körper auf der Erde. Wir sind wieder am Fuß der Aufstiegsleiter. Ihr kommt in einem neuen spirituellen Licht zurück, in einem neuen spirituellen Energiefeld. Ihr habt uns zu einer tieferen Reaktivierung der Aufstiegsleiter von Jerusalem verholfen. Kehrt zu dem ätherischen Kristall zurück, von dem ihr ausgegangen seid – für mich wird es Montserrat sein. Dort kehrt zu eurem stofflichen Körper zurück, wo er vorher war. Richtet euch ganz in ihm ein, bis ihr eins mit ihm seid. Legt die rechte Hand aufs Herz, und wenn ihr es spürt, sprecht diese Affirmation: »Ich fühle meine Herzenergie mit der Aufstiegsleiter über Jerusalem verbunden.«

Dies war erst ein Anfang, ein Vorgeschmack. Viel mehr wird möglich sein, wenn die Verfinsterung der Zentralsonne fortschreitet. Ich fühle mit euch, ich weiß, wie schwer das Erdendasein ist. Aber ich weiß auch, dass euch große Freude und Liebe erwarten, wenn ihr uns beim Aufstieg auf dieser Leiter folgt. Liebt euer Leben und euer Tun nach bestem Vermögen, seht zu, dass ihr diesen Körper mit höchster Seelenenergie erfüllt.

Die Aufstiegsleiter reicht tief hinunter ins magnetische Energiefeld der Erde. Sie reicht auch weit hinauf in die fünfte Dimension und leitet fünfdimensionales Licht ins Innerste der Erde. Sie verteilt das Licht auf die Gitternetze und Felder des Planeten. Sie leitet das Licht zu den heiligen Plätzen der Erde, ihren Akupunkturpunkten. Seid euch bewusst, dass es ein heilendes Licht für die ganze Erde ist. Eben jetzt verbindet die Aufstiegsleiter die dreidimensionale Erde mit der fünften Dimension.

3 KABBALA, AUFSTIEG UND DER BAUM DES LEBENS

Nabur

Lasst uns über den Baum des Lebens, seine Entwicklung und seine heutige Bedeutung sprechen. Der Baum des Lebens ist in dieser Zeit, in der ihr lebt, leichter zugänglich, als er es je zuvor war. Den ursprünglichen Download des Baums verdanken wir einigen auserwählten höheren Wesen. Seine Anlage und was man zu ihm wissen muss, all das wird gegenwärtig überall auf der Erde bekannt gemacht. Das ist eine begrüßenswerte Entwicklung. Der ursprüngliche Baum des Lebens repräsentierte ein spirituelles Wissen, das in der gesamten Galaxis und im Universum verbreitet war. Das Besondere an ihm liegt darin, dass er die Vieldimensionalität der Wirklichkeit erfasst.

Der Baum des Lebens bringt den Gedanken höherer Dimensionen ins Spiel. Irdische Manifestation ist als sein unterer Teil dargestellt, aber die übrigen Sphären deuten an, dass alles auf der Erde nur aufgrund dessen sein kann, was in anderen Sphären oder Dimensionen getan wird. Was ihr auf der Erde erlebt, ist nur eine Seite eures vieldimensionalen Wesens. Was ihr dort seht, ist immer nur eine bestimmte Ansicht des interaktiven Wirkens vieler höherdimensionaler Kräfte.

In erster Annäherung können wir feststellen, dass der Baum des Lebens etwas über Dualität oder Gegensätze sagt. Es geht grundsätzlich um die Frage, wie die linke und die rechte Säule, aber auch der obere und der untere Teil des Baums in der mittleren Säule zum Ausgleich gebracht werden können. Die obers-

te Sphäre, *Kether* oder »Krone« genannt, steht für das undifferenzierte und unmanifestierte Licht des Schöpfers. Es ist die treibende Kraft, aber eben undifferenziert: nicht nutzbar und dem menschlichen Verstand unbegreiflich.

Die undifferenzierte Energie fließt abwärts in die Manifestation und durchläuft dabei verschiedene durch die äußeren Säulen gegebene Dualitäten, um schließlich ins Zentrum zu gelangen, in den Zustand der Ausgeglichenheit. Für die Menschheit ist damit gesagt, dass es eine Energie des Ausgleichs gibt, auch wenn dieser Ausgleich einstweilen nur in den höheren Sphären verwirklicht ist. Bei allen Gegensätzen und Konflikten, die ihr jetzt in der Welt seht, könnt ihr euch doch sagen, dass ein höherer Gleichgewichtszustand möglich ist.

Was hat es nun mit den zehn Sphären auf sich? Es handelt sich um dynamische Energiefelder, die für den gesamten Schöpfungsprozess stehen. Unser Wissen um diesen Prozess nimmt zu, weil die Menschheit insgesamt eine Erweiterung ihres Bewusstseins erfährt. Was man um 1400 noch nicht über den Lebensbaum wissen konnte, wird inzwischen zugänglicher – neues Wissen, neue Erkenntnisse, neue Formen des Verstehens. Deshalb sagen wir, der Baum des Lebens sei heute besser erschlossen als je zuvor.

Das Wichtigste liegt aber darin, dass der Baum des Lebens etwas Dynamisches ist, alle seine Elemente sind wandlungsfähig. Dadurch ist es euch Menschen heute, anders als vor einigen Jahrhunderten, möglich, die undifferenzierte Energie zu erfassen. Ich will nicht behaupten, dass die Menschheit diese undifferenzierte Energie bereits ganz und gar erfasst, aber es ist deutlich ein neues Verständnis zu erkennen. Die Krone beispielsweise lässt sich verstehen, wenn man außer dem Baum des Lebens selbst auch noch das Tao berücksichtigt. Die neuen Ideen, die euch zugänglich werden, haben mit neuen religiösen und mystischen Strömungen der Vereinigung zu tun. Sie ver-

45

größern euer Vermögen, den Baum des Lebens und die undifferenzierte Energie zu verstehen. Kurz, der moderne Mensch ist in der Lage, die Kräfte der Harmonie zu erkennen, die Gegensätze auszugleichen vermögen.

Die Vollkommenheit Gottes

Bemerkenswert ist am Baum des Lebens weiterhin, dass Einflüsse nicht nur von oben nach unten, sondern auch von unten nach oben gehen. Das ist für viele schwer zu begreifen, da sie nur einen Richtung sehen, nämlich den Einfluss höherer Energien auf die stoffliche Erde. Wie kann die Erde einen Einfluss auf höhere Sphären ausüben?

Das neue Verständnis des Baums wird zeigen, dass Energie von oben nach unten durch die Sphären fließt und sich manifestiert, während es zugleich aber auch einen Rückfluss von Energie gibt. Dieser Rückfluss hat etwas vom Erklettern des Baums, es ist ein Aufstieg, der uns an die Jakobsleiter denken lässt. Der Baum des Lebens macht euch Menschen den Gedanken des Aufstiegs plausibler, denn eigentlich bedeutet Aufstieg nichts weiter, als dass ihr eure höheren Energien einsetzt, um den Baum des Lebens hinauf in die höheren Sphären der Vieldimensionalität zu klettern.

Es gibt Sicherheitsvorkehrungen, die dafür sorgen, dass selbst der Untergang der dritten Dimension nicht auf die höheren Sphären übergreifen würde, doch es finden trotzdem Wechselwirkungen zwischen oben und unten statt, ein interdimensionaler Austausch. Dies führt zu dem Schluss, dass Kether, die Krone, von dem beeinflusst wird, was in den niederen Bereichen vor sich geht. Das scheint dem Gedanken der Vollkommenheit Gottes zu widersprechen, denn müsste ein vollkommener Gott nicht völlig unberührt vom Geschehen in der Welt

bleiben? Doch das wird heute anders verstanden, nämlich so, dass alle Eigenschaften der Menschheit auch Züge des Göttlichen sind. Dann kann Gott Züge besitzen, die bisher einseitig den niederen Bereichen zugeordnet wurden, und in diesem Sinne unterliegt er dem Einfluss dessen, was in diesen niederen Bereichen geschieht. Wenn es ein Zug Gottes ist, kann Gott beeinflusst werden, doch das mindert seine Vollkommenheit nicht. Ich weiß, es klingt paradox.

Wenn sich die Kabbala bewahrheiten soll, muss es zu einer Integration der höheren Bewusstseinsformen und der dritten Dimension kommen. Dazu ist es wichtig, die Interaktionen der höheren mit den niederen Bereichen zu verstehen. In Wahrheit ist Gott sowohl persönlicher Gott als auch undifferenzierte Energie, die der Mensch nicht zu erfassen vermag. Menschen unterliegen dem Einfluss höherer und niederer Energien, und das muss im Energiefeld Gottes seinen Platz haben. Gott ist vollkommen, und trotzdem kann seine Schöpfung auf ihn zurückwirken. Deshalb jedenfalls sendet er Botschafter, er schickt Engel, er schickt Sananda und andere, die die Einigung und damit die Evolution des Bewusstseins vorantreiben. Im Baum des Lebens nun ist ausgedrückt, wie man sich Gott nähern kann. Wenn es kein direkter Austausch ist, hält man sich an ein Muster energetischer Emanationen, und die bildet der Baum des Lebens ab.

Höhere Energie

Es mag als Beispiel hilfreich sein, zu betrachten, wie Barmherzigkeit oder Güte und Gerechtigkeit oder Urteil, die im Baum des Lebens in den beiden äußeren Ästen erscheinen, zum Ausgleich gebracht werden. Es hat vor dieser Welt andere gegeben, in denen Barmherzigkeit herrschte. Dieser Barmherzigkeit fehl-

te jedoch das Augenmaß, und dieses Zuviel an Güte und Nachsicht hatte verheerende Folgen. Deshalb bekommt Güte jetzt Gerechtigkeit oder Urteil als Gegengewicht, nur dass dieses Gegengewicht natürlich auch zu schwer werden kann. Derzeit geht es darum, einen echten Ausgleich in der Welt zu schaffen. Ihr wisst ja, dass zu viel Verständnis und Nachsicht bestimmte Menschen und Gruppierungen mit finsteren Absichten dazu verleiten, alles an sich zu reißen. Eben deshalb ist es auf der Erde jetzt so wichtig, Güte und Urteil ins rechte Verhältnis zu setzen. Das ist eine Lektion mit vielen Einzelaspekten, und alle sind wichtig für den künftigen Umgang der Menschen mit der Erde und den anstehenden Veränderungen.

Bisher geheim gehaltenes Wissen wird zunehmend bekannt gemacht, da es des Schutzes der Geheimhaltung nicht mehr bedarf. Eine neue Sphäre, die Sphäre der Manifestation zwischen der dritten und fünften Energie, wird zurzeit in den Baum des Lebens heruntergeladen, um der Energie des Aufstiegs einen Raum zu schaffen. Diese neue Sphäre liegt direkt über *Malachut*, dem Königreich.

Ich möchte hier anmerken, dass der Baum des Lebens zwar den Kern der Kabbala ausmacht, aber doch nur ein Aspekt ist. Es gibt im Rahmen der Kabbala noch viele weitere Denkansätze, insbesondere solche, die eine Verbindung zum heutigen Aufstiegsdenken und seiner Energie herstellen. Vielen Kabbala-Meistern, vielen Lehrern und Rabbinern ist bewusst, dass dieses Leben nicht euer einziges ist. Viele in der Kabbala Bewanderte, darunter der Baal Schem Tow, vermochten eure früheren Leben an euren Händen oder an der Stirn abzulesen. Reinkarnation steht im Zusammenhang mit dem Gedanken, dass man seine Lebens- und Seelenlektionen gelernt haben muss, um aufsteigen zu können.

Aus der Sicht der Kabbala bot sich etlichen biblischen Gestalten die Möglichkeit des Aufstiegs. Elias' Aufstieg in einem

feurigen Wagen und Jakobs Himmelsleiter mögen als zwei Beispiele dafür dienen, wie Menschen über das normale Wachbewusstsein hinausgehen und in höhere Bereiche eintreten. Der wohl eindrucksvollste Bericht aus der Zeit des Alten Testaments ist der Aufstieg Enochs, über den die Bibel in Genesis 5,24 berichtet: »Und dieweil er ein göttliches Leben führte, nahm ihn Gott hinweg, und er ward nicht mehr gesehen.« Enoch stieg auf, erfuhr seine Verwandlung und wurde Metatron. Der wesentliche Gesichtspunkt liegt darin, dass man von höherer Energie sein muss, um aufsteigen zu können.

Die Vereinigung der Bereiche

Die Kabbala führt außerdem aus, wie man Seelenlektionen zum Abschluss bringt. Den Plan, nach dem man dabei vorgeht, gibt der Baum des Lebens mit seinen 22 Pfaden vor. Sie stehen für die Dualität und die Vereinigung der Gegensätze – eines der Hauptanliegen der Kabbala. Für den Aufstieg ist es wichtig, dass man Gegensätze vereinigen kann, und hier geht es der Kabbala vor allem um die Vereinigung der oberen und unteren Bereiche. Wenn wir von Aufstieg sprechen, meinen wir in erster Linie, dass die Energie der dritten Dimension zur Energie der fünften Dimension erhoben werden muss.

Die kabbalistische Deutung der im Alten Testament wiedergegebenen Berichte lässt die Existenz anderer Dimensionen erkennen. Der Garten Eden ist nach dieser Auslegung eigentlich die Darstellung der fünften Dimension. Der Sündenfall und die Vertreibung aus dem Paradies sind dann eine Metapher für den Auszug aus der fünften Dimension, und der Weg führt aus dem Reich der Einheit ins Reich der Dualität in der dritten Dimension. Hier in der dritten Dimension müssen die Energien nun wieder zusammengeführt und vereinigt werden.

Eine weitere kabbalistische Vorstellung ist die Entschlüsselung der Aufstiegscodes. Hier geht es vor allem darum, dass das höhere Bewusstsein »aufgeschlossen« werden muss. Erst wenn das Normalbewusstsein transzendiert ist, kann man die höheren Bereiche überhaupt wahrnehmen. Erst wenn man sie wahrnimmt, kann man aufsteigen, und das muss zunächst geübt werden. Diese höheren Bereiche werden in der Kabbala vielfach als *Olam Habah* bezeichnet, »die kommende Welt«. Die kommende Welt ist die fünfdimensionale Welt.

Die heiligen Codes der Aufstiegsenergie zu entschlüsseln bedeutet, dass ihr euer Wahrnehmungsfeld aufschließt, sodass ihr euren Aufstieg seht und dirigieren könnt. Wie es bei Enoch war: Als er die höhere Energie wahrnahm, verschwand er urplötzlich, er stieg auf.

Die Codes des Aufstiegs erschließen sich euch durch die Worte *Kadosh, Kadosh, Kadosh, Adonai Zevaoth*, die mit konzentrierter Intention und in der Ausrichtung auf die Kraft des Aufstiegs gesprochen werden. Dann kann der Aufstieg geschehen.

Den Beginn des Aufstiegs wird ein Signalton ankündigen. Sternensamen und höhere Wesen werden ihn hören. Ihr kennt die Worte und Laute, mit denen ihr euch euren persönlichen Aufstiegscode erschließen könnt, aber der Aufstieg selbst wird durch einen heiligen Ton angekündigt, der noch nicht zu hören war. Er könnte ungefähr wir ein *Shofar* (Widderhorn) klingen.

Die Sphäre *Tiferet*

Der Baum des Lebens ist ein Hologramm. Damit meine ich, dass er aus Bäumen in Bäumen besteht. Jede Sphäre vereinigt alle zehn Sphären in sich, und du steigst innerhalb einer Sphäre auf, um dann zur nächsten zu gelangen. Ich möchte mich jetzt

dem Zentrum zuwenden, der Sphäre *Tiferet*. Wenn ihr diese Stufe überschritten habt, berührt ihr alle anderen Sphären. Die Mitte ist die Sphäre der Harmonie, sie wird auch oft als die Sphäre Sanandas bezeichnet.

Wenn ihr über diese Mitte hinausgegangen seid, müsst ihr nicht mehr zwangsläufig in die dritte Dimension zurückkehren. Ihr braucht euch nicht wieder auf der Erde zu verkörpern. Es gibt demnach sowohl im Baum des Lebens als auch bei dem, was wir heute Aufstieg nennen, einen Punkt, an dem ihr die höherdimensionale Welt erreicht und euch nicht mehr inkarnieren müsst. Das macht die Kabbala zu einem äußerst wichtigen Hilfsmittel der Arbeit an euch selbst. Auf dem Weg durch die Sphären versteht ihr die Lehrinhalte dieser gegenwärtigen Inkarnation immer besser und könnt eure Lektionen abschließen. Danach könnt ihr aufsteigen. Ihr werdet in diesem Leben vielleicht nicht alle Lektionen zu 100 Prozent abschließen können, doch da kommt die Gnade ins Spiel. Gnade ist im Baum des Lebens als die Sphäre der Barmherzigkeit und Güte repräsentiert.

Es ist wichtig, diese wundervollen Lehren vom Baum des Lebens ganz in sich aufzunehmen und sie zu verarbeiten. Der Baum gibt das Muster vor, nach dem sich der persönliche Aufstieg, aber auch der Aufstieg der Erde vollzieht. Die Inhalte und Energien der einzelnen Sphären sind also für die weltumspannende Arbeit von Bedeutung. Der Baum des Lebens bietet sozusagen kodierte Anweisungen, nach denen die Erde selbst und ihre Wechselwirkungen mit höheren Wesenheiten aktiviert werden, sodass sie schließlich aufsteigen kann.

Der Meister des Aufstiegs ist der Kabbala zufolge Erzengel Metatron. Enoch ist der Erste, über den es einen Aufstiegsbericht gibt. Er wurde Metatron, und Metatron hat nun gleichsam die Aufsicht über den Aufstieg vieler. Die Welt der Engel unterstützt euch dabei. Der Erzengel Michael, auch er ein gro-

ßer Kabbalist, ist natürlich ebenfalls beteiligt. Mit seiner Hilfe könnt ihr die Fäden eures Haftens durchtrennen. Euch allen, auch wenn ihr viel Energiearbeit geleistet habt, fällt es sehr schwer, euch schließlich von der Fixierung auf die Erdenwelt zu lösen – ein Grund mehr, euch an die Engel zu wenden. Ruft Michael und Metatron an, sie werden euch beim Aufstieg auf allen Ebenen helfen.

4 BIORELATIVITÄT UND DAS IMMUNSYSTEM

Juliano und die Arkturer, Erzengel Metatron

Die Energie der Erde verändert sich jetzt, und uns ist bewusst, dass wir euer menschliches Immunsystem im Auge behalten müssen. Euer Immunsystem hat oft Mühe, sich auf evolutionäre Veränderungen einzustellen und funktionsfähig zu bleiben. Wo immer es um Evolution geht, sehen wir uns genau an, was sich alles ändern muss, damit sich die Menschen auf neue Energie und Gegebenheiten auf der Erde einstellen können. Insofern sind wir auch Forscher: Wenn wir andere Planeten in unserer Galaxis und sogar außerhalb besuchen, sehen wir uns immer an, welche Veränderungen die dort lebenden Wesen durchlaufen, um sich anpassen und überleben zu können.

Evolution ist etwas Faszinierendes, und sie verläuft nie linear. Aufgrund der Arbeit Charles Darwins und anderer Evolutionsdenker meint ihr vielleicht, die Evolution verlaufe geradlinig. Natürlich stimmt vieles an diesem Evolutionsbegriff, der ein allmähliches Voranschreiten der Evolution aufgrund der natürlichen Auslese postuliert. Es wirken aber auch Quantenenergien in der Evolution, und es kommt zu Quantensprüngen. Manchmal sind einfach Quantensprünge erforderlich, damit eine Art auf ihrem Planeten überleben kann. Der normale lineare Ablauf reicht in solchen Fällen nicht aus und kann nicht für den Entwicklungssprung sorgen, der für das Überleben notwendig ist. Hier bringt die Quantenenergie die nötigen Impulse.

Auf den Planeten, die wir aufgesucht haben, finden wir ein recht gemischtes Bild der Evolution vor. Manchen Arten, die wie ihr mit Intelligenz begabt sind, gelingt der Evolutionssprung, weil sie die Quantenenergie integrieren konnten, andere scheitern daran. Wir möchten herausfinden, wo der Unterschied liegt. Es muss mit der Biorelativität zu tun haben. Die Arten von bewussten Lebewesen, die überleben, haben sich den Gedanken der Biorelativität zu eigen gemacht.

Biorelativität, Chi und die Aura der Erde

Zur Biorelativität gehört, wie bereits erläutert, die telepathische Kommunikation mit der Erde, die ihr erlaubt, alle Veränderungen auf die Bedürfnisse der auf ihr lebenden Wesen abzustimmen. Betrachten wir es am Beispiel der indianischen Spiritualität und ihrer schamanistischen Methoden. Man betet zu Mutter Erde, man spricht mit den Winden, dem Wetter, den Wasserläufen. In der Biorelativität wie im Schamanismus wird davon ausgegangen, dass die Erde uns hört und dass sie antwortet, dass sie in einer Austauschbeziehung mit ihren Lebewesen steht. Deshalb können die Energien der Erde über die Biorelativität für den Menschen gewonnen und genutzt werden, insbesondere für die notwendige Weiterentwicklung seines Immunsystems. Die Energien der Erde können der menschlichen Aura zugeführt werden.

Aus diesem Grund ist es hilfreich, die Aura zu erforschen und festzustellen, wie sich Probleme des Immunsystems in ihr niederschlagen. Über die Schädigung der menschlichen Aura durch atomare Strahlung ist schon viel gesagt worden. Nach unseren Erkenntnissen reißen oberirdische und unterirdische Kernwaffentests Löcher in die Aura der Erde. Durch diese Löcher oder Lecks fließt dann Energie von der Erde ab. Auch

eure individuelle Aura kann Löcher haben. Wenn deine Aura beispielsweise durch Drogenmissbrauch geschädigt ist, verliert sie durch solche Lecks Energie. Dadurch werden dein Immunsystem und dein Energiefeld auf Dauer ernsthaft untergraben. Vielen ist nicht bewusst, dass die Erde genauso eine Aura besitzt wie ein Mensch. Ihre Aura besteht aus kosmischer Energie, die für das Überleben der Menschheit wichtig ist, und zudem bestehen Wechselwirkungen zwischen dem Energiefeld des Menschen und dem der Erde. Diese Wechselwirkungen gilt es, zu verstehen und richtig einzuschätzen. Die Chinesen haben diese Zusammenhänge früh erkannt und dargestellt. Sie fanden eine universale Energie, die sie »Chi« nannten. Chi-Energie ist das, was auch Lebenskraft genannt wird. Wenn dein Energiefeld mit Chi gesättigt ist, bist du gesund, vital und aktiv. Fließt Energie durch Lecks in der Aura ab, kann man leicht krank werden.

Die Chinesen waren sehr kreativ in der Entwicklung von Methoden, mit denen man Chi sammeln und verdichten kann. Chi umgibt auch die Erde und ist im gesamten Universum vorhanden, und inzwischen lernen manche von euch, wie man Chi-Energie von außerhalb des Sonnensystems zur Erde bringen kann. Sogar von der Zentralsonne wird inzwischen Chi bezogen, das eine andere Form der Lebenskraft enthält. Das Chi-Feld und die Aura der Erde überschneiden sich. Wir sind dabei, Menschen zusammenzubringen, die mehr Chi empfangen und zur Erde downloaden können.

Ihr könnt Chi zwar nicht sehen oder berühren, wohl aber fühlen. Wenn die Aura der Erde aufgrund von Undichtigkeiten Energie verliert, steht der Menschheit nicht in ausreichendem Maße Chi-Energie zur Verfügung, und das bringt für sie einen Mangel an Lebensenergie mit sich. Heute ist es wegen der Löcher in der Aura der Erde zweifelsohne so, dass die Lebenskraft nicht so stark ist, wie sie sein müsste, und das kann auch euer Immunsystem schwächen.

Das Immunsystem stärken

Wir müssen jetzt also besprechen, wie diese Lecks abzudichten sind. Wir müssen uns auch die Frage stellen, was es mit den Virusepidemien auf sich hat, die euch Menschen so beunruhigen. Die Grundstrategie eines Virus besteht darin, dass er eure DNA zu kapern und für seine Zwecke umzubauen versucht. Wenn ihm das gelingt, kann er sich in eurem Körper vervielfältigen. Das beunruhigt euch zu Recht. Die sogenannte Schweinegrippe beispielsweise hat zwar keine hohe Sterblichkeitsrate, doch das Virus vermag sich blitzschnell auszubreiten. Eine neue Abart dieses Virus könnte viel Unheil anrichten.

Denkbar wäre, dass die Erde von aufeinanderfolgenden Wellen solcher Viren heimgesucht wird. Die Menschheit unterliegt in dieser Zeit hohem Stress, und die Viren kommen meistens nicht nur in einer Art vor. Von manchen wird angenommen, dass es zwei oder drei oder sogar fünf solcher Wellen von Virusinfektionen geben könnte. Es wird nicht ausreichen, wenn ihr nur gegen einen Typ geschützt seid. Ihr braucht einen besseren Gesamtschutz. Wie also könnt ihr euer Immunsystem stärker machen? Wir werden das unter dem Gesichtspunkt des Aufstiegs betrachten, aber sehen wir uns erst noch einmal die Entwicklung eures Immunsystems an.

Das Immunsystem hat mit den rasanten Veränderungen auf der Erde nicht ganz Schritt halten können. Zu den erhöhten Belastungen durch Umweltprobleme gehören Luftverschmutzung, Gewässerverschmutzung und die allgemeine Belastung der Atmosphäre durch Radioaktivität und dichter werdende zusätzliche Strahlung von außerhalb des Sonnensystems liegenden Quellen. All das führt zu einer Abnahme des Chi im Energiefeld der Erde, aber zugleich wird der Erde durch die Zentralsonne eine neue Form der Lebenskraft zugeleitet, die ausgleichend wirkt.

All das ist zu bedenken, wenn wir über euer Immunsystem sprechen. Es gibt Übungen zur Aktivierung der DNA, die bewirken, dass sie nicht mehr auf die Strategien von Viren reagiert. Die DNA wird einfach nicht mehr zulassen, dass Viren sie zu ihrer eigenen Vervielfältigung benutzen. Dazu wird im ersten Schritt die Energie eurer DNA verdichtet. Dieses neue Verfahren wird euch jetzt in dem Maße zugänglich, wie ihr den Code des Aufstiegs entschlüsselt.

Wir haben ja in unseren früheren Verlautbarungen zum Aufstieg schon eine Menge über diese Codes gesagt. Wir haben über bestimmte Kernregeln gesprochen, über Laute, die diese Aufstiegscodes repräsentieren. Diese Codes, sagten wir, können angestimmt oder »getönt« werden. Durch dieses Tönen wird die DNA eures Energiesystems auf die Veränderungen eingestimmt, die für euren Aufstieg nötig sind. Hier handelt es sich natürlich um eine andere DNA-Veränderung als im Hinblick auf die Viren.

Wir bringen positive evolutionäre Impulse ins Spiel, und zwar durch bestimmte Töne und Laute, die eurem Gehirn und eurer Energie Zugang zu den Codes des Aufstiegs verschaffen. Dadurch kann es dann zu deutlichen Veränderungen in eurem Energiesystem kommen. Ich spreche von etwas, das bereits durch Erzengel Michael und Erzengel Metatron vermittelt wurde, die hebräischen Worte *Kadosh, Kadosh, Kadosh, Adonai Tzevaoth* – »Heilig, heilig, heilig ist der Herr der Heerscharen«. Das sind sehr alte hebräische Worte, aber sie haben galaktische Ursprünge. Der Klang dieser Worte tritt in Resonanz mit eurer inneren DNA, die für den Aufstieg zuständig ist. Mit der richtigen Tönung könnt ihr die Codes des Aufstiegs eröffnen, und eure DNA wird euch dann zu den für den Aufstieg notwendigen evolutionären Veränderungen verhelfen. Es handelt sich um Veränderungen eures Glaubenssystems, um körperliche Veränderungen und um Veränderungen des Energie-

systems. Bedenke, dass euer Körper beim Aufstieg »abgelegt« werden muss: Er wird auf eine höhere Schwingungsebene gehoben und ist dann in der Dreidimensionalität nicht mehr vorhanden.

ÜBUNG: Das Immunsystem aufbauen

Wir haben über das »Schimmern« als Einleitung des Aufstiegs gesprochen. Die Menschen haben um diese Energie gebeten, da sie notwendig ist, um die Codes des Aufstiegs zu entschlüsseln. Ihr braucht aber noch weitere Übungen, die die Aufstiegsenergie im Körper weiter aufbauen und zur Vorbereitung auch euer Glaubenssystem, das emotionale System, den physischen Körper und den spirituellen Körper entwickeln.

Wir empfehlen euch eine zweiteilige Übung zur bewussten Kontrolle eurer DNA. Im ersten Teil wird mit Lauten und Tönen die Energie in der DNA aktiviert, um das Immunsystem zu stärken, und in der zweiten Übung werden dann Affirmationen eingesetzt. Das angestrebte Ergebnis besteht darin, dass ein Virus, mit dem ihr in Kontakt kommt, nicht in der Lage ist, sich mithilfe eurer DNA zu vervielfältigen. Der erste Ton zur Beschleunigung eures Bewusstseins und zur Intensivierung der Beziehung zwischen Bewusstsein und DNA ist sehr hoch. Wir werden versuchen, ihn durch den Channel für euch hörbar zu machen. [Stimmt Töne an.]

Mit diesem Ton stimmt ihr das Immunsystem auf ein Großreinemachen ein. Sollte sich ein Virus oder irgendeine Fremdenergie breitmachen wollen, ist dieser Ton die erste Gegenmaßnahme, die den Eindringling überwältigt. Macht sich das Virus bereits über eure DNA her, könnt ihr den Ton noch erhöhen. Gelingt es ihm jedoch, eure DNA zu kapern, wird er auch seine weiteren »Pläne« durchzusetzen versuchen.

Hat sich das Virus bereits festgesetzt, wendet ihr im nächsten Schritt die folgende Formel an: »Möge das heilende Licht in mein Immunsystem leuchten.« Es kommt zu einer Steigerung eurer Abwehrkraft, und ihr könnt dann weiterhin sagen: »Ich entschlüssle den Code des heilenden Lichts in meiner DNA.« Das hebt sowohl das Immunsystem als auch die DNA auf eine höhere Schwingungsebene. Da das Virus von niedrigerer Schwingungsenergie ist, kann es sich nicht einnisten, um sich zu vervielfältigen.

Wir sind hier natürlich bereits auf dem Gebiet der Schwingungsheilung. Diese Medizin geht ja davon aus, dass Energieschwingungen von entscheidender Bedeutung für die Heilung sind. Krankheit bedeutet immer eine Schwächung des Energiefelds, und wenn das Energiefeld wieder aufgebaut werden kann, tritt Heilung ein. Euer Energiesystem besitzt die Fähigkeit, die Codes für eine fünfdimensionale Heilung eures Immunsystems zu entschlüsseln. Wenn ihr also diese schönen Laute und Töne hört, bekommt ihr Zugang zu den Codes, die ihr für euer fünfdimensionales Immunsystem brauchen werdet. Das zu erläutern überlasse ich jetzt aber Erzengel Metatron, und danach melde ich mich noch einmal zu Wort.

Heilendes Licht als Zugang zur DNA

Erzengel Metatron

Wenn ihr von Wunderheilungen hört oder lest, fragt ihr euch sicher, wie so etwas möglich ist. Nun, es läuft so, dass der Heiler Energie und Licht in die DNA des Kranken zu senden vermag. Die DNA setzt dann die Abwehrkräfte des Betreffenden frei, sodass er gesund werden kann. Das ist das Entscheidende bei dieser Form des Heilens: DNA-Energie wird freigesetzt.

Wenn sich der Heiler darauf versteht, ist es die wirksamste Heilmethode überhaupt.

In dieser Zeit braucht ihr ein Immunsystem von höchster Schwingungsenergie, denn ihr müsst Viren von niederer Schwingung abwehren können. Wie das geschieht, wie man also höhere Energie in die Zellen sendet, ist bereits an Beispielen aus anderen Bereichen gezeigt worden. Vielleicht kennt ihr die wunderbaren Wasserbilder dieses Japaners, an denen abzulesen ist, dass sich sogar die Molekularstruktur des Wassers ändert, wenn man dem Wasser Liebe sendet. Genauso lässt sich das Immunsystem durch Klänge und Töne aufschließen. Ihr kommt dann in einen so hohen Schwingungszustand, dass Viren und Bakterien mit ihrer niederen Schwingung euch nichts anhaben können. Und sollte sich doch einmal ein Virus Zugang verschaffen, werden seine Bemühungen, eure DNA umzufunktionieren, erfolglos bleiben.

Ihr habt die Laute und Töne, die wir dabei verwenden werden, bereits gehört. Wir werden sie gemeinsam senden. Der erste wird den Code des Aufstiegs noch einmal öffnen. Diese Töne eignen sich auch zur Aufschließung des Immunsystems. Dafür gibt es aber auch noch spezielle Codes, zu denen wir anschließend kommen. Ihr erinnert euch: Auch wenn die Codes für den Aufstieg bereits eröffnet wurden, sie müssen trotzdem immer wieder auf den neuesten Stand gebracht und wiederholt werden, da die Energie in der dritten Dimension generell eher dicht und träge ist.

[Stimmt Töne an:] *Kadosh, Kadosh, Kadosh, Adonai Tzevaoth.* Ich, Erzengel Metatron, rufe das heilende Licht auf, die Codes des Aufstiegs für jeden zu eröffnen, der diese Worte hört oder liest. Ich sende diese heilende Energie insbesondere nach Mexiko, in das Land, das mit der innersten Energie dieses Virus zu kämpfen hatte. Mexiko wird jetzt besser der Eröffnung der Aufstiegscodes für die ganze Welt dienen können.

Konzentriert euch jetzt auf euer Immunsystem. Wir werden die berühmten hebräischen Worte verwenden, die ihr schon kennt: *El Na Refa Na La.* Auch dieser Code schließt euer Immunsystem auf, sodass es zu Veränderungen kommen kann. Ihr könnt diese Affirmation sprechen: »Dies ist meine Intention. Meine höhere Energie wird die höheren Codes meines Immunsystems öffnen, sodass es sich auf eine höhere Schwingungsebene hebt. *El Na Refa Na La.* Jetzt lasst euer Immunsystem in ein höheres Energiefeld eintreten. *El Na Refa Na La.* Und jetzt fühlt euer Energiesystem und euer Immunsystem. Sie haben einen Quantensprung auf eine höhere Frequenz vollzogen. Solltet ihr eine niedere Energie bemerken, die in euer Immunsystem einzudringen versucht, sprecht ihr diese Affirmation: »Nur höhere Energie gelangt in mein Immunsystem. Niedere Energie findet keinen Zugang. Ich versiegele meine Aura.«

Jedes Land besitzt ein Immunenergiefeld. Ich blicke jetzt auf das Immunenergiefeld von Mexiko. Ja, das Immunsystem dieses Landes hat ein Leck. Es reagiert auf niedere Schwingungen. Auf Angst. Das Schwingungsfeld des ganzen Landes und seine Beziehung zu seinem Immunsystem müssen gestärkt werden. Konzentriert euch bei dieser Meditation auf Mexiko, und hört mir zu: »*El Na Refa Na La*, Mexiko.«

Ich schaffe jetzt einen goldenen Lichtkorridor, der durch das Zentrum von Mexiko-Stadt verläuft. Dieser goldene Lichtkorridor ist mit dem Energiefeld der Zentralsonne verbunden. Es geschieht jetzt der Download einer neuen Lebenskraft Chi von der Zentralsonne ins Zentrum von Mexiko-Stadt. Dieses Chi breitet sich als Energiefeld über die ganze Stadt aus, dann über das ganze Land. Es füllt das erschöpfte Energiefeld von Mexiko auf. Das Chi-Feld um Mexiko war stark geschwächt, und dieser Zustand drohte sich über die ganze Erde auszubreiten.

Wir umrunden jetzt die Erde, wir sorgen überall für hohe Schwingung und dichten Energielecks. *El Na Refa Na La.*

Sprecht mir nach: »Ich kann dieses neue Schwingungsfeld in meinem Immunsystem halten. Ich kann dieses höhere Schwingungsfeld in meinem Immunsystem halten. Niedere Energien können sich nicht an mein Immunsystem heften und meine DNA benutzen. Meine DNA kann nur für den Aufstieg, für den Eintritt in höhere Energieschwingungen verwendet werden. Meine DNA wird nur der Beschleunigung meines Aufstiegs und meines Eintritts in höhere Energieschwingungen dienen.« Haltet dieses Licht und diesen Gedanken jetzt zu einer kurzen Meditation fest. *Kadosh, Kadosh, Kadosh, Adonai Zevaoth. El Na Refa Na La.* Die Energie von Erzengel Raphael erfüllt jetzt euer Immunsystem mit goldenem Licht und eröffnet die Codes zu einem hoch entwickelten Immunsystem. Erzengel Raphael ist ein großer Heiler, dessen Licht jetzt in euch allen das Immunsystem beflügelt. Ich sende sein Licht auch nach Mexiko, damit es im ganzen Land die Energie des Immunsystems steigert.

Juliano hat über Biorelativität und die Erde gesprochen. Die Heilung muss mit der Kontaktaufnahme zur Chi-Lebenskraft der Zentralsonne beginnen. Dann müsst ihr eure göttlichen Meditationen anwenden, um das Energiefeld der Erde zu versiegeln. Verwendet dazu am besten den Ring des Aufstiegs. Das ist selbst für eine große Gruppe von Menschen nicht leicht, einfach weil die Aura der Erde so groß ist und so viele Schwachstellen hat. Der Ring des Aufstiegs ist bereits an Ort und Stelle. Er ist wie ein Strahlenkranz, in den ihr eure Energien projizieren könnt – und so können die Heilung und Versiegelung der Erdaura ihren Lauf nehmen. Konzentriert euch zuletzt auf die Kraftpunkte der Erde. Hier ist Energie einer höheren Schwingungsform anzutreffen. Verbindet euch mit dieser höheren Energie der Erde. Diese Kraftpunkte halten auch Energieschübe für euer Immunsystem bereit.

Ich übergebe jetzt wieder an Juliano.

Pulsierende Aurareinigung

Juliano

Wir schließen jetzt mit einer Übung. Visualisiere deine Aura. Sie hat die Form eines Eis – ein kosmisches Ei, blau und pulsierend. Auf mein Kommando, jetzt, zieht sie sich zusammen. In dieser verkleinerten Form ist sie jetzt in deiner Bauchmitte, im Sonnengeflecht. Dort expandiert sie wieder und schiebt dabei alles, was von niederer Schwingung ist, Bakterien und Viren beispielsweise, vor sich her und aus dem Körper heraus. Die Aura ist jetzt frei davon. Jetzt beginnt dein Energiefeld zu pulsieren, und zwar schneller. Dieses schnelle Pulsieren verwehrt Viren und Bakterien von niederer Schwingung den Zugang. Es pulsiert mit dieser Geschwindigkeit [macht es vor]: *Tat-tat-tat-tat-tat*. Das Pulsieren steigert sich, und du fühlst, wie du anfängst zu schimmern.

Beim Schimmern verbindest du dich mit deinem fünfdimensionalen Körper und deinem fünfdimensionalen Immunsystem. Von dort aus hast du Zugriff auf Quantenlicht und Quantenenergie. Wir brauchen für Mexiko eine Mindestzahl an Leuten, die ihr fünfdimensionales Immunsystem aktiviert haben. Wenn wir solch eine Kerngruppe haben, wird das Immunsystem des Landes stärker werden. Ihr repräsentiert jetzt diese neue Welle fünfdimensionaler Lichtträger, die bereits ein höher entwickeltes Immunsystem besitzen. Eure hochfrequente Immunenergie wird im ganzen Land das Bestreben wecken, jedes Virus abzuwehren.

Ihr könnt das auch mit anderen Ländern machen, sogar mit der ganzen Erde. Ein Licht vom Aufstiegsring gibt euch dabei Quantenimpulse zur Intensivierung eurer Immunenergie. Biorelativität zieht fünfdimensionale Energie durch den Ring des Aufstiegs herein und verteilt sie über das ganze Land. So kommt die Heilung in Gang.

5 ZELLGEDÄCHTNIS UND KOSMISCHES GEDÄCHTNIS

Juliano, die Arkturer, Erzengel Metatron,
Chief White Eagle

Wir möchten die Frage der Homöostase unter dem Gesichtspunkt des Zellgedächtnisses betrachten. Das Zellgedächtnis bleibt von Leben zu Leben und unabhängig vom Ort erhalten. Ihr tragt es seit unvordenklichen Zeiten bei euch. Auch die Zellerinnerungen aus eurer Kindheit in diesem Leben beeinflussen euch jetzt noch sehr stark. Viele sehen Reinkarnation als ein großes Löschen von allem Früheren, auch ein Löschen des Zellgedächtnisses, sodass man als »unbeschriebenes Blatt« in sein nächstes Leben eintritt.

Wir Arkturer haben eure Zellbiologie und Evolution studiert und sind zu dem Schluss gelangt, dass zwar Anteile des Zellgedächtnisses gelöscht werden, aber längst nicht alles. Auch bei anderen galaktischen Zivilisationen stellen wir immer wieder fest, dass Fehler häufig wiederholt werden. Es geschieht, und zwar trotz der besten Absichten der Lebewesen und mitunter sogar bis zu ihrem Untergang. Sigmund Freud, von dem ihr gehört habt, postulierte sogar so etwas wie einen »Wiederholungszwang«.

Das Zellgedächtnis bleibt also über das Ende einer Inkarnation hinaus erhalten, und was ihr in dieses Leben mitbringt, beruht auf euren Erlebnissen in früheren. Das kann durchaus etwas Gutes sein, aber leider wird eben auch Schlechtes mitgebracht. Nehmen wir die hohen Begabungen, die manche von euch mitbringen, zum Beispiel für Sprache oder Musik. Das

Zellgedächtnis erlaubt euch jetzt, auf diese Begabungen aus früheren Leben zurückzugreifen, und das ist sicherlich ein schöner und wünschenswerter Fall.

Es kann aber auch sein, dass ihr in diesem Leben mit bestimmten Problemen konfrontiert werdet – Gesundheitsproblemen, Beziehungsproblemen, finanziellen Problemen, beruflichen Problemen. Da ist es oft so, dass aus früheren Leben stammende Zellerinnerungen wieder »geladen« werden, und zwar bis hinein in euer Erbgut. Die in diesem Leben wirksamen Energien bringen euch dann in Situationen, die in Resonanz mit eurem Zellgedächtnis stehen. Letztlich dient das eurer Evolution, es schafft Umstände, unter denen bestimmte Lektionen endlich abgeschlossen werden können.

Das Gedächtnis der Erde

Man kann so etwas wie ein Zellgedächtnis auch auf der planetarischen Ebene beobachten. Milliarden von Seelen sind jetzt auf der Erde inkarniert, und für die Konflikte, Tumulte und Tragödien, die ihr ringsum erlebt, spielt vielfach sicherlich auch das Zellgedächtnis eine erhebliche Rolle. Ebenfalls wichtig ist das Zellgedächtnis für das kosmische Gedächtnis, das auch als kosmische Gerechtigkeit bezeichnet wird. Dieser Begriff soll umschreiben, dass für Ereignisse in früheren Leben oder sogar in anderen Planetensystemen irgendwann ein Ausgleich geschaffen wird. Gemeint ist so etwas wie Karma im kosmischen Sinne. Wir Arkturer halten die Vorstellung einer kosmischen Gerechtigkeit für sehr hilfreich.

Das kosmische Gedächtnis umfasst mehr als das individuelle Zellgedächtnis. Wenn ihr die Erde mit ihren um die sieben Milliarden Menschen betrachtet, ergibt sich ein sehr vielschichtiges Geflecht aus den Zellerinnerungen der Einzelnen. Bedenkt

man zudem, dass viele dieser Zellerinnerungen aus früheren Leben auf anderen Planeten, wenn nicht sogar in anderen Galaxien stammen, so ist es nicht verwunderlich, dass vieles, was sich gegenwärtig auf der Erde abspielt, schwer zu verstehen ist. Die Ereignisse wirken vielfach ungereimt, aber ihre Energie verbindet sie mit dem kosmischen Gedächtnis.

Die Evolution auf der Erde ist vom kosmischen Zellgedächtnis ihrer Bewohner geprägt. Der Begriff »kosmisches Gedächtnis« beinhaltet auch, dass sich die Zellerinnerungen in eurer DNA niederschlagen, sodass die Adam-Spezies letztlich auch Einflüssen von außerhalb der Erde ausgesetzt ist. Ich spreche, wie ihr wisst, von außerirdischen Zivilisationen, von anderen Wesen wie zum Beispiel den »Grauen« oder den Orion- oder Sirius-Bewohnern und schließlich von früheren Konflikten in sehr fernen Sternensystemen. Wie ihr ebenfalls wisst, gab es anderswo schon lange vor dem Auftreten des Menschen auf der Erde Zivilisationen, auch spirituell und technisch sehr hoch entwickelte Zivilisationen. Es fehlte auch nicht an Energien, die schließlich zu Katastrophen führten, sogar zur Verwüstung ganzer Planetensysteme. Einige von euch, das weiß ich, haben noch Erinnerungen an solche Katastrophen in ihrem Zellgedächtnis. Die Ereignisse können Jahrmillionen zurückliegen und sind heute noch im kosmischen Gedächtnis vieler Menschen auf der Erde verankert.

Warum sind die Menschen so verschieden, weshalb gehen ihre religiösen und sonstigen Ansichten so weit auseinander? Die Erde ist, wie ihr euch erinnert, eine Zone des freien Willens, und weil hier Willensfreiheit herrscht, zieht es viele von anderswo her auf die Erde, damit bestimmte Dinge abgeschlossen und erledigt werden können. Es gab schon früher auf anderen Planeten ähnliche Verhältnisse, wie sie jetzt auf der Erde herrschen. Die Evolution war ähnlich weit gediehen. Man kann von einem »Punkt der Evolution« sprechen, aber es ist

auch ein Punkt, an dem Katastrophen eintreten können. Es sind noch weitere Ausdrücke dafür in Umlauf, nämlich »Punkt der Erhöhung«, »Punkt der Transzendenz« und »Punkt der Implosion«.

Ihr müsst euch der eigenen kosmischen Erinnerungen bewusst werden. Berücksichtigt auch den Gedanken der kosmischen Gerechtigkeit und des kosmischen Karmas. Seht zu, ob ihr unter diesem Gesichtspunkt verstehen könnt, was jetzt auf der Erde vor sich geht. Das Verwirrende an den derzeitigen Vorgängen besteht darin, dass von anderen Planeten stammende alte Dramen jetzt neu inszeniert werden. Die Erde hat eine alte Situation wiederhergestellt, wie sie einmal auf Planeten herrschte, die sich in einer ähnlichen Entwicklungsphase befanden wie jetzt die Erde. Ihr als Sternensaat erinnert euch daran, und das hat euch zur Erde hingezogen. Manche möchten einfach dieses kosmische Drama noch einmal verfolgen. Es kann sich nur in einem bestimmten Rahmen abspielen, und das ist die Sphäre des freien Willens.

Reinigung der Zellen bei jeder Inkarnation

Ich möchte jetzt von etwas sprechen, das am besten mit dem deutschen Wort »Reinigung« bezeichnet ist, weil es sowohl ein Säubern als auch eine Klärung impliziert. Wir Arkturer streben diese Reinigung auf mehreren Ebenen an. Zunächst kann sich die Reinigung auf Erinnerungen, vor allem traumatische Erinnerungen aus früheren Inkarnationen, beziehen. Auch bei der Geburt findet eine Reinigung statt, doch sie betrifft nur die Erinnerungen, auf die ihr bewussten Zugriff habt, und darüber hinaus bestehen Prägungen eurer DNA, von denen ihr nicht wissen könnt. Energien, Kenntnisse und Fehler früherer Zeiten bleiben als Prägungen erhalten. In die nächste Inkarnation

kommt ihr dann ohne Bewusstsein davon, aber die Energie ist noch da, eine Resonanzschwingung, die jetzt wieder Situationen anzieht, in denen das ungelöste Drama von damals neu inszeniert wird, sodass die alte Lektion jetzt gelernt werden kann und ihr über das Drama hinauswachst.

Eine Schwierigkeit ist dabei der bereits angesprochene Wiederholungszwang, der so stark sein kann, dass die Erfahrungen früherer Leben immer wieder neu inszeniert werden, anstatt eine Lösung zu finden – und um diesen Zwang zu überwinden, bedarf es gewaltiger Anstrengungen. Das ist auch für die Erde insgesamt von Bedeutung. Die Menschen strömen dort von überallher zusammen, um eine neue Energie einzubringen und damit neue Entscheidungsmöglichkeiten zu eröffnen. Für die Erde geht es jetzt um die Frage, ob die Polarisierung überwunden werden kann oder es zu einem katastrophalen Zusammenbruch kommt, weil dies nicht gelingt.

Positive Erinnerungen abschirmen

Wir halten immer Ausschau nach neuen spirituellen Verfahren, und nachdem wir die eben geschilderten Dinge genau studiert haben, ist uns jetzt klar, dass euch eine Reinigung eures Zellgedächtnisses auch innerhalb einer Inkarnation möglich ist. Es ist in diesen Zeiten der kosmischen Entfaltung der Manifestation von kosmischem Karma sogar besonders wichtig, eure Spiritualität auf das höchste Niveau zu heben, um die Reinigung auf der Zellebene in *dieser* Inkarnation zu bewältigen.

Ihr könnt also eure alten Erinnerungsprogramme löschen, auch wenn sie von anderen Planetensystemen oder aus früheren Inkarnationen stammen. Aber Vorsicht, dabei ist nämlich zu bedenken, dass es auch gute Erinnerungen gibt. Denken wir an Sprachen. Sicher wollt ihr nicht unbedingt eure Erinnerun-

gen an andere Sprachen löschen, die ihr einmal gesprochen habt, oder die Erinnerung an heilerische Fähigkeiten, die ihr in einer früheren Inkarnation besessen habt. Dagegen werdet ihr die im Zellgedächtnis gespeicherten Erinnerungen an Krankheiten vermutlich loswerden wollen.

Vielleicht möchtet ihr die Erinnerung an allzu tiefe Verwicklung in das kosmische Drama auf der Erde löschen, vielleicht die Erinnerung an gewalttätige Energien, die noch in euch sind – und dazu gehört möglicherweise der Wunsch, gewisse Leute, die dem Planeten schaden, beseitigt zu sehen. Oder möchtet ihr vielleicht die Erinnerungen an eure Zeit in Atlantis loswerden, wo ihr möglicherweise am Aufbau hoch entwickelter Waffenarsenale beteiligt wart? Wenn es so war, werdet ihr damals geglaubt haben, das sei die richtige Art des Ausgleichs für die immer extremer werdende Polarisierung im Inneren. Heute seht ihr, dass Aufrüstung nicht die richtige Antwort war.

Solche Erinnerungen werdet ihr bereinigen wollen, aber jetzt wissend und bewusst und unter Bewahrung der nützlichen Erinnerungen. Ihr geht hier vor wie beim Selbstschutz. Viele sind mit der Technik des weißen Lichts vertraut. Dabei legt ihr ein weißes Lichtband um eure Aura. Es schirmt euch ab, muss aber auch eine gewisse Durchlässigkeit haben. Die Abschirmung muss Licht, Christus-Liebe, höhere kabbalistische Energie, die Energie von 2012, die Energie der Arkturer und anderer Engelwesen durchlassen. Für positives Licht und positive Energie ist das Lichtband demnach durchlässig, aber negative Gedanken und gegen euch gerichtete negative Energien prallen ab.

Bei der Reinigung des Zellgedächtnisses braucht ihr ebenfalls solch eine Abschirmung, die positive Erinnerungen zurückhält, während die negativen ausgeräumt werden. So habt ihr einen sauberen Neuanfang und einen neuen Blick für die Dinge, was euch einen wesentlich sichereren Stand auf der Erde gibt, im geistigen wie im körperlichen Sinne.

Eine Reinigungsmeditation

Hebt euch für diese Übung auf die höchstmögliche Lichtfrequenz, und verbindet euch innerlich mit allen, die jetzt teilnehmen. Fühlt über euch einen Korridor von blauem Licht, der euch und eure Energie mit der fünften Dimension verbindet. Euer Geist-Körper löst sich vom stofflichen Körper und tritt durch das Kronenchakra aus. Dieser austretende Astralkörper nimmt alle Prägungen und Erinnerungen geistiger, seelischer und körperlicher Art mit sich. Sogar Erinnerungen, die euch nicht bewusst sind, gehen jetzt mit auf diese Reise.

Euer astrales Licht folgt, wenn es ausgetreten ist, dem blauen Korridor. So gelangt ihr zum interstellaren Raumschiff Athena und in seinen riesigen Heilraum. In diesem Raum sind holografische Einzel-Heilkabinen. Jeder kann seine persönliche Kabine betreten, sie sind für jeden Einzelnen reserviert und bereits programmiert. Diese Kabinen haben etwas von Telefonzellen, nur mit einem bequemen Sessel, einem Computerbildschirm und weiterer spiritueller Technik. Tretet jetzt in eure persönlichen holografischen Kabinen ein.

Wendet euch dem Zellgedächtnis in euren vier Körpern zu, dem physischen, dem mentalen, dem emotionalen und dem spirituellen. Die Erinnerungen könnt ihr auf euren holografischen Computer projizieren, der sie dann an den holografischen Bildschirm sendet. Da es sich um Zellerinnerungen handelt, könnt ihr sie gedanklich dirigieren. Auf dem Bildschirm scheinen viele Erinnerungsbilder gleichzeitig oder nur Nanosekunden auseinander aufzuleuchten. Ihr folgt dem mit größtem Interesse und verarbeitet alles blitzschnell. Manche der Bilder stammen von anderen Planetensystemen, andere aus früheren Leben, von denen ihr nichts mehr wisst. Die allermeisten von euch sind alte Seelen.

Ihr könnt sicher sein, dass jetzt alle diese Erinnerungen im

Computer sind. Ich, Juliano, sende ein wunderbares reinigendes Licht in euer Kronenchakra. Diese reinigende Energie ist mit all den Inhalten eures Zellgedächtnisses synchronisiert, die sich jetzt auf dem Computer befinden. Jetzt werden die alten negativen Muster, die Zwanghaftigkeit, die niederen Energien Vorschub leistet, geklärt und bereinigt. Das möchte ich erläutern. Es bedeutet nicht, dass sie entfernt und vergessen werden, sondern der Zwang, sie in irgendeiner Form zu wiederholen, wird neutralisiert. Was aber an Weisheit und Transzendenzenergie in solchen Erinnerungen enthalten ist, wird geläutert und diesem Licht aufmoduliert, das ich euch in eure holografische Kabine sende.

Alles ist jetzt von niederer Schwingung gereinigt und neutralisiert. Beim Blick auf den Bildschirm sehr ihr nur noch das Höhere und Transzendente. Es ist ein wenig wie die »Defragmentierung« bei Computern, falls ihr euch damit auskennt. Dabei werden verstreut gespeicherte Dateiteile wieder zusammengeführt, und es entsteht ein einheitliches, geschlossenes Bild. Im vorliegenden Fall hieße das, dass alle positiven Erinnerungen, Bilder und Erfahrungen jetzt defragmentiert und zu einem wunderschönen Lichtmuster gefügt sind.

Die sonstigen Erinnerungen, die von eher niederer Schwingung und mit einem gewissen Wiederholungszwang behaftet sind, wurden in einem isolierten Abschnitt des Bildschirms zusammengeführt und befinden sich dort gleichsam in Quarantäne: Sie besitzen keine Macht mehr. Dadurch könnt ihr in eurem höchsten Schwingungszustand sein. Solltet ihr die ausgesonderten Gedächtnisinhalte aus irgendeinem Grund benötigen, habt ihr nach wie vor Zugriff auf sie. Gegenwärtig ist das nicht nötig, weil ihr alles an Erkenntnis aus ihnen gewonnen habt, was möglich war. Euer Bildschirm wird jetzt ganz von positiven Erinnerungen ausgefüllt. Bleibt noch bei diesem Bild.

Die Reinigung ist jetzt vollzogen, also noch innerhalb dieser Inkarnation! Eure höhere Evolution rückt dadurch in greifbare Nähe. Macht euch jetzt bereit, eure holografische Kabine zu verlassen. Ihr spürt noch die Energie eurer Heilkabine auf dem fünfdimensionalen Sternenschiff Athena. Die Energie und die Erinnerung an das Raumschiff werdet ihr mitnehmen. Folgt mir nun durch den blauen Lichtkorridor zurück zur Erde. Fünf, sechs Meter über eurem Körper macht ihr halt. Wir nehmen jetzt eine Feinabstimmung vor, damit ihr euch genau richtig wieder in euren physischen Körper einfügen könnt. Denkt daran, dass die höheren Energien und Erinnerungen euch dabei begleiten und ihr über neue Heilkräfte für euch selbst und andere verfügt. Ihr seht mehr, ihr seid beschützt. Es wird ein paar Tage dauern, bis die neue Energie sich durch eine Art spirituelle Osmose in eurem Körper ausgebreitet hat und das Upgrade abgeschlossen ist. Die höheren Schwingungen überlagern jetzt im Zellgedächtnis die niederen. Ihr seid jetzt auch Heiler der Erde. Diese Übung hat zwar in erster Linie euch selbst gedient, aber sie lässt sich auch auf die Erde und ihr Gedächtnis anwenden.

Auf dieser Ebene ist die Reinigung allerdings etwas komplizierter, weil sich auf der Erde so viele verschiedene Energien unterschiedlichster Herkunft mischen. Ihr habt davon gehört, dass manchmal Außerirdische auf die Erde gekommen sind und sich an der DNA zu schaffen gemacht haben. Dadurch entstehen Verunreinigungen, eure DNA enthält Energien, die von anderen Planetensystemen stammen. Das macht auch verständlich, weshalb auf der Erde jetzt so viel Unruhe herrscht. Das Leben auf der Erde wäre viel einfacher, gäbe es hier nur die Energie der Adam-Spezies mit ihrer eigenen, nicht durch äußere Einflüsse verfälschten Programmierung. Wie die Dinge jetzt aber liegen, mischen sich hier viele Einflüsse, die einander oft genug widersprechen. Sie lassen sich harmonisieren, sie kön-

nen transzendiert werden, aber nur mit einem gewaltigen Aufwand an Energie.

Für den nächsten Teil übergebe ich jetzt an Metatron.

Lasst heiliges Licht in eure Zellen

Erzengel Metatron

Die DNA ist, wie ihr wisst, ein heiliger Code und darin den Codes des Aufstiegs ähnlich. Beim Umgang mit dem Zellgedächtnis und seinen Energien ist eine andächtige Haltung gegenüber dem Heiligen notwendig, wenn ihr sie für ein höheres Licht neu konfigurieren möchtet. Ihr habt bereits eine Menge bewegt, und damit das Erreichte bewahrt bleibt, möchte ich euch jetzt helfen, das Energiefeld des Heiligen zu schaffen. Ihr könnt Einfluss auf die DNA und damit auf das Zellgedächtnis nehmen. Immer wenn es um solche Vorhaben geht, muss das höchste Licht im Spiel sein, die höchste Schwingung.

Ich werde jetzt jedem von euch durch heilige Laute dieses Licht des Heiligen zuführen: *Kadosh, Kadosh, Kadosh, Adonai Zevaoth*. Wiederholt das noch zweimal. Lasst das heilige Licht des *Kadosh* in eure Zellen ein. Die zu diesem höheren Licht gehörenden Erinnerungen erfüllen euch jetzt, und ihr projiziert es von hier aus auf euer zukünftiges Licht auf der Erde. So geht ihr von jetzt an in heiligem Licht und könnt es auch der Erde senden. Die zehn auf die Erde heruntergeladenen ätherischen Kristalle sind jetzt auch von der Energie dieses heiligen Lichts erfüllt.

So wird das heilige Licht die Kraft, die das Zellgedächtnis der Erde aktiviert. Reine Energie läutert das kosmische Gedächtnis und das Zellgedächtnis. Seid alle gesegnet. Ihr seid Lichtwesen. Ich erwarte euch in der fünften Dimension.

73

Die heiligen Schilde in Stellung bringen

Chief White Eagle

Ihr wisst, meine Brüder und Schwestern, dass alle meine Worte heilig sind. Es ist jetzt an der Zeit, die Energie eurer heiligen Schilde einzusetzen, über die wir schon mehrmals gesprochen haben. Vergesst die ätherischen Schilde nicht, die sich manche von euch in der Vergangenheit geschaffen haben. Ein Schamane braucht Schutzschilde, und für die spirituelle Transformation in der dritten Dimension werden Schilde benötigt. Sie sind notwendig für die Reinigung, aber auch als Schutz vor negativen Energien, die jetzt auf eurem Planeten aufbrechen.

Wenn ihr noch keinen geistigen Schutzschild habt, dann visualisiert jetzt einen. Sollte es euch nicht allein gelingen, dann sucht euch jemanden, der euch dabei hilft. Wer schon einen hat, soll ihn jetzt vor seiner Aura visualisieren und sich vorstellen, dass er verstärkt wird. Ihr möchtet euch weiten, da braucht ihr den Schutz eines Schildes.

Ihr müsst nicht immer denselben Schild einsetzen, es können auch verschiedene sein. Manche von euch leisten nicht nur spirituelle Arbeit, sondern sind außerdem Schamanen. Schamanen verfügen zu verschiedenen Zwecken über allerlei Schutzschilde. Setzt immer den Schild ein, der eurem Herzen gerade am besten entspricht. Wer in Resonanz mit seinem Schild steht, dem können niedere Schwingungen und Energien nichts anhaben. Selbst Geister der niedrigsten Art können den Schild nicht durchdringen oder auch nur berühren. Ich aktiviere und verstärke eure Schutzschilde jetzt, ihr werdet Schutz und spirituellen Einklang empfinden.

6 DIE SPIRITUELLE TECHNOLOGIE DES AUFSTIEGS

Juliano und die Arkturer, Erzengel Michael

Die Energie des Aufstiegs flutet jetzt in das Energiefeld der Erde, und das hat gewaltige Auswirkungen auf die Sternensamen. Es kommt zu einer bedeutenden Weitung der Wahrnehmung, und damit meine ich, dass viele von euch jetzt höhere Realitäten und höhere Energiefelder wahrnehmen – ihr werdet sensibler.

Ich möchte euch jetzt noch Weiteres über den Aufstieg und seine Technologie berichten. Mir ist bewusst, dass es verschiedene Auffassungen von »Aufstieg« gibt. So glauben manche, der Aufstieg sei nicht wirklich mit einem Ortswechsel verbunden, dass ihr in eurem irdischen Körper aufsteigt, aber auf der Erde bleibt. So kann man es sehen, aber wir sehen es nicht so, wir bleiben dabei, dass es wie beschrieben ablaufen wird. Auch viele von euch verbinden ja eine andere Erwartung mit dem Aufstieg. Zu dieser Erwartung gehört, dass sich eure Frequenz erhöhen wird. Die Schwingung wird sich so weit steigern, dass ihr auf der Erde verschwindet und in der fünften Dimension wieder auftaucht. Und diese Erwartung, dass ihr die Erde verlassen werdet, stimmt mit unserer Lehre überein.

Auferstehung im Leben

Lasst mich kurz abschweifen und ein paar Worte über die Auferstehung sagen. Das ist ein alter galaktischer Begriff. Er wurde der Energie der Propheten aufgeprägt, die im Laufe der letzten 3500 Jahre auf der Erde aufgetreten sind. Ursprünglich beinhaltete Auferstehung für das Verständnis der Massen, dass der Körper stirbt und für eine gewisse Zeit tot bleibt. Danach wird er durch wundersame energetische Intervention zu neuem Leben erwachen und in höhere Sphären versetzt werden. Das ist im Grunde auch die Auffassung der Arkturer. Wir wissen, dass Auferstehung immer wieder vorkommt. Aber wir schließen hier eine Frage an: Wenn Auferstehung nach dem Tod des Körpers möglich ist, könnte Auferstehung dann nicht auch geschehen, wenn der Mensch noch lebt? Weshalb sollte man erst sterben und auferstehen, um völlig neu zu werden? Die griechischen und hebräischen Wörter für das, was wir Auferstehung nennen, beinhalten die Erweckung der Toten – aber kann es nicht auch anders sein?

Nach unserem Verständnis der galaktischen spirituellen Energie ist es nicht notwendig, durch den Tod zu gehen, um erneuert zu werden. Ihr könnt im Leben auferstehen, ihr könnt von einem höheren Bewusstseinszustand in der Dreidimensionalität direkt in die fünfte Dimension übergehen. Enoch und der Prophet Elias stiegen ohne Tod auf, sie erlebten eine »Auferstehung«, ohne vorher zu sterben. Und so wird sich auch jetzt in eurer Zeit der Aufstieg vollziehen: Auferstehung auf einer höheren Ebene, aber ohne vorausgehenden Tod des Körpers.

Auferstehung im Leben bringt einige Vorteile mit sich. Zunächst einmal ist es sicherlich schön, nicht körperlich sterben zu müssen. Der körperliche Tod ist immer mit komplexen Vorgängen verbunden, die in manchen Fällen das Wahrnehmungs- und Erkenntnisfeld der Person drastisch einengen. Diese Felder

lassen sich zwar wieder öffnen, aber das Ganze fühlt sich doch an wie ein langer dunkler Tunnel, der einen verunsichert und vielleicht verängstigt wie ein allzu langer Tunnel in den Bergen, durch den man mit dem Auto fährt. Man weiß, man wird auf der anderen Seite herauskommen, aber es wird einem doch ein wenig mulmig.

Ein zweiter Vorteil dieses »Lebend-Aufstiegs«, wie wir gern sagen, liegt darin, dass man sich nicht von den Vorgängen abgeschnitten fühlt. Ihr seid aktiv beteiligt und kennt die Richtung. Zur Vorbereitung auf den Aufstieg macht ihr euch mit eurem fünfdimensionalen Ich vertraut. Wir rufen euch in Erinnerung, dass ihr mehrdimensionale Wesen seid, weil ihr gleichzeitig in zwei ganz verschiedenen Dimensionalitäten lebt – in der fünften Dimension ebenso wie in der dritten. Eure Befähigung zum Aufstieg hängt unter anderem davon ab, dass ihr darüber Bescheid wisst und auch erste Erfahrungen damit gesammelt habt. So könnt ihr euch jetzt schon innerlich auf euren neuen Bestimmungsort einstellen. Wichtig ist für den Aufstieg, dass ihr in eurer klaren Ausrichtung bleibt und euch immer vor Augen haltet, wo und auf welcher Bewusstseinsebene ihr nach dem Aufstieg auftauchen wollt. Es gibt nämlich auf der astralen Ebene und in der vierten Dimension durchaus Abwege und Sackgassen.

Die vierte Dimension ist nur Durchgang

Im Laufe der Jahre haben mich viele von euch gefragt: »Juliano, weshalb überspringen wir die vierte Dimension?« Erinnert euch, dass die vierte Dimension ihre Schichten hat, die niedere, die mittlere und die höhere. Die höhere vierdimensionale Astralebene ist sehr schön. Unten tummeln sich Geister und Gespenster, hier lässt sich durchaus von »Hölle« sprechen. Da

sieht alles nach Bestrafung aus, so als würde sich immer wieder das Gleiche abspielen und man könnte dem nicht entkommen. Seht, unangenehm kann es da sein, zum Beispiel kommt es zu Gewaltakten, die ihr immer und immer wieder erlebt. Irgendwann wird man aber doch befreit. Nichts ist hier ewig, mag es einem auch so vorkommen.

In der niederen Vierdimensionalität hängt die Geist-Energie noch sehr am Dreidimensionalen. Die hier existierenden Wesen saugen den Erdbewohnern Energie ab, um damit ihr eigenes Energiefeld zu verstärken. Ihre Schwingung ist so beschaffen, dass sie glauben, sie könnten die Energie, die sie brauchen, um ihrer Lage zu entkommen, nur durch Schmarotzen an Erdbewohnern bekommen. Ich will damit sagen, dass die vierte Dimension niedere Bereiche hat, in denen ihr euch sicher nicht aufhalten möchtet.

Die mittlere astrale Schicht ist von wesentlich höherer Energie, und hier leben sehr hoch entwickelte Wesen. Der oberen astralen Ebene schließlich ist bereits die Nähe zur fünften Dimension anzumerken, sie hat etwas vom Garten Eden, von Himmelspforten und Himmelspalästen. Es ist sehr schön da, und viele von euch haben dieses Reich bereits besucht. Viele Führer und Lehrer gibt es da, die sich frei zwischen den verschiedenen Schichten der astralen Ebene bewegen können.

Der wichtigste Aspekt liegt aber darin, dass ihr im Inkarnationszyklus der Erde bleibt, wenn ihr nach dem Tod die Astralebene aufsucht. Das bedeutet, dass euch eine weitere Geburt in der Dreidimensionalität bevorsteht. Unter bestimmten Umständen kann es auch sein, dass ihr auf einem anderen Planeten geboren werdet, jedenfalls aber seid ihr weiterhin im dreidimensionalen Reinkarnationsprozess. Der Aufstieg bietet euch dagegen die Chance, die Dreidimensionalität mit ihren Inkarnationen ganz hinter euch zu lassen. Und das ist eine Gnade. Für den »Abgang« von der Erde sind eine höhere energetische

Schwingung, ein höheres Energiebewusstsein und eine höhere Wahrnehmung erforderlich.

Viele von euch werden das Feld der höheren Wahrnehmung nicht ohne Hilfe in diesem Leben erreichen können. Ich kann euch aber versichern, dass ihr jetzt auf unglaublich viel Unterstützendes zurückgreifen könnt, um eure Schwingung anzuheben. Diese Unterstützung liegt zum Teil in der generellen Energievermehrung durch den Aufstieg. Diese Energie bringt neues Licht, neue Frequenzen, neue Chancen mit sich. Stellt euch zur Veranschaulichung vor, ihr hättet keine nennenswerten astronomischen Kenntnisse und würdet Zeugen einer Sonnenfinsternis. Anschließend würdet ihr vielleicht erstmals etwas von den Beziehungen der Himmelskörper untereinander ahnen. Vielleicht kommt ihr dahinter, dass sich ein Himmelskörper vor den anderen schiebt und dessen Licht verdeckt. Ohne die Finsternis würdet ihr vielleicht nie darauf kommen, dass sich die Bahnen der Himmelskörper so kreuzen können. Mit dem Aufstieg verhält es sich ähnlich. Die Ereignisse, die neuen Umstände und Energiemuster ermöglichen euch neue Einblicke in den Aufstiegsprozess.

Aufstieg und neue Wahrnehmung

Sprechen wir, um uns der Bedeutung des Aufstiegs weiter anzunähern, über Licht und Lichtwahrnehmung. Das Phänomen Licht ist so vielschichtig und so schön. Aus der dunklen Nacht erhebt sich die Energie der Morgendämmerung. Mit dem Morgenlicht erkennt ihr, was auf der Erde existiert. In völliger Dunkelheit seht ihr nicht einmal die Umrisse von Bäumen, Häusern oder Tieren – nicht ohne Nachtsichtgerät jedenfalls. In der Morgendämmerung erkennt ihr dann den Wald und seht, wie schön die Dinge in der dritten Dimension sind.

Stellt euch jetzt vor, das Licht wird immer heller, so als würdet ihr ohne Schutz direkt in die Sonne blicken. Es blendet, ihr seht nur noch Licht und sonst nichts. Zu viel Licht ist nicht gut. In der fünften Dimension ist das Licht noch viel stärker, und ihr braucht eine entsprechend trainierte Wahrnehmung. Hättet ihr dann nur euer irdisches Sehvermögen, wärt ihr einfach geblendet und könntet nicht sehen, was in den höheren Bereichen zu sehen ist.

Zum Glück könnt ihr jetzt bereits trainieren und mit den Schlüsseln des Aufstiegs euer Wahrnehmungsfeld öffnen. Wenn das Licht dann zunimmt, können sich die lichtempfindlichen Zellen eurer Netzhaut und euer Geist darauf einstellen, sodass ihr die neue Welt und ihre höhere Energie sehen und erfahren könnt. In den höheren Bereichen ist Wahrnehmung vielschichtiger, als ihr es gewohnt seid, eure verschiedenen Sinnesvermögen mischen sich darin stärker. Ihr habt fünf Sinne oder Wahrnehmungsformen und stellt sie euch eher getrennt vor, nicht als Mischformen. Im Aufstieg werdet ihr für das immer stärker werdende Licht dadurch gerüstet sein, dass sich eure verschiedenen Sinnesvermögen immer besser gegenseitig ergänzen und unterstützen. So wird euch das Licht nicht blenden, ihr werdet erkennen können, was die fünfte Dimension zu bieten hat.

Stellt euch einmal vor, wir würden die Lichtintensität auf eurem Planeten erhöhen, bis ihr erkennt, dass menschliche Körper eigentlich Lichtkugeln sind. Was ihr bisher als dreidimensionale Gestalt gesehen habt, ist ein angenommener Körper, in dem viele zu der jeweiligen Person gehörende energetische Aspekte repräsentiert sind – zum Beispiel frühere Leben, Krankheiten, Verdichtungen und die Auswirkungen der im dreidimensionalen Leben gemachten Erfahrungen. Könntet ihr höheres Licht wahrnehmen, würdet ihr das tatsächliche Energiemuster eures jeweiligen Gegenübers sehen, nämlich eine leuchtende Energiekugel. Die höheren Energiemuster eures

dreidimensionalen Körpers sind von so hoher Frequenz, dass sie eurer ungeschulten Wahrnehmung nicht erscheinen.

Könntet ihr die leuchtenden Kugeln jetzt schon sehen, wärt ihr vielleicht auch eher ratlos und wüsstet sie nicht einzuordnen – wenngleich ihr nach der Lektüre dieses Kapitels vielleicht schon eher darauf eingestellt seid, solche leuchtenden Energiemuster zu sehen. Zunahme des Lichts ist überhaupt ein interessantes Thema. Im Aufstieg werden nur wenige mit der Zunahme des Lichts auf eurem Planeten mithalten können. Das Licht hat jetzt schon deutlich zugenommen, aber nur wenige werden ihr Wahrnehmungsfeld so weit öffnen können, dass sie die höheren Bereiche zu sehen vermögen.

Wenn ihr euch jedoch diese höhere Wahrnehmung erschlossen habt und das höhere Licht seht, werdet ihr auch eure Verbundenheit mit der fünften Dimension deutlich erkennen. Ihr seht die Verbindungen als »ätherische Schnüre« oder »Lichtstränge«, wie wir sie nennen. Jeder hat sie, aber bei manchen gehen sie nur in die dritte Dimension, während sie bei anderen jetzt mit der fünften Dimension verbunden sind, weil sie mit uns gearbeitet haben. Entlang dieser ätherischen Lichtstränge könnt ihr euch beim Aufstieg projizieren, und euer leuchtender Körper wird sich dorthin in der fünften Dimension bewegen, wo eure Lichtstränge enden.

Der stoffliche Körper ist eigentlich ein Energiefeld. Nehmt als Beispiel einen Tisch. Ein Physiker wird euch sagen, dass ein Tisch gegen allen Anschein nichts Festes ist. Er besteht aus Molekülverbänden, und die Moleküle setzen sich aus Atomen und die Atome wiederum aus subatomaren Teilchen zusammen – und alles ist in ständiger blitzschneller Bewegung. Legt ihr eine Hand auf den Tisch, bleibt sie liegen und sinkt nicht ein, weil ihr den Tisch als etwas Festes wahrnehmt. Der höheren Wahrnehmung würde sich dagegen erschließen, dass der Tisch ein Energiefeld ist – und wenn ihr den Tisch in diesem Bewusstsein

wahrnehmt, könnt ihr tatsächlich mit der Hand durch ihn hindurchgreifen. Es hat immer wieder Menschen gegeben, die das vermochten, Sai Baba ist ein Beispiel. Sie befinden sich gleichzeitig in einer höheren Dimensionalität, sodass es in der dritten Dimension keine Hindernisse mehr für sie gibt. Wenn ihr das Bewusstsein beider Bereiche habt, dieses und des höheren, sind euch Dinge möglich, die ihr jetzt als Zauberkunststücke betrachten würdet: Ihr könnt Objekte aus anderen Dimensionen in der dritten Dimension erscheinen lassen.

Der Lichtkörper ist für den Aufstieg das Entscheidende, der physische Körper folgt ihm. Die Lichtstränge reichen letztlich bis zum Schöpfer, und die echten Propheten und spirituellen Führungsgestalten haben es vermocht, ihren Lichtsträngen bis zum Schöpfer zu folgen. Auf der anderen Seite sind die Lichtstränge der Propheten mit Lehrern und Führern verbunden. Eure Lichtstränge sind jetzt mit dem arkturischen Tempel, dem Kristalltempel und anderen Bereichen der fünften Dimension verbunden. Ihr seid als arkturische Sternensaat in euren leuchtenden Kugeln mit vielen Lichtsträngen zur Erde gekommen. Ich gebe euch jetzt ein paar energetisch angereicherte Töne, damit ihr das Gesagte besser aufnehmen und verarbeiten könnt. Sie erweitern euer Wahrnehmungsfeld und versetzen euch in die Erfahrung des Angesprochenen [stimmt die Töne an].

In der fünften Dimension sind Raum und Zeit, wie ihr sie jetzt auffasst, nicht mehr gegeben. Dort besteht zwischen den Dingen keine Distanz – aber eurem dreidimensionalen Geist ist natürlich unbegreiflich, wie Dinge ohne Raum sein können. Aber es ist so, zwischen den Dingen oder zwischen den Personen besteht kein Zwischenraum, und doch sind sie nicht alle an derselben »Stelle«. Durch bloßes Denken an einer Person seid ihr augenblicklich bei ihr. Das klingt euch jetzt sicher ungereimt.

Aber wenn im weiteren Verlauf des Aufstiegs immer mehr Licht in die Welt kommt, werdet ihr die fünfte Dimension direkt sehen und erleben können. Das zunehmende Licht wird euch nicht blenden, sondern ihr werdet Gärten sehen und die intensive Atmosphäre der Liebe in der fünften Dimension erfahren. Wenn euch dann eine Brücke erscheint, wie manchmal im Traum etwas Symbolisches erscheint, werdet ihr den Entschluss fassen, sie zu überqueren. Es ist die Brücke zwischen den Dimensionen, ihr Überschreiten ist euer Aufstieg. So einfach kann der Aufstieg sein [stimmt wieder Töne an].

Ich möchte noch anmerken, dass die Brücke auch für die da sein wird, die schon gestorben sind. Es ist keineswegs so, als würde zu früher Tod bestraft. Sicher, Aufstieg aus der Fülle des Lebens ist das Beste, aber denkt auch daran, dass Auferstehung das ist, was Sananda/Jesus vermitteln wollte. Ihr könnt euch sagen, dass ihr fähig sein werdet, diese Energie des Aufstiegs mit in den Tod zu nehmen. Vielleicht könnt ihr dann sogar unmittelbar nach dem Tod aufsteigen. Wenn euer Erdenkarma so beschaffen ist, dass ihr den Körper nicht bis zum Aufstieg erhalten könnt, seid unbesorgt. Ihr werdet trotzdem aufsteigen können.

Ich überlasse das Weitere nun Erzengel Metatron.

Meditation im Merkaba-Licht

Erzengel Metatron

Es gibt in der dritten Dimension kaum ein größeres Werk als die Entschlüsselung der Aufstiegs-Codes. Es ist etwas so Gewaltiges, dass man versucht ist, in ein weiteres Leben zurückzukehren, in dem sich Gelegenheit dazu bietet. Die Codes liegen in eurer DNA und in gewissen Bereichen eures Gehirns. Ihr

habt sicher schon gehört, dass man als Mensch nur 20 Prozent, höchstens 22 Prozent seiner Gehirnkapazität im Laufe eines Lebens nutzt. Der Rest kann erst nach angemessener Vorbereitung ins Spiel gebracht werden und nur wenn durch eine neue »Verkabelung« dafür gesorgt ist, dass auch höhere Frequenzen verarbeitet werden können. Das betrifft natürlich insbesondere die Schwingungsfrequenz des Aufstiegs. Erinnert euch an Julianos Worte, dass das Licht in der fünften Dimension als blendend erlebt wird, wenn man nicht vorbereitet ist. Niemand möchte geblendet werden.

Den Mystikern wurden aufgrund ihrer Übungen bestimmte Energien gegeben. Eine davon ist die Energie der Merkaba oder des »Wagens«. Bei diesem Wagen handelt es sich um einen Sitz, der von einer energetischen Schutzhülle umgeben ist und mit dem man in höhere Bereiche gelangen kann. Er führt euch an das höhere Licht heran, sodass ihr nicht davon geblendet werdet. Stellt euch die Merkaba vielleicht als eine große Kutsche mit einer wunderbaren Glaskuppel vor, deren Filterwirkung dafür sorgt, dass ihr euch überall ungehindert umsehen könnt, wohin die Kutsche euch auch trägt.

Ich rufe jetzt das Licht und die Energie der Merkaba zu euch. Visualisiert die göttliche Kutsche vor euch. Beim Einsteigen spürt ihr die Glaskuppel und greift hinter euch, um sie zu schließen. Ihr seid jetzt wie in einer Kapsel, die euch tragen wird. Ihr schließt die Augen, und die Fahrt geht los. Ihr werdet befördert, auch wenn ihr keine Bewegung spürt. Wenn ihr die Augen wieder öffnet, seid ihr in einem Garten, dem Garten Eden, einem fünfdimensionalen Paradies. Der Garten liegt in einem wunderbaren Licht, dem ersten, uranfänglichen Licht, dem Licht des Adam Kadmon, das auch Adam sah.

Ihr öffnet die Kuppel über euch, und alles liegt in diesem Licht, einer Art dunstigem, vielfarbigem Morgenlicht, wie ihr es auf der Erde noch nie gesehen habt. Ihr geht durch diesen

Garten, ihr seht und hört und fühlt dieses Licht, heiliges Licht. Göttliche Wesen ergehen sich in diesem Garten mit seinem Licht. Auch in euch erwacht das Aufstiegslicht, das heilige Licht des Merkaba-Gartens. Es führt Segen mit sich. Ihr spürt die unendliche Weite des Gartens, und doch ist sie nicht wie Raum. In diesem Garten könnt ihr jedem begegnen, den ihr sehen möchtet. Ihr fühlt euch eins mit der Energie des Gartens. Ihr fühlt euch eins mit der Energie Adams und des ersten Lichts. Ihr seht das Licht. In diesem Licht könnt ihr alles im Universum sehen.

Jetzt wird es Zeit, zu eurem Merkaba-Wagen zurückzukehren. Mit einem Schritt seid ihr dort, steigt ein und schließt die Glaskuppel über euch. Göttliches Licht erfüllt euch. Ihr schließt die Augen und lasst euch zurücktragen zu eurem Startplatz auf der Erde. Ihr öffnet die Augen, öffnet die Kuppel und seid wieder in eurem Körper. Die Energie ist beim Eintritt in den Körper noch bei euch. Da ihr das erste Licht jetzt erfahren habt und kennt, werdet ihr das Aufstiegslicht für euren eigenen Aufstieg nutzen können.

Es ist ein anderes Licht als alles Licht, das ihr auf der Erde je gesehen habt. Denkt an die ersten Worte des Schöpfers: »Es werde Licht.« Ihr habt nur eine begrenzte, wenn auch schöne Vorstellung von Licht, aber letztlich ist Licht der Ursprung der Schöpfung. Licht ist schöpferisch, und Licht führt euch in das große Wahrnehmungsfeld. Erweitert eure Vorstellung von Licht über das Visuelle hinaus zu einer »Ganzkörper«-Erfahrung, zu etwas, das ihr mit allem, was ihr seid, fühlt. Licht schließt alles ein. Alles, was ist, ist im Licht.

Mögen die Aufstiegs-Codes für alle Sternensamen, die dies hören oder lesen, eröffnet werden, damit sie wissen, was Licht ist und wie sie es für ihren Aufstieg einsetzen können.

7 ANNÄHERUNG AN EUER FÜNFDIMENSIONALES ICH

Juliano und die Arkturer, Erzengel Metatron

Wir Arkturer möchten euch gern bei der Kontaktaufnahme mit eurem fünfdimensionalen, vieldimensionalen Ich helfen. Dabei geht es zugleich auch darum, eure Städte des Lichts auf der Erde mit den fünfdimensionalen Energien der Erde und mit dem fünfdimensionalen Bereich überhaupt zu verbinden.

Die heiligen Lichtstädte spielen eine besondere Rolle für den Eintritt der Erde in ihr fünfdimensionales Energiefeld. Um jedoch diese Rolle wirklich ausfüllen zu können, ist es wichtig, dass ihr mit eurem fünfdimensionalen Ich verbunden und eins seid. Je mehr das der Fall ist, desto leichter und umfassender werdet ihr die Ereignisse in der dreidimensionalen Welt beeinflussen können, einfach weil eure höheren Kräfte als Lichtwerker eben darin bestehen.

Wir werden euch jetzt eine Methode der Kontaktaufnahme mit eurem fünfdimensionalen Ich vorstellen und sie anschließend üben. Das fünfdimensionale Ich ist euer Aufstiegs-Ich und euer wahres Ich, euer höheres Ich. Euer dreidimensionales Ich ist etwas Vorübergehendes, aber jetzt lebt ihr darin und erfahrt die Polaritäten und Dualitäten des Daseins auf der Erde. Dieses Dasein gibt euch den Eindruck, euer dreidimensionales Ich sei euer wahres Ich, und deshalb ist es so wichtig, nach dem fünfdimensionalen Ich zu forschen und sich anhand von Übungen einen Vorgeschmack zu verschaffen.

Bei diesem Einüben des fünfdimensionalen Ichs übt ihr zu-

gleich auch, die Energie dieses fünfdimensionalen Ichs mit zurück in diesen dreidimensionalen Körper zu bringen. Darauf müsst ihr vorbereitet und innerlich eingestellt sein. Ihr wisst bereits, dass es für den Aufstieg nötig ist, diesen Körper in eine höhere Schwingung zu versetzen, damit er der fünfdimensionalen Energie überhaupt standhalten kann.

Zugänge

Als Lichtwerker seid ihr bereits mit dem Gedanken der Mehrdimensionalität vertraut, ihr wisst, dass ihr auch in der fünften Dimension einen Körper habt. Jetzt bewohnt ihr mit eurem Geist einen dreidimensionalen Körper, das ist eure derzeitige Inkarnation. Eure fünfdimensionale Präsenz beruht darauf, dass ihr auch einen fünfdimensionalen Körper habt, der parallel zu eurer dreidimensionalen Inkarnation existiert. Ihr könnt ihn in der Vorstellung aufsuchen. Wenn das gelingt, erlebt ihr, was er wahrnimmt und was er vermag, und so könnt ihr jetzt schon einen Eindruck davon bekommen.

In eurem fünfdimensionalen Körper besitzt ihr beispielsweise weitaus größere Heilkräfte als jetzt. Viele von euch erleben das bereits. In der Verbundenheit mit eurem fünfdimensionalen Körper bewirkt ihr Heilungen, die in der Dreidimensionalität unmöglich erscheinen. Sucht euren fünfdimensionalen Körper auf, und bedient euch dieser Fähigkeiten. Ihr könnt den fünfdimensionalen Körper auch zum Empfang von Licht aus anderen Dimensionen nutzen. In der dritten Dimension könnt ihr Energien aus der fünften Dimension herunterladen, und es ist ganz wichtig, diese Energie jetzt in die Inkarnation auf der Erde einzuspeisen.

Dabei geht es natürlich auch um heilende Energien für die Erde. Auch eure planetarischen Heilkräfte sind in der fünften

Dimension sehr viel weiter entwickelt als hier in der Dreidimensionalität. Wäre es nicht großartig, sich jetzt schon dieser Heilkräfte bedienen zu können? Da hättet ihr eine große Hilfe für die Aktivierung der Lichtstädte auf der Erde und für die Schaffung des heiligen Energiefelds.

Sicher ist euch klar, dass eine gerechte Gesellschaft nur da entstehen kann, wo als Grundlage ein heiliger Raum geschaffen wurde. Wo eine Stadt des Lichts ist, kann sich die Gesellschaft danach formen. Lichtstädte der Erde sind partnerschaftlich mit galaktischen Bruder- und Schwesterstädten verbunden. Es ist sehr wichtig, dass die Lichtstädte der Erde allen Lichtwerkern auf der Erde gut bekannt sind. Euer Lichtort mag in einer Gegend liegen, die als abgelegen gilt, aber in Zukunft werden viele überall auf der Welt um euren Ort wissen. Sie werden wissen, dass es ein heiliger Ort ist, ein Lichtort, an dem sich eine gerechte Gesellschaft bilden wird.

Euer grenzenloser Körper

Die Aufgabe der Gruppe der Vierzig besteht unter anderem darin, die Gegenden bekannt zu machen, die Lichtstädte geworden sind. Ihr seid Lichtwerker in diesen Städten und darauf bedacht, dass andere von ihnen erfahren. Das könnte durch Veranstaltungen für Lichtwerker in den Lichtstädten geschehen oder durch gemeinsame Übungen, vielleicht durch Geschichten, in denen ihr erzählt, wie es ist, in der Gegend eurer Lichtstadt zu leben.

In der jetzt folgenden Übung werdet ihr euch mit euren Heilkräften für die Erde verbinden, um zu erfahren, wie ihr noch besser mit den Orten des Lichts auf der Erde umgehen könnt. Ihr werdet Kontakt zu eurem fünfdimensionalen Ich aufnehmen, um die höheren Fähigkeiten der fünften Dimension zu

empfangen, darunter auch höhere Heilkräfte für die Erde. Wir werden einen Weg einschlagen, der vielen, die das Werk der Arkturer mittragen, bereits vertraut ist: Wir besuchen den arkturischen Kristallsee. Jeder von euch hat dann ein fünfdimensionales Ich, und mit diesem Körper steht ihr am Ufer des Kristallsees mit seinen knapp zwei Kilometern Durchmesser.

Der fünfdimensionale Körper sieht eurem dreidimensionalen Körper sehr ähnlich, nur ist er von vollkommener Gesundheit und sprüht vor Lebendigkeit, und seine Lichtschwingung ist weitaus höher. Nicht dass euer körperliches Vorhandensein auf der Erde minderwertig wäre, aber der fünfdimensionale Körper ist einfach von weitaus höherer Schwingung.

Er altert auch nicht. Ihm sind keine Grenzen gesetzt, weder durch Raum und Zeit noch durch die Schwerkraft. Er ist grenzenlos und hat teil an einem unendlichen Energiefeld. Er wird euch vielleicht jünger vorkommen als euer jetziger Körper. Wichtig ist für euch zu wissen, dass er zwar in einer höheren Frequenz schwingt, aber trotzdem mit eurem dreidimensionalen Körper kommuniziert und dabei aufnimmt, was in euch vorgeht.

MEDITATION: Die Reise zum Kristallsee

Ich werde euch jetzt mit einem Ton energetisch für diesen Weg aktivieren [stimmt den Ton an]. Spürt euren Geist, eure Essenz, und steigt aus eurem dreidimensionalen Körper auf. Spürt, wie euer Geist aus dem Kronenchakra austritt. Seid gewiss, dass ich, Juliano, über jedem von euch, der dies liest und den Wunsch hat, sich mit der fünften Dimension und dem arkturischen Kristallsee zu verbinden, einen blauen Lichtkorridor eröffne. Tretet mit eurem Geist-Körper jetzt in diesen Korridor. Hier spürt ihr bereits eine fünfdimensionale Schwingung.

Gedanken sind schneller als alles andere im Universum, und so versetzt ihr euch jetzt mit Gedankengeschwindigkeit an den See. Ihr schwebt zunächst über ihm und seht 1 600 fünfdimensionale Gestalten in der Meditationshaltung mit überkreuzten Beinen ringsum an seinem Ufer sitzen. Es ist ein herrlicher See von atemberaubender blauer Energie. Seht euch um, bis ihr euren fünfdimensionalen Körper gefunden habt. Nähert euch ihm, stimmt euch auf ihn ein, und jetzt geht in ihn ein und spürt die neue Dimensionalität. Lasst euch ganz auf die Wahrnehmungen und die spirituelle Energie ein, lasst die höhere Wahrnehmung auf euch wirken.

Dieser Körper hat viel mehr von eurem wahren Ich. In diesem Körper befindet ihr euch jetzt am arkturischen Kristallsee. Die neue Wahrnehmung dürfte noch ungewohnt für euch sein. Ich werde eure Schwingung jetzt noch ein wenig anheben. In diesem fünfdimensionalen Körper erfahrt ihr hohe spirituelle Energie, die in der irdischen Dreidimensionalität nicht spürbar ist. Zur Unterstützung werde ich den Kristall aus dem See heben.

Vergesst nicht, dass ihr aus der dritten Dimension kommt und auch jetzt noch etwas von dieser Dreidimensionalität an euch habt, einen Rest von begrenzender Energie, wie ich sagen würde. Der Kristall im See ist so schön und so mächtig, dass er unter Wasser gehalten und seine Energie dadurch ein wenig gedämpft wird, sonst kann er schnell als übermächtig empfunden werden. Ich hebe ihn jetzt ungefähr drei Meter aus dem Wasser. Er strahlt ein Licht aus, das genau mit der Aufnahmefähigkeit eures dritten Auges übereinstimmt. Ihr blickt jetzt nicht nur tief in die fünfte Dimension hinein, sondern könnt alle Bereiche, Orte und Zeiten wahrnehmen. Zum Beispiel könnt ihr einen Blick hinunter auf euer dreidimensionales Leben werfen, aber beurteilt nichts und versucht nicht, irgendetwas zu ändern. Schaut einfach nur hin. Dieser Blick allein erhöht eure spirituelle Schwingung auf der Erde.

Ihr kehrt zurück zum Kristallsee und richtet euer drittes Auge auf den Kristall. Tastet nach euren Heilkräften, nach euren medialen Fähigkeiten, nach euren Heilkräften für die Erde. Worin bestehen eure fünfdimensionalen Fähigkeiten – Schreiben, individuelles Heilen, Heilung der Erde? Es kann auch Musik sein oder Architektur. Seht die höheren Begabungen eures fünfdimensionalen Ichs. Ruft all das durch euer drittes Auge in euer fünfdimensionales Wesen. Ich hebe den Kristall noch ein wenig, und die Intensität nimmt noch weiter zu.

Nehmt diese Gelegenheit hier am Kristallsee wahr, um mögliche Schwächen oder Verkrampfungen eures irdischen Körpers aufzulösen. Vielleicht möchtet ihr ein wenig zusätzliche Energie mitnehmen, die euch dann hilft, diese Dinge zu bearbeiten. Öffnet euch erneut, um diese zusätzliche Energie über euer drittes Auge aufzunehmen. Wir werden dabei jetzt einfach eine Weile schweigend sitzen.

Ihr seid eben dabei, eure Fähigkeiten als Schamanen für die Heilung der Erde aufzubauen. Für die Heilung der Erde besteht die Biorelativität in der Kommunikation mit dem Geist der ganzen Erde. Wir empfehlen also kein Vorgehen in kleinen Schritten, ein wenig hier, ein wenig da. Am Beginn muss vielmehr eine umfassende Beziehung zum Geist der Erde stehen. Sucht in euch diese Fähigkeit auf, euch direkt mit dem Energiefeld der Erde zu verbinden, mit ihrem Geist. Das ist der Kern der ganzen Arbeit.

Nehmt weiter die Schwingungsenergie des Kristalls auf. Mit dem Schöpfer in Beziehung zu treten ist jetzt ebenfalls leichter für euch, und in der Verbundenheit mit der fünften Dimension ist auch der Kontakt zu euren Geist-Führern mühelos. Nehmt noch so viel Licht und Energie auf, wie ihr könnt, bevor wir uns für den Rückweg fertig machen.

Auf mein Zeichen wird euer Geist aus eurem fünfdimensionalen Körper aufsteigen. Fordert ihn dazu auf. Ich weiß, ihr

würdet gern im fünfdimensionalen Körper bleiben, aber denkt daran, wie viel frische Energie ihr mitnehmt, die euch in der dritten Dimension zustattenkommen wird. Jetzt. Und jetzt seid ihr schon ein paar Meter über diesem Körper. Er ist euch vertraut geworden, ihr steht in Resonanz mit ihm. Steigt weiter auf, bis ihr hoch über dem Kristallsee seid und wir dann zusammen mit Gedankengeschwindigkeit durch den Lichtkorridor wieder zur Erde gelangen. Ungefähr drei Meter über eurem Körper auf der Erde macht ihr halt. Sagt euch, dass bei der Rückkehr in euren Körper eine perfekte Abstimmung stattfinden wird. Diese Abstimmung sorgt dafür, dass ihr von dieser neuen Energie mehr in euren dreidimensionalen Körper mitnehmen könnt als je zuvor. Sie wird sich ganz allmählich in eurem Körper und in alle Bereiche eures Lebens hinein ausbreiten, also auch in eure Fähigkeit, euch selbst und andere und die Erde zu heilen. Tragt eurem Geist auf, in perfekter Abstimmung wieder in euren Körper einzutreten. Wenn ich bis drei gezählt habe, kehrt ihr in euren Körper zurück. Eins, zwei, drei – jetzt. Ihr seid mit der größtmöglichen Ladung an fünfdimensionaler Energie in euren Körper zurückgekehrt. Sie wird euch langsam ganz durchdringen. Ihr seid Lichtwesen.

Wenige Menschen genügen, um Veränderungen zu bewirken. Denkt an den ungeheuren Einfluss Albert Einsteins. Ihr seid von jetzt an in der Lage, euch mit der fünfdimensionalen Energie und eurem fünfdimensionalen Ich zu verbinden. In der Meditation könnt ihr euren fünfdimensionalen Körper aufsuchen, ihr könnt euch auch an den Kristallsee versetzen und weiteres Wissen abrufen – genau so, wie wir es eben gemacht haben.

Ich hoffe, ihr bleibt dran; dies ist nämlich eine entscheidende Phase in der Entwicklung der Erde, und eure Energie könnte den Ausschlag geben. Vieles ist auf der Erde aus dem Gleich-

gewicht geraten, aber sie ist jetzt auch besonders empfänglich für die Lichtwerker und ihren Geist.

Den nächsten Teil möchte ich jetzt Erzengel Metatron überlassen.

Das Licht der Schöpfung

Erzengel Metatron

Ich bin es, der am Sternentor sitzt, dem großen Portal zur fünften Dimension. Das Sternentor ist nicht dasselbe wie der Kristallsee. Am Kristallsee könnt ihr die höchsten Energien erfahren, und immer in der beruhigenden Gewissheit, dass ihr in euren dreidimensionalen Körper zurückkehren könnt. Geht ihr jedoch durch das Sternentor, so kappt ihr alle Verbindungen zu eurem irdischen Körper.

Viele von euch wünschen sich das, und ihr werdet bald Gelegenheit dazu haben, denn der Augenblick des Aufstiegs ist nicht mehr fern. Juliano hat vom Gleichgewicht der Energie in der Biorelativität gesprochen, und ich möchte ergänzen, dass Ähnliches für das energetische Gleichgewicht des Kosmos gilt. Der Erde steht in Beziehung zum Kosmos, und so besteht die Arbeit der Sternensaat auch darin, die dreidimensionale Erde mit den Energien des Kosmos und des Schöpfers im Gleichgewicht zu halten.

Damit ihr euch leichter mit dem Schöpfer verbinden könnt, gebe ich euch jetzt einen besonderen Ausdruck, einen der heiligen Namen Gottes. Hört zu, hört diese Schwingung: *Oh Seh Schalom.* [Dehnt:] *Oooh Seeeh Schaaalommm. Oh Seh Lei O'Lam Vayed.* Er, der immerwährend die Welt macht. Der deine Seele macht, deine ewige Seele. Aus dieser Verbindung mit dem Ewigen schöpft ihr eure persönliche Kraft auf der Erde.

Euch allen ist es gegeben, die Pforte zu eurem ewigen Licht zu öffnen. Euer Ich weist Schichten auf, genauso wie das höchste Licht des Schöpfers, das den Namen *Ain Sof Aur* trägt. Es gibt eine Schicht, die ihr ablegen könnt wie einen Mantel, und dann ist euer Energiefeld so beschaffen, dass ihr dieses Licht erfahren könnt. Ihr wisst jetzt, dass ihr den Mantel ablegen und die fünfte Dimension aufsuchen könnt.

Der Schöpfer – geheiligt sei sein Name, *Baruch Haschem* – hat diese dritte Dimension erschaffen. Ihr habt teil an dieser Schöpfung und seid im Besitz vieldimensionaler Fähigkeiten. Stellt euch ein spiralförmiges Licht rings um euch vor. Es ist um euch und unter euch und öffnet sich über eurem Kronenchakra zum Kosmos hin. Ihr könnt euch mit allen Ebenen des Schöpferlichts verbinden, mit allen Schichten des Seins. Ihr verfügt über vieldimensionale Fähigkeiten.

Auch Adam besaß im ersten Augenblick der Schöpfung die Fähigkeit der Präsenz in vielen Dimensionen, er überblickte das gesamte Universum und andere Universen. Diese grenzenlose Wahrnehmungsfähigkeit ging dann zurück, sodass niedere Welten entstehen konnten. So entstand die Dreidimensionalität, in der ihr jetzt lebt. Doch auch die niedere Welt, die dritte Dimension, kann Licht aus höchsten Quellen empfangen, die essenzielle Verbindung zu allen Bereichen ist immer gegeben. Der anstehende Schritt der Evolution, von dem die Arkturer immer sprechen, beinhaltet eine Erweiterung des Bewusstseins bis hin zur Verbundenheit mit den höheren Bereichen. Dann wird es möglich, die Energien von dort zur Erde zu leiten, damit die dritte Dimension ihren heiligen Wesenskern realisiert. Auch die dritte Dimension ist ein heiliger Ort.

Wenn ihr einmal mit eurem fünfdimensionalen Ich verbunden wart wie in dieser Übung, verfügt ihr über besondere Segenskraft und könnt heilige Orte schaffen, an denen heilige Energie waltet. Das hat zur Folge, dass die Menschen in dieser

Gegend ebenfalls in ihrer höchsten Schwingung agieren. Und das ist doch sicher ein wunderbarer Gedanke: dass ihr heilige Orte mit heiligen Energiefeldern schaffen könnt, Städte des Lichts.

Möge der Friedenstifter diese heilige Energie für die ganze Welt schaffen. Möge euch von jetzt an sehr deutlich bewusst sein, dass ihr euren spirituellen Grund aufsuchen und direkt mit ihm kommunizieren könnt. Direkter Austausch mit der Erde ruht auf dem Verständnis, dass auch die Erde zu Gottes Schöpfung gehört. Eine neue Art des Umgangs mit seiner Schöpfung wird auf der Erde eine ganz neue Harmonie entstehen lassen. Die Schöpfung begann mit den Worten: »Es werde Licht.« Ich beschließe diesen Teil nun mit den Worten: »Es werde Licht überall auf der Erde und zu allen Lichtwesen hin, damit sich das Licht einer neuen Harmonie auf Mutter Erde manifestieren kann.«

8 DIE VIER KÖRPER UND DIE HEILUNG DER ERDE

Juliano und die Arkturer, Chief White Eagle

Eure Transformation als Person und als Ich konzentriert sich auf euer Energiefeld. Dieses Feld lässt sich in vier Körper unterteilen, den mentalen, den physischen den spirituellen und den emotionalen Körper. Wenn wir Arkturer euer Energiefeld betrachten, erkennen wir ein Zusammenspiel dieser vier Körper, das ringsum ein bestimmtes Licht erzeugt. Bei manchen Übungen, die wir mit euch machen, etwa beim Pulsen des kosmischen Eis, arbeiten wir mit allen vier Körpern gleichzeitig. Wir können aber auch mit jedem der vier Körper einzeln und spezifisch arbeiten.

Worin liegt der Vorteil der Unterteilung des Energiefelds in diese vier Körper? Sie ermöglicht uns intensivere Arbeit zum Schutz und zur Beschleunigung des Energiefelds. Außerdem lassen sich so manche Blockaden leichter lösen, die vielleicht im emotionalen Körper oder sogar im spirituellen Körper sitzen. Blockierungen oder Krankheitsanfälligkeiten sind manchmal karmischer Natur und stammen aus anderen Leben. Ihr bringt dann eine bestimmte Schwäche mit, aus der eine Erkrankung werden kann. Der Umgang mit jedem einzelnen Körper kann dann tiefe Heilung bewirken.

Es kommt sogar vor, dass wir einzelne Körper aus dem Verbund der vier Körper lösen müssen, um sie in unseren Heilkammern und im arkturischen Kristalltempel zu behandeln. Wir sind in der Lage, eure Energiekörper durch Gedan-

kenprojektion auf einen Kristall oder Heilungsort von hoher Schwingung zu übertragen, wo dann staunenswerte energetische Transformationen stattfinden, die in der dreidimensionalen Realität nicht möglich sind. Wir erzielen dort eine Klärung, Lösung und Reinigung eures emotionalen, mentalen, physischen und spirituellen Körpers, die ihr mit den Techniken des Pulsens und des kosmischen Eis allein nicht erreichen könntet.

Quantenheilung durch Quantenzellen

In unseren fünfdimensionalen Heilkammern und im arkturischen Kristalltempel sind wir nicht an die sonst geltenden Gesetze von Ursache und Wirkung gebunden, sondern befassen uns mit dem, was wir Quantenheilung und Quantenlicht nennen. Der uns durch Gedankenprojektion übermittelte Energiekörper wird neu kodiert und dann mit höherer Schwingung wieder an Ort und Stelle gebracht. Nach der Heilung wird also der ätherische Körper wieder in euren physischen Körper zurückgeschickt. Es folgt dann eine Feinabstimmung, die bewirkt, dass sich Energie von feinerer Schwingung in eurem dreidimensionalen Körper ausbreitet. Wir nennen das »spirituelle Osmose«. Spirituelle Osmose bewirkt eine energetische Wandlung Zelle für Zelle. So kann besonders viel von der aus der fünften Dimension mitgebrachten Heilenergie nutzbar gemacht werden.

Wie viel von der in den ätherischen Körper eingebrachten Heilenergie kann dem physischen Körper zugutekommen? Das hängt von der Person und vom Zusammenspiel der vier Körper ab. Deshalb teilen wir den Energiekörper auf. Es kann beispielsweise sein, dass wir nur den mentalen Körper oder den emotionalen Körper in die höheren Bereiche übertragen,

97

weil der physische Körper besonders stark den Polarisierungen und den Kausalitätsgesetzen der dritten Dimension unterliegt.

Mit dieser Heiltechnik versucht ihr möglichst viel höhere Energie herunterzuladen, die dann in eure Zellen einsickern kann. In bestimmten Fällen können wir eine Quantenzelle installieren oder implantieren, eine Zelle, die aus der fünften Dimension stamm, und dem Geist-Körper auf ätherischem Wege eingepflanzt wird. Diese Zelle erzeugt dann heilende Energie, mit der Blockierungen durchbrochen werden, die normalerweise nicht zu überwinden sind, weil die alte Energie so dicht ist, dass der physische Körper nicht so sensibel reagiert, wie man möchte.

Die Wirkung einer solchen Quantenzelle kann geradezu fantastisch sein. Sie gibt nicht nur Quantenlicht ab, sondern dieses Licht wirkt selbsttätig weiter wie eine Medikamentenkapsel mit Retard-Effekt. Manchmal kann der Körper nicht alles gleich aufnehmen, weil es ihn überlasten würde. Dafür gibt es diesen Retard-Effekt, der Wirkstoffe, in diesem Fall Quantenlicht, über einen längeren Zeitraum hinweg langsam freisetzt und so auf den spirituellen, mentalen und emotionalen Körper wirkt.

Übertragungsheilung auch für die Erde

Diese Heilprinzipien wirken auch auf der planetarischen Ebene. Auch das Energiefeld der Erde lässt sich durch Projektion auf höherdimensionale Energiefelder übertragen. Allerdings bedarf das einer koordinierten Aktion, die ein, zwei Leute allein nicht leisten können. Viele Menschen, in manchen Fällen tausend, müssen zusammenarbeiten, um das Energiefeld der Erde zu projizieren. Ihr könnt es euch sicher vorstellen, was für

eine gewaltige Aufgabe das ist: das Energiefeld der Erde mittels Gedankenprojektion zu übertragen und dann gereinigt wieder herunterzuladen.

Auf der planetarischen Ebene gibt es wie auf der persönlichen Ebene manchmal Blockierungen, die nicht leicht zu überwinden sind. In solchen Fällen ist die Gedankenprojektion auf eine höhere Ebene angezeigt, wo die Heilung bewerkstelligt werden kann. Diese Projektion benötigt Verankerungspunkte, und das sind die genannten zwölf ätherischen Kristalle. Ohne sie könntet ihr das Energiefeld der Erde nicht durch Gedankenprojektion übertragen, ihr wärt einfach überfordert.

Die beiden letzten dieser zwölf ätherischen Kristalle wurden im Juni und November 2009 in Istanbul sowie im Regenwald in der Gegend von São Paulo installiert. Die Kristalle reichen energetisch ins Erdinnere und vermögen das Energiefeld der Erde zu heben. Dann sind die Sternensamen aufgrund ihrer Biorelativitätsübungen in der Lage, dieses Feld an einen höherdimensionalen Ort zu projizieren.

Da der Kristallsee beim arkturischen Kristalltempel einen Durchmesser von knapp zwei Kilometern hat, ist er zu klein für das Energiefeld der Erde. Wohin könnt ihr es senden? Geeignet ist der Mondplanet Alano. Er ist ungefähr so groß wie die Erde und bietet Platz genug für ihr Energie- und Gedankenfeld – und nicht nur das, er vermag auch mit diesen Energien umzugehen.

Für das Energiefeld der Erde gilt natürlich ebenfalls, was wir bei der persönlichen Läuterung und Heilung besprochen haben. Bei der Rückführung der Energie aus höheren Dimensionen muss auf möglichst präzise Abstimmung geachtet werden, und dafür kommt es wieder auf die zwölf ätherischen Kristalle an. Sie sind in der Lage, sowohl bei der Projektion der Erd-Energie als auch bei ihrem anschließenden Download für die nötige Feinabstimmung zu sorgen.

Noch eine Randbemerkung zu den Kristallen: Sie sind nicht

gleichmäßig über die Erde verteilt. Aus eurer dreidimensionalen Perspektive haben sie nicht unbedingt die strategisch günstigste Platzierung. Ihr würdet sie wahrscheinlich am liebsten mit ungefähr gleichen Abständen sehen, sodass alle Länder und Kontinente abgedeckt sind. Aber wir arbeiten in der Fünfdimensionalität mit spiritueller Energie und richten uns danach, wo sie gerade am besten zugänglich ist. Ihr könnt mir glauben, dass die Kristalle so installiert sind, wie sie ihre Wirkung am besten entfalten können.

Die Sternensaat und die Evolution der Erde

Unterbewusste Energien spielen eine große Rolle auf der Erde. Sie äußern sich als Unruhen, Umbrüche und Übergänge. Die Erde als lebendiger Planet hat große Veränderungen zu bewältigen. Äußerlich erkennt ihr das an Erscheinungen wie Vulkanausbrüchen, Erdbeben, schweren Stürmen und anderen Dingen dieser Art, die eigentlich eher den früheren Entwicklungsstadien der Erde zugerechnet werden.

Auf höher entwickelten Planeten gibt es solche Umwälzungen nicht, keine Erdbeben, Tsunamis und so weiter, keine physischen Umbrüche und Bedrohungen wie auf der Erde. Die derzeitigen Erscheinungen auf der Erde hängen auch mit Blockierungen durch Überlastung bestimmter Wasserwege und Luftströmungen zusammen. Natürlich blickt die Erde auf eine Geschichte noch größerer Umwälzungen zurück, zum Beispiel nach Asteroideneinschlägen. Diese Asteroiden brachten wohl bestimmte Formen des Lebens und der Lebensenergie auf die Erde, die einfach zu ihren frühen Entwicklungsstadien gehörten, aber später bedarf es solcher Einschläge nicht mehr, sie schaden eher. Die Gründe liegen auf der Hand. Größere Einschläge könnten ganze Arten, wenn nicht das Leben über-

haupt auslöschen. Solche Ereignisse haben nur in den frühen Entwicklungsphasen eines Planeten ihren Sinn.

Für die weitere Entwicklung der Erde sind jetzt höhere ätherische Einflüsse nötig. Und da ist es nach unserer Erfahrung am besten, wenn Sternensaat vorhanden ist und gezielt mit Biorelativität vorgehen kann. Sternensamen können eben auch das gesamte ätherische Energiefeld des Planeten zur Reinigung durch Gedankenprojektion in höhere Dimensionen versetzen und anschließend zurück auf den Planeten holen.

Und wie auf der persönlichen Ebene ist es auch hier möglich, dem Planeten eine Quantenzelle einzupflanzen, die dann eine höhere Lebenskraft in Gang setzt. Viele von euch sind ja ganz begeistert von dem Gedanken, sich an Heilungsübungen für die ganze Erde zu beteiligen. Es ist die perfekte Gelegenheit, Erfahrungen zu sammeln und eure Fähigkeiten auszubauen.

Die Energiefelder der Erde lassen sich wie eure eigenen in physische, mentale, emotionale und spirituelle Anteile zerlegen. Danach könnt ihr mit diesen Erdkörpern einzeln arbeiten. Der Umgang mit den Energiekörpern der Erde ist natürlich nicht ganz so einfach, weil die gesamte Biosphäre und auch das Erdinnere in ihnen repräsentiert sind. Außerdem sind bestimmte Anteile für die Kommunikation der Erde nach außen zuständig.

Sehen wir uns das näher an. Das ätherische Energiefeld der Erde steht in Verbindung mit der galaktischen Zentralsonne. Eben jetzt findet an der galaktischen Schaltstelle eine Öffnung statt, sodass mehr Licht von der Zentralsonne empfangen werden kann, auch von mir und anderen höheren Wesen wie den Arkturern und den aufgestiegenen Meistern. Deshalb ist es wichtig, mehr über die verschiedenen Schichten der Energie zu wissen.

Nun ist es außerdem so, dass die Erde programmiert wurde, wie ihr durch euren genetischen Code programmiert seid. Euer

genetischer Code kann Krankheitsanlagen enthalten, die sich unter bestimmten Umständen manifestieren, häufig ist Stress die Ursache. Solchen Auswirkungen kann man mit Energiearbeit begegnen.

Ähnlich ist es mit der Erde. Uns ist bekannt, dass die Programmierung der Erde verschiedentlich manipuliert worden ist, und nicht zum Besten der Erde. Wesen von niederer Schwingung, die in der vierten Dimension beheimatet sind, haben versucht, auf die Erde zu kommen und sie so zu programmieren, dass sie ihr Energien oder Bodenschätze und andere wertvolle Dinge entziehen konnten. Das ist nichts Ungewöhnliches, wie ihr aus eurer eigenen Geschichte wisst. Auch ihr habt einander immer wieder zu beherrschen und auszubeuten versucht.

Auch wenn derzeit viel Energie einströmt, es wird auf jeden Fall gut sein, wenn ihr die Energie der Erde einer Reinigung unterzieht. Diese Reinigung bezieht das Unterbewusstsein der Erde ein, das sie genauso besitzt wie ihr Menschen. Viele haben sich gefragt, was geschehen wird, wenn alle zwölf ätherischen Kristalle installiert sind. Ich kann es euch sagen: Dadurch ist es jetzt möglich, mit dem gesamten Energiefeld der Erde zu arbeiten. Die zwölf ätherischen Kristalle erlauben eine Intensivierung der Abstimmung mit dem arkturischen Sternentor und der Zentralsonne.

Jetzt wird Chief White Eagle zu euch sprechen, und danach melde ich mich wieder mit einer besonderen Übung des Pulsens.

Mit Mutter Erde in ihrer Ganzheit arbeiten

Chief White Eagle

Nie zuvor in der Geschichte hat sich diese Gelegenheit geboten, mit unserer ganzen Mutter Erde zu arbeiten. Ich weiß, mit
wie viel Kummer ihr den gegenwärtigen Zustand der Erde betrachtet. Ihre Tiere werden nicht geachtet, ihre Meere, ihre
Luft. Sehr viel Schaden wurde in relativ kurzer Zeit angerichtet, wenn wir in der Geschichte zurückblicken. Aber die Menschen hatten eben auch noch nie die Chance, sich mit der Erde
in ihrer Gesamtheit zu befassen. Wir indigenen Völker sprechen immer mit der Erde, doch das ist für euch, die ihr die Welt
durch wissenschaftliches Zerschneiden zu verstehen trachtet,
schwer zu verstehen. Wir haben schon immer Umgang mit der
Erde gepflegt, und für uns lag es nahe, dass eines Tages Umstände geschaffen würden, die eine Zusammenarbeit mit dem
ganzen Planeten erlauben. Und das ist eigentlich die höchste
Form der Biorelativität, die höchste Form des Schamanismus.

Diese Chance wird ein neues und höheres Wahrnehmungsfeld entstehen lassen. Um die Erde in ihrem Wesen erfassen zu
können, müsst ihr über ihre Stellung in der Galaxis und ihren
energetischen Austausch mit der Galaxis Bescheid wissen. Wie
ihr einen Lichtkörper habt, so hat ihn auch die Erde. Und die
Lichtstränge, die euch mit Planeten und Energiefeldern verbinden, besitzt die Erde ebenfalls. Sie besitzt sogar ätherische
Stränge, über die sie mit ihrem fünfdimensionalen Körper verbunden ist.

Ja, meine Freunde, auch die Erde hat einen fünfdimensionalen Körper. Ihr erinnert euch: Die Erde ist ein lebendiger Geist.
Als lebendiger Geist besitzt sie höhere Energie und ist von höherer ätherischer Präsenz. Die Erde muss mit dieser höheren
ätherischen Energie kommunizieren können, und das dazu nö-

tige Verbindungsstück ist die Menschheit. Dem Erd-Heiler fällt diese Rolle zu. Wir alle sind Gottes Geschöpfe, auch die Planeten. Wir wissen, dass die Erde auf unsere Biorelativitätsbemühungen antwortet.

Eine sehr große Hilfe für die Biorelativität sind die Fotos, die vom Mond aus gemacht wurden. Diese Bilder geben viel Auftrieb. Sie vermitteln euch einen plastischen Eindruck von der Stellung der Erde im Sonnensystem und führen euch an die Vorstellung heran, dass innerhalb des Sonnensystems Energiebeziehungen bestehen. Sogar über das Sonnensystem hinaus ist die Erde mit der Zentralsonne verbunden. Bei euren Biorelativitätsübungen für die Erde müsst ihr das Energiefeld der Erde im Sonnensystem beachten. Es wird auch notwendig sein, mit den interaktiven Lichtsträngen zu arbeiten, über die sich die Erde mit dem Sonnensystem und dem weiteren Umfeld verbindet.

Mutter Erde, wir ehren dich heute zur Zeit des Vollmonds, der Tagundnachtgleiche und der heiligen Osterzeit. Mutter Erde, wir wissen, dass wir jetzt in heiliger Zeit sind, wie wir Naturvölker es nennen, in der viele Dinge möglich werden, die es zu anderen Zeiten nicht sind. In heiliger Zeit sind höhere Wahrnehmungsfelder und höhere Energien jenseits dieser Dimension zugänglich.

Mutter Erde, wir möchten jetzt Gefäße dieser Energie sein. Wir werden uns bemühen, dich zu stabilisieren und an deine höhere fünfdimensionale Energie anzugleichen. Wir möchten dein Energiefeld durch die Arbeit der Arkturer mit dem Mondplaneten Alano reinigen. Wir fühlen uns mit der Übertragung dieser Aufgabe geehrt, wir werden alles für die Evolution des Planeten Erde tun. Und wir werden uns mit dir entwickeln. Wir indigenen Völker waren immer schon darauf aus, unsere Entwicklung an deine zu binden. Deshalb nennen wir dich Mutter Erde.

Meditation über die vier Energiekörper

Juliano und die Arkturer

Macht euch euer Energiefeld und seinen äußeren Rand bewusst. Formt euer Energiefeld von dort her zu einer eiförmigen Sphäre, zu dem, was wir das kosmische Ei nennen. Alle Löcher in eurer Aura werden dabei geschlossen. Wenn ihr diese schöne, glatte kosmische Form herstellt, bestehen keine energetischen Lecks mehr. Jetzt seht, dass eure Aura pulsiert wie euer Körper. Es ist vielleicht nicht ganz derselbe Puls, aber deutlich ein Puls. Nachdem ihr darauf aufmerksam geworden seid, könnt ihr die Pulsfrequenz mit euren Gedanken regulieren. Wenn ihr den Puls eurer Aura beschleunigt, werdet ihr merken, dass der körperliche Puls unverändert bleibt. Mit höherem Puls wird aber eure Energieschwingung höher. Langsamere Schwingungen dringen nicht in das Feld der höheren Energien vor. Versucht den Puls mit diesem Ton zu erhöhen [macht es vor]: *Tat-tat-tat-tat-tat-tat-tat*. Der Puls eures Energiefelds wird höher und höher.

Wir werden euer Energiefeld jetzt teilen. Der mentale Körper löst sich aus dem Gesamtverbund eures ätherischen Körpers und nimmt ebenfalls die Gestalt eines kosmischen Eis an. Jetzt habt ihr den mentalen Körper herausgelöst und direkt vor euch hin projiziert. Hebt den Puls eures projizierten Mentalkörpers auf eine höhere Schwingung. Diese höhere Schwingung schützt euch vor Überzeugungen von niederer Schwingung und überhaupt vor niederer mentaler Energie. Das wird euch eine Hilfe sein, denn euer Planet ist von niederer mentaler Energie umgeben.

Als Nächstes projiziert ihr euren emotionalen Körper, und zwar über den mentalen. Der emotionale Körper ist sehr energiereich. Bringt ihn in die vollkommene Gestalt eines

kosmischen Eis. Jetzt hebt auch seinen Puls auf eine höhere Schwingung. Diese höhere Schwingung lässt nur noch Gefühle und emotionale Energien einer höheren Art zu. Niedere Regungen können euch nichts anhaben, und der körperliche Puls bleibt stetig, er wird nicht schneller.

Jetzt projiziert euren spirituellen Körper. Er erscheint als ein weiteres Energiefeld. Bitte ihn zuerst, euch sein herrliches Blau zu zeigen. Gebt ihm dann die Form eines kosmisches Eis und erhöht seine Schwingung.

Zuletzt projiziert ihr euren physischen Körper – in der Gestalt, die euch eben jetzt innerlich gegenwärtig ist. Projiziert ihn über die anderen Körper. Seht ihn in seinem eiförmigen Energiefeld. Jetzt erreicht euch nur noch höhere physische Energie. Niedere physische Energien und Menschen mit niederen physischen Interessen haben keinen Zutritt mehr. Euer projizierter Körper tritt in höhere physische Energie ein, während euer dreidimensionaler Körper bleibt, wie er war. Ihr seht jetzt die vier projizierten Körper getrennt vor euch.

Wenden wir uns erneut dem mentalen Körper zu. Ich möchte, dass ihr euren mentalen Körper gedanklich in einen Korridor über euch projiziert, der eine direkte Verbindung zum Kristalltempel am arkturischen Kristallsee darstellt. Projiziert euren mentalen Körper jetzt in diesen Kristall. Das bewirkt eine Reinigung und eine Erhöhung der Energie. Ihr lasst Energien von niederer Schwingung los, und anschließend wird der mentale Körper zurück an seinen Platz als einer eurer vier Körper projiziert. Als Nächstes projiziert ihr euren emotionalen Körper in den arkturischen Kristall – jetzt! Alle Gefühle, die irgendwie zu viel sind, werden gelöst und geläutert. Lasst euch ein wenig Zeit für die Reinigung, die Erhöhung der Schwingung. Sehr gut. Jetzt kann der emotionale Körper an seinen Platz vor euch zurückkehren.

Jetzt projiziert euren Geist-Körper in den Kristall im See. Er

freut sich ganz besonders an dem spirituellen Licht und der Energie des Kristalls. Er vermag sich sogar für noch höheren spirituellen Austausch zu öffnen, über den Kristalltempel und den Kristallsee hinaus. Sehr schön. Jetzt holt ihr ihn an seinen Platz vor euch zurück und projiziert euren physischen Körper gedanklich zum Kristall im Kristallsee. Sein Abbild ist jetzt dort, er erfährt eine Reinigung und die Lösung aller Blockaden. Euer physischer Körper schwingt in einer Frequenz von großer Schönheit. Und jetzt kehrt auch er an seinen Platz vor euch zurück.

Alle vier Körper sind jetzt gereinigt und neu auf eine höhere spirituelle Frequenz geeicht. Sie vereinigen sich jetzt wieder, und zwar in perfekter Abstimmung mit eurem physischen Energiefeld. Sie fügen sich neu in euren dreidimensionalen Körper ein. Wo eben noch vier getrennte Felder und ein kosmisches Feld waren, besteht wieder ein einziges Energiefeld. Ihr werdet noch eine ganze Weile in dieser wohligen Frequenz schwingen. Und aufgrund der spirituellen Osmose wird es zu einem »Retard-Effekt«, einer Verzögerung kommen. Das heißt, die spirituelle Energie wird sich im Laufe der nächsten 36 Stunden in alle Körper hinein ausbreiten. Ihr werdet euch insgesamt auf ein höheres Niveau gehoben fühlen. Seid alle gesegnet.

9 ISTANBUL, HEILIGER STANDORT DES ELFTEN KRISTALLS

Juliano und die Arkturer, Chief White Eagle

Wir haben uns zu einer Zeremonie für den Download des elften ätherischen Kristalls hier in Istanbul versammelt. Ihm fällt eine besondere Aufgabe zu, nämlich die bisherigen zehn Kristalle zu ihrer vollen Wirkung zu entfalten. Denken wir uns die Kristalle als Knotenpunkte eines elektromagnetischen Gitternetzes. Solch ein Gitternetz wirkt dann am besten, wenn alle Kristalle verbunden und koordiniert sind.

Wir haben für den elften Kristall einen Ort von großer Klarheit gewählt. Er eignet sich besonders gut für die Verknüpfung mit anderen Energiepunkten. Das ist eine Kraft von höchster Bedeutung. Ihr erinnert euch, dass wir diesen Austausch vor vielen Jahren unter dem Gesichtspunkt der »Kontaktaufnahme zu den Arkturern« begonnen haben. Eure Kräfte und Energien vervielfältigen sich durch die Verbindung mit der fünften Dimension und ihren fünfdimensionalen Wesen. Dieser Kristall wird der Welt den Zugang zu fünfdimensionaler Weisheit und Erkenntnis eröffnen.

Der elfte Kristall repräsentiert das Wissen der fünften Dimension. Das Wissen um die fünfte Dimension wird sich bald in der Welt ausbreiten, und von da an werden selbst große Veränderungen viel leichter möglich sein. Die Menschen werden erkennen, wie wichtig ihre Verbindung mit der fünften Dimension ist. Eure Energien müssen verstärkt werden, damit jeder, der möchte, in die fünfte Dimension eintreten kann.

Wer sich ohnehin schon für das Wohl der gesamten Erde einsetzt, wird sehr froh sein, zu erfahren, dass diese Verbindung besteht. Sie wirft ein neues Licht auf die Probleme der Menschheit und der Welt und bringt neue Erkenntnisse und neue Weisheit ein. Überlegt einmal, was dieses Wissen um eine weitere Dimension für euch persönlich bedeutet. Macht euch ganz klar, was für eine revolutionäre Erkenntnis das ist: tief innerlich und in vollkommenem Zutrauen zu wissen, dass es eine höhere Dimension von höherer Schwingung gibt, die sich mit der dritten Dimension verbinden wird.

Wir haben euch ein anschauliches Bild dafür gegeben, das Bild zweier großer Kugeln, die jede für eine Dimension stehen, die dritte und die fünfte. Jetzt nehmt an, dass sich die beiden Sphären berühren. Wir bezeichnen diesen Berührungspunkt als Schnittstelle der beiden Dimensionen, und die Berührung ist ein Erlebnis der besonderen Art, da sofort der Download fünfdimensionaler Energie in die dritte Dimension beginnt. Die Energie fließt immer dem Gefälle nach: von der fünften Dimension zur dritten. Das ist das universale Gesetz der »spirituellen Osmose«: Höheres Licht fließt bis zur Sättigung in Richtung des niederen.

Es hat auf der Erde noch nie eine Überschneidung der Dimensionen gegeben. Einzelne spirituelle Führungsgestalten haben sich um Kontakt zur fünften Dimension bemüht, sie haben Erklärungen formuliert, sie haben vorzuführen versucht, wie man den Kontakt herstellt. Jetzt wird es eine fest installierte Schnittstelle mit permanenter energetischer Verbindung geben. Die Schnittstelle funktioniert wie eine Steckdose: Jetzt kann man Licht machen, und das Licht bleibt an. Wir Arkturer schaffen eben eine permanente Verbindungsstelle, einen Korridor, zwischen den Dimensionen, und der ist durch diesen Kristall hier in Istanbul gegeben. Ihr, die ihr jetzt hier seid, werdet die Verbindung, die der Kristall herstellt, sehr deutlich spüren.

Ihr seid heute hier, um uns beim Download des elften Kristalls zu unterstützen. Ich danke euch, dass ihr hier seid und eure menschlichen Kräfte zur Verfügung stellt. Kräfte, spirituelle Kräfte, sind sehr notwendig bei energetischer Arbeit wie dieser. Ihr seid hier, weil ihr mithelfen möchtet bei dem großen Projekt, eure dritte Dimension mit der fünften zu verbinden. Es gibt keinen noch größeren Dienst, den ihr der Menschheit in dieser Zeit leisten könntet.

MEDITATION: Den elften Kristall abholen

Ihr sitzt jetzt hier im Kreis. Spürt den Kreis und seine Energie. Der Kreis beginnt sich langsam zu drehen und ihr mit ihm. In dieser Drehbewegung fühlt sich euer Geist leicht an und macht sich schon bereit, den Körper zu verlassen. Ich, Juliano, eröffne über euch einen Korridor. Wenn sich euer Geist vom Körper gelöst hat, kommt mit mir in diesen Korridor. Ich warte, bis es alle geschafft haben. Wem es schwerfällt, seinen Körper zu verlassen, kann das Weitere einfach meiner Schilderung gemäß visualisieren.

Wir folgen jetzt mit Gedankengeschwindigkeit dem Korridor und sind auch schon am arkturischen Kristallsee in der fünften Dimension. Wir blicken auf den See hinunter und sehen, dass dort für jeden aus der Gruppe bereits ein fünfdimensionaler Körper wartet. Geht jetzt in euren fünfdimensionalen Körper ein. Wir sind jetzt alle am Kristallsee, ihr in eurem fünfdimensionalen Körper.

Ich rufe den Kristall im See auf, sich zu heben. Langsam steigt er auf, und ihr spürt sein intensives Licht. Er hebt sich ganz aus dem Wasser. Jetzt erschaffe ich mit meinen Kräften ein perfektes ätherisches Abbild des Kristalls. Wenn ich bis drei gezählt habe, seht ihr zwei Kristalle statt des einen. Eins, zwei,

drei! Da sind der Kristall und sein Duplikat. Mit dem Original-Kristall lade ich nun das Duplikat mit der nötigen Energie auf. Großes spirituelles Licht erfüllt ihn zunehmend.

Er ist jetzt bereit für die Teleportation nach Istanbul. Setzt die Kraft eurer gedanklichen Projektion ein, um mir dabei zu helfen. Visualisiert mit meiner Hilfe, wie er sich weiter hebt. Während des Transports wird der Original-Kristall weiter über dem Wasser schweben.

Das ist für euch zugleich eine Übung in Mehrfachpräsenz. Ihr seid jetzt hier in der fünften Dimension, zugleich aber auch als dreidimensionale Wesen auf der Erde präsent. Es kommt jetzt auf eure bewusste Präsenz in beiden Dimensionen an. Mit meiner Unterstützung wird es euch gelingen. Unsere vereinten Gedanken bewegen jetzt den ätherischen Kristall. In der fünften Dimension braucht man nicht Hand anzulegen, wir bewegen die Dinge mit unseren Gedanken. Wir bewegen den Kristall geistig vom See weg und in den Korridor. Weiter geht es mit Gedankengeschwindigkeit, und schon sind wir mit dem Kristallduplikat in Istanbul. Ein großes Licht breitet sich über die Stadt, während sich der Kristall nach dem Bosporus ausrichtet. Und jetzt ist er eingetroffen an diesem geschichtsträchtigen Ort, den ihr gewählt habt, der Festung Anadolu Hisari am anatolischen Ufer des Bosporus. Der Kristall ist auf die dritte ebenso wie auf die fünfte Dimension abgestimmt. Schon knüpfen sich gewaltige Lichtverbindungen.

Die Übung ist für euch noch nicht zu Ende, der eigentliche Download steht noch bevor. Wir verlassen den Kristall über dem Bosporus, und ihr kehrt in euren fünfdimensionalen Körper am Kristallsee zurück. Licht erfüllt den See, und der ursprüngliche Kristall schwebt noch über dem Wasser. Ihr seid wieder in der fünften Dimension, fühlt die Energie. Ihr werdet euren Körper jetzt in die dritte Dimension zurückschimmern, sodass ihr bei der Rückkehr in euren dreidimensionalen

Körper die größtmögliche Intensität an fünfdimensionalem Licht mitnehmt. Schimmert euren fünfdimensionalen Körper jetzt zurück.

Ihr seid wieder in eurem dreidimensionalen Körper in Istanbul. Sehr schön! Haltet das Licht in eurem dreidimensionalen Körper aufrecht. Ihr werdet alle Energie für die Übung brauchen. Jetzt noch einmal: Geht in euren fünfdimensionalen Körper am Kristallsee. Bereitet euch auf die Rückkehr in die Dreidimensionalität vor. Euer Geist verlässt den fünfdimensionalen Körper, aber ihr wisst jetzt, dass ihr jederzeit in ihn zurückkehren könnt. Ihr bewegt euch gedankenschnell durch den Korridor zurück nach Istanbul und geht in euren dreidimensionalen Körper ein. Ihr nehmt über euch ein großes Licht wahr, denn genau da steht jetzt der neue ätherische Kristall. Das Hin und Her zwischen den Dimensionen ist jetzt abgeschlossen, und wir können den endgültigen Download des Kristalls vornehmen.

Verbindet euch gedanklich mit dem Kristall über dem Bosporus und der Festung Anadolu Hisari. Fordert ihn auf, sich zu senken und in die dritte Dimension einzutreten. Ihr seid die Anker. Der elfte Kristall tritt jetzt in die dritte Dimension ein. Er ist voller Licht und Liebe und birgt auch die Verbindung zur fünften Dimension. Er taucht in den Bosporus ein und sinkt bis zum Grund. Er bringt gigantische Energiemengen ein und knüpft die Verbindung zu den bereits auf der Erde installierten zehn Kristallen. Wir verbinden uns mit allen übrigen Mitgliedern der Gruppen der Vierzig überall auf der Welt, die in Gedanken bei uns sind. Haltet die Verbindung aufrecht, während wir jetzt fünf Minuten miteinander meditieren, um das Licht zu verankern. [Pause.]

Download und Installation des Kristalls waren erfolgreich! Das bisher verborgene Wissen der fünften Dimension kann der Menschheit jetzt zunehmend bekannt werden. Jedermann wird

wissen, dass es möglich ist, fünfdimensionale Energie in die dritte Dimension zu holen. Es war Zeit, alle Wahrheitssucher darüber aufzuklären. Es war Zeit, alle Bereiche der dreidimensionalen Realität in spirituelles Licht zu tauchen.

Der elfte Kristall wird großes Licht über die Türkei ausbreiten. Dieses Land ist stolz auf seine bereits bewiesenen Führungsqualitäten als Bringer des spirituellen Lichts. Jetzt wird die Türkei in diesem Teil der Welt wieder eine spirituelle Führungsrolle übernehmen. Das Licht wird sich in den Mittleren und Fernen Osten und in viele Länder ausbreiten. Immer mehr spirituelle Menschen werden motiviert sein, sich mit dem spirituellen Licht zu beschäftigen und es zu erfahren. Das Licht aus diesem Kristall, bei dessen Download in den Bosporus ihr mitgeholfen habt.

Segnung des Bosporus

Chief White Eagle

Die indigenen Meister des Geistes macht es sehr froh, wenn wieder ein neuer heiliger Ort auf der Erde geweiht wird. Durch diesen neuen Ort, Istanbul, kann viel spirituelles Licht in die Welt gelangen. Es ist auch ein Ort, an dem spirituelles Licht auf dreidimensionales Licht einwirken kann, ebenso wie auf dreidimensionale Geister, die aus scheinbar auswegloser Lage befreit werden müssen. Wir spüren die Energie dieses Kristalls. Und ihr habt mitgeholfen, sie in die Welt zu bringen. Ihr seid am Herunterladen heiliger Energie beteiligt und dadurch selbst heilig.

Großer Vater und große Mutter, ich bin heute hier, um euren Schutz für dieses Gebiet zu erbitten, in dem Istanbul und der Bosporus liegen. Möge diese Weltgegend für Frieden und

Liebe, für Licht und Brüderlichkeit stehen. Möge dieser Ort auch Sinnbild der fünften Dimension sein und den Menschen helfen, sich mit ihr zu verbinden. Viele Lichtwerker leben in dieser Gegend, und sie werden darin unterwiesen, ihr Land und andere Länder und deren Lichtwerker mit der fünften Dimension zu verbinden.

Heute bitten wir um Segen für diese Region. Gesegnet sei der Bosporus und gesegnet seien alle, die an dieser großen Zeremonie teilgenommen haben. Möge jeder von ihnen das Licht in seinem oder ihrem persönlichen Leben erfahren. Auch ihr persönliches Leben, Vater, Mutter, sei gesegnet für ihre Bemühungen um mehr Licht in der Welt.

Die fünfdimensionalen indianischen Meister, darunter auch ich, werden jetzt hier am Bosporus sein. Ihr habt bei der Einrichtung eines Korridors geholfen, der uns indianische Meister hier zu sein erlaubt. Ich weiß, dass uns die Menschen der Türkei freundlich aufnehmen, sie lieben uns und unseren Geist. Wir alle sind Brüder und Schwestern.

10 DIE SPIRITUELLE ALCHEMIE DER ERDE
Juliano und die Arkturer

Erstmals in der Geschichte eures Planeten besteht jetzt die Chance, den spirituellen Lichtquotienten der Erde zu erhöhen. Bedenkt bitte die Tragweite dieser Feststellung, bedenkt, mit wie viel Arbeit sie verbunden ist. Die Spiritualität der Erde und der Adam-Spezies hat mit der wissenschaftlich-technischen Entwicklung nicht Schritt halten können. Das ist, wie wir von unseren galaktischen Reisen wissen, eine gefährliche Ausgangslage für einen Planeten. Wenn der spirituelle Lichtquotient des Planeten und seiner Bewohner nicht mit der technischen Entwicklung Schritt hält, entsteht ein Ungleichgewicht, dem ganze Arten, wenn nicht die gesamte Biosphäre zum Opfer fallen können.

Auf der Erde hat es schon immer große spirituelle Meister gegeben, deren Einfluss sich auf Millionen von Menschen erstreckte. Und eine besonders große Chance, den Anteil des spirituellen Lichts auf der Erde zu heben, bietet sich in der jetzigen Zeit seit 2009. Woran liegt das? Nun, zunächst einmal daran, dass ihr eine geradezu fantastische Kommunikationstechnik entwickelt habt, wie es sie noch nie gegeben hat. Ein zweiter Faktor ist die Raumfahrt, die euch herrliche Fotos vom »blauen Juwel« Erde beschert haben, Bilder, die jetzt im Bewusstsein vieler gegenwärtig sind. Um den spirituellen Lichtquotienten eines Planeten zu steigern, muss man ihn von außen sehen können, und diese Außenperspektive habt ihr jetzt –

zwar noch nicht wirklich aus großer Entfernung, aber ausreichend für die bewusste und unbewusste Vergegenwärtigung der ganzen Erde. Das eröffnet uns Arkturern die Chance, euch mit geführten Visualisationen schneller voranzubringen.

Heiler der Erde in einer Zeit des Wandels

Die Erde ist empfänglich für eure telepathische Kommunikation, und Visualisationen sind die wirksamste Form dieser Kommunikation. Eure bildhaften Vorstellungen bei euren Meditationen für die Erde können den Evolutionsprozess der Erde tief greifend beeinflussen. Dazu muss man wissen, dass die Erde nicht nur lebendiger Geist ist, sondern als lebendiger Geist eine Evolution durchläuft. Ihr und die Erde steht jetzt vor einer großen Veränderung. Große evolutionäre Umbrüche stellen sich, wie ihr wisst, vielfach als Krisen dar – die Krise geht Hand in Hand mit der Evolution.

Veränderungen treten in der Natur immer dann ein, wenn sie notwendig werden. Das kennt sicher jeder von euch aus seinem eigenen Leben. Und wenn ihr eure Entwicklung betrachtet, insbesondere die großen Umbrüche, werdet ihr mir wohl zustimmen, dass sie immer mit Krisen verbunden waren. Und Not macht erfinderisch – eure Redensart kommt nicht von ungefähr. Aus unserer Sicht jedenfalls – der Sicht von Archäologen und Anthropologen, die wirklich den Überblick haben – sind Krisen das, was evolutionären Wandel in Gang bringt: Wo Gefahr droht, kommt es am ehesten zu den notwendigen Veränderungen.

Ihr, die ihr jetzt zuhört, und alle, die es lesen, wissen wohl, wie gefährdet Mutter Erde zurzeit ist. Der Glaube, dass die Erde fest steht und alles ganz normal weiterlaufen wird, erweist sich als Illusion. Die weitere Entwicklung der Erde muss

jetzt zunehmend von den Heilern der Erde gelenkt werden. Und die Bedingungen für entscheidende Fortschritte durch Erd-Heiler und weltweite Spiritualität sind jetzt besonders günstig. Ihr könnt den spirituellen Lichtquotienten der Erde so weit heben, dass eine stabile Basis für die Veränderungen entsteht, die für die weitere Entwicklung der Erde notwendig sind.

Die Erde ist ein lebendiger Geist, und wenn wir von ihrem Überleben reden, geht es um ihr Überleben als lebendiger Geist in der dritten Dimension. Seht euch ruhig andere Planeten an, zum Beispiel den Mars. Derzeit gibt es dort kein Leben, das besagen auch eure wissenschaftlichen Erkenntnisse. Der spirituelle Lichtquotient des Mars ist sehr niedrig. Ich sage sehr niedrig, denn es gibt ja noch andere Planeten, die absolut unlebendig sind, Pluto zum Beispiel. Auf dem Mars hat es einmal Leben gegeben. Er war bewohnt, und Überreste seiner Spiritualität und der Spiritualität seiner Bewohner hallen noch im Äther rings um den Planeten nach. Sie existieren in der vierten Dimension.

Ich weiß, dass darüber gesprochen wird, ob man den Mars nicht als Lebensraum wiederherstellen kann, sodass auch die spirituelle Energie neu entfacht wird. Ich kann euch bestätigen, dass es möglich wäre, den Mars mit hohem technischem Aufwand wieder bewohnbar zu machen – doch das übersteigt derzeit eure wissenschaftlichen und technischen Möglichkeiten bei Weitem. Sagen wir einfach, dass die Spiritualität des Mars jetzt schlummert und vielleicht einmal wiedererweckt wird. Die Erde dagegen hat ein ausgesprochen waches spirituelles Leben. Macht euch ein Bild von ihrer spirituellen Evolution, denn die Menschheit weiß noch wenig über Leben und Evolution von Planeten, und noch weniger weiß sie über die Bedeutung des spirituellen Lichtquotienten eines Planeten. Das ändert sich jetzt, und ihr, meine Freunde, steht hier an vorderster Front.

Wir Arkturer betrachten euch als Heiler der Erde. Planeten-Heiler wissen, dass ein Planet evolviert und einen spirituellen Lichtquotienten besitzt. Sie wissen auch, dass jetzt erstmals in der Geschichte der Erde die Chance zu einer weltumspannenden Zusammenarbeit besteht, mit der sie den Lichtquotienten des Planeten anheben können. Das kann natürlich nur von einem höheren spirituellen Lichtquotienten der Menschheit ausgehen.

Den 1 600 arkturischen Sternensamen ist es um die Heilung der Erde zu tun. Habt keine Bedenken, was diese scheinbar so kleine Anzahl anbetrifft. In dieser günstigen Zeit kann ein spirituell ausgerichteter Mensch viel Licht verdichten und bei vielen anderen etwas bewegen. Es ist im Verlauf der Geschichte auch ohne hoch entwickelte Kommunikationstechnik immer wieder vorgekommen, dass von einzelnen Gestalten Einflüsse ausgingen, die auf Millionen übergriffen. Aber es hat dann immer Jahrhunderte, wenn nicht Jahrtausende gedauert, bis diese Einflüsse wirklich auf breiter Basis etwas bewirkten. Ihr habt jetzt einfach nicht die Zeit, auf große spirituelle Gestalten zu warten. Es muss jetzt schnell gehen.

Umkehr-Zeitbeschleunigung zur Heilung der Erde

Wir brauchen mit anderen Worten jetzt eine Beschleunigung. Und zur Heilung und Entwicklung der Erde, zur Anreicherung mit spiritueller Energie, ist nichts anderes so gut geeignet wie die Energie der fünften Dimension. In der fünften Dimension gibt es keine linear verlaufende Zeit, weshalb sich hier Dinge bewerkstelligen lassen, die auf der Erde Jahre, wenn nicht Jahrhunderte dauern würden. Deshalb suchen wir den Kontakt mit der Fünfdimensionalität, denn so werden eure Meditationen wirksamer, und unsere gemeinsame Arbeit wird beschleu-

nigt. Ihr habt vielleicht schon bemerkt, dass die Zeit euch kurz erscheint, wenn ihr mit der fünften Dimension in Kontakt seid, und wenn ihr dann in euren dreidimensionalen Körper auf der Erde zurückkehrt, ist dann doch viel Zeit vergangen. Eine fünfdimensionale Meditation kann sich anfühlen, als dauerte sie gerade einmal fünf oder zehn Minuten, während es in der Dreidimensionalität eine volle Stunde war – und das ist noch eine gemäßigte Zeitbeschleunigung.

Das lässt sich aber auch umkehren. Bei konzentrierter Meditation im fünfdimensionalen Licht lassen sich sehr schnell Energieverschiebungen auf der Erde bewirken. Dann kann es sogar sein, dass die Zeit euch in der fünften Dimension relativ lang erscheint, während tatsächlich nur wenig Erdenzeit vergangen ist. Wir nennen das »Umkehr-Zeitbeschleunigung«. Sie ist nicht nur möglich, sondern in dieser Zeit notwendig. Es soll ja nicht so sein, dass ihr in eurer fünfdimensionalen Meditation ganz wunderbarer Dinge vollbringt, dann aber feststellen müsst, dass nach dieser »kurzen« Meditation ein volles Jahr auf der Erde vergangen ist. Dazu haben wir wirklich keine Zeit mehr. Wirklich, es kann sein, dass wir es uns nicht leisten können, den Dingen noch ein weiteres Jahr lang ihren Lauf zu lassen. Wir brauchen *jetzt* entscheidende Schritte der Evolution. Dazu möchten wir die Umkehr-Zeitbeschleunigung einsetzen. So können wir mit fünfdimensionaler Energie in kurzer Zeit Veränderungen bewirken, die sonst vielleicht Monate oder Jahre dauern würden.

Nehmen wir Jesus/Sananda. Seine Energie und sein Licht haben sich erst im Laufe der auf seine Lebenszeit folgenden 200 bis 300 Jahre voll ausgewirkt. Einige Menschen veränderten sich sofort tief greifend durch sein Wirken, aber erst später wurden breite Bevölkerungskreise und andere Länder davon ergriffen. Sollte Jesus/Sananda heute auf der Erde erscheinen, würde sich seine Wirkung sehr viel schneller ausbreiten. Die

Rahmenbedingungen, das will ich damit sagen, sind wichtig für die Art des Zeitverlaufs, und das gilt ganz besonders, wenn wir zwischen den Dimensionen wechseln können. Jesus/Sanandas Energie hat über viele Jahrhunderte weitergewirkt; heute könnte er innerhalb von Sekunden die Evolutionsschritte für die Erde und die Menschheit einleiten, die dafür sorgen würden, dass alles seinen bestmöglichen Verlauf nimmt. Jetzt habt ihr eine Vorstellung von der Kraft der Umkehr-Zeitbeschleunigung, aber auch von der spirituellen Präsenz auf der Erde. Ihr seid jetzt die Heiler der Erde, und eure Arbeit wird eine Beschleunigung erfahren.

Meditation der Verbundenheit im ätherischen Gitternetz

Wir hatten zusammen mit den Gruppen der Vierzig eine ganze Weile und sehr intensiv zu tun, um den elften ätherischen Kristall nach Istanbul am Bosporus herunterzuladen. Über diesen Kristall ist gesagt worden, er werde der Welt verborgenes Wissen zugänglich machen. Seine Hauptfunktion besteht darin, Verbindungen zwischen der dritten und der fünften Dimension zu schaffen, damit mehr Menschen in der Dreidimensionalität auf die fünfte Dimension aufmerksam werden. Der Schleier zwischen der dritten und der fünften Dimension hebt sich mehr und mehr, und dieser elfte Kristall ist dafür von größter Bedeutung.

Viele Sternensamen fragen schon lange und bis heute: »Wie kann ich die Verbindung zur fünften Dimension und ihrer Energie optimal für Veränderungen nutzen, die der Heilung der Erde und meiner persönlichen Heilung dienen?« Nun, die ätherischen Kristalle, natürlich auch der elfte und der zwölfte, bilden miteinander ein Gitternetz elektromagnetischer und spiritueller Energie. Ihr alle werdet euch künftig leichter an das

ätherische Kristallgitternetz des arkturischen Lebensbaums anschließen können. Dieses Gitternetz ist eine fünfdimensionale Kraft auf der Erde und erleichtert euch deshalb den Zugang zur fünfdimensionalen Energie. Wenn ihr euch an ein fünfdimensionales Gitternetz anschließt, wird eure Frequenz sofort angehoben.

Bei unserer jetzt folgenden Meditation möchten wir erreichen, dass ihr alle eine stärkere Verbindung zum elektromagnetischen Gitternetz dieser ätherischen Kristalle bekommt. Der Kristall von Istanbul soll euch den Zugang eröffnen. Denkt daran: Wenn ihr eure Schwingung einmal zur fünften Dimension erhoben habt, liegt es an euch, wie ihr als dreidimensionale Wesen damit umgeht. Es ist ungefähr so, als würdet ihr eine Menge Geld geschenkt bekommen, verbunden mit dem Wunsch, dass ihr es klug nutzt. Der Wunsch wird ausgesprochen, aber es liegt dann immer noch in eurer Verantwortung, wie ihr mit dem Geld umgeht. Ich werdet euch heute mit dem Gitternetz verbinden und so die höhere Energie empfangen können. Mein Wunsch ist, dass ihr sie für eure persönliche Heilung und für die Heilung der Erde einsetzt.

Wir haben vor, uns durch Visualisation des Kristalls in Istanbul auf der anatolischen Seite des Bosporus in das Netzwerk der ätherischen Kristalle einzuklinken. Da vielen die geografischen Verhältnisse nicht vertraut sind, könntet ihr Schwierigkeiten mit der Visualisation haben. Visualisiert also eine Wasserstraße, die Europa von Asien trennt. Ihr seht eine Brücke und am gegenüberliegenden Ufer eine alte Festung. Vor dieser Festung im Wasser, fast auf der Höhe der Brücke, hat der Kristall seinen Ort. Visualisiert also einen Wasserweg, ungefähr einen Kilometer breit, und darin diesen herrlichen ätherischen Kristall. Hört mir jetzt zu, und nehmt dabei Kontakt mit dieser Energie auf. [Singt:] Anadolu, Istanbul, ätherischer Kristall im Bosporus. Anadolu, ätherischer Kristall in Istanbul im Bosporus.

Spürt, wie die Kristallenergie alle Chakren in eurem Körper aktiviert. Dieser Kristall kann nicht nur euch, sondern die Erde aktivieren. Er besitzt die Kraft, die Schleier für euch beiseitezuschieben, und jetzt fühlt ihr die fünfdimensionale Energie und das Licht, ihr empfangt die Schwingungen der fünften Dimension. Der Anadolu-Kristall öffnet insbesondere den Bereich zwischen eurem Herzchakra und dem Kehlchakra. Für euch ist das jetzt ein neues Chakra, ein neues Energiezentrum.

Es gibt mehr Chakren als in der traditionellen Lehre und mehr Möglichkeiten, euch energetisch zu aktivieren. Und jetzt gibt es eben eine neue Ebene, ein neues Chakra zwischen Herz und Kehle. Wir können es das Chakra des verborgenen Wissens nennen. In der Kabbala ist es als *Da'at* oder »Erkenntnis« bekannt, als Vereinigung der zehn Sefirot im Baum des Lebens. In der Welt der ätherischen Kristalle bezeichnen wir es einfach als den Istanbul-Kristall im Bosporus.

Die spirituelle Alchemie der Erde

Die Mystiker der alten Zeit wussten, dass die irdische Realität nicht unveränderlich ist. Sie betrieben spirituelle Alchemie, bei der es nach außen hin um die Verwandlung von Blei in Gold ging. Nach den geltenden Gesetzen der Physik war es nicht möglich, in der dreidimensionalen Welt Blei in Gold zu verwandeln, das widersprach den Naturgesetzen. In der spirituellen Alchemie gibt es jedoch höhere Bewusstseinszustände, und wenn die durch spezielle energetische Übungen erreicht sind, gewinnt man die Macht, die stoffliche Welt zu verändern, also etwa Blei in Gold zu verwandeln. Man bediente sich dabei spezieller Formeln wie »Abrakadabra« – das ist ein aramäischer Ausdruck, *avra kehdabra*, mit dem man sagt: »Ich werde erschaffen, wie ich sage.« Wenn spirituelle Energie durch Übun-

gen erzeugt wurde, kann man mit diesen Worten, in der richtigen Intention gesprochen, viel bewirken. Man kann Blei in Gold verwandeln. Das ist nur ein Beispiel für die Umwandlung dreidimensionaler Energie mittels fünfdimensionaler Energie. Es ist wirklich nur ein bescheidenes kleines Beispiel, denn mit der Verwandlung von Blei in Gold kann man keinen Planeten retten. Immerhin zeigt das Beispiel aber, dass die dreidimensionale Realität im Prinzip veränderbar ist.

Es gibt nun auch eine spirituelle Alchemie der Erde. Auch hier würde man durch geeignete Übung spirituelle Energie erzeugen und dann mit bestimmten Lauten und Worten die Veränderungen bewirken. Dazu muss zuerst das Schwingungsfeld der Erde auf ein höheres Niveau gehoben werden, und das ist mit den zwölf ätherischen Kristallen zu erreichen. Die Interaktion der Erd-Heiler mit den ätherischen Kristallen schafft ein Umfeld, in dem sich die Erde unter dem Einfluss von Macht-Worten verändern kann. Dazu muss man eine Vorstellung davon haben, welche Veränderung möglich ist und welche der Gesundheit der Erde am besten dient.

Die Erde ist ein komplizierter Organismus. Was würdet ihr verändern wollen? So viele Einflüsse wirken hier zusammen, es ist wirklich schwer zu sagen, was eigentlich, wenn ihr schließlich zum »Abrakadabra« bereit seid, verändert werden soll. Würdet ihr einen Polsprung veranlassen? Würdet ihr die Atmosphäre reinigen? Würdet ihr Vulkanausbrüche abschaffen? Bedenkt immer, was damit alles verbunden sein könnte. Es ist wirklich schwer zu sagen, welche Veränderung besonders dringend ist und den größten Nutzen erbringt.

Wir möchten jetzt darauf zurückkommen, dass es in der Biorelativität um telepathische Kommunikation mit der Erde geht. Sie hat zwei Anteile, nämlich die Übermittlung von Energie an die Erde und das Aufnehmen ihrer Mitteilungen. Nur wenn beides gegeben ist, stehen euch Energien für die Verände-

rungen bereit, die wirklich segensreich sind – für euch und für die Evolution der Erde.

Wir erinnern auch daran, dass bei uns auf Arktur beständig meditiert wird, um die Kommunikation und die Licht-Übertragung von unserem Planeten zu unterstützen – so können wir dann immer genau die richtigen Veränderungen vornehmen. Wir arbeiten dabei wie ihr mit den ätherischen Gitternetzen, aber auch mit den ätherischen Kristallen, um die Lichtfrequenz sowohl der Erde als auch ihrer Bewohner zu erhöhen. So könnt ihr Botschaften der Erde empfangen, in denen sie euch mitteilt, was getan werden muss, und als Erd-Heiler bedient ihr euch dann der spirituellen Alchemie, um es zu verwirklichen.

Zur individuellen spirituellen Alchemie sind sehr viel Studium und Vorbereitung erforderlich, und das gilt auch für die Alchemie der Erde. Eine dieser Vorbereitungen ist der Download der ätherischen Kristalle, der sich über etliche Jahre hingezogen hat. Mit der Installierung des elften Kristalls habt ihr es jetzt leichter, in die Energie der Erd-Alchemie zu kommen.

Neue Harmonie auf der Erde

Der erste Teil der Alchemie für die Erde besteht darin, Harmonie in der Welt zu schaffen. Es ist eine Zeit des rapiden Wandels, und der Erde geht es dabei ähnlich wie euch: Sie schafft es kaum, das alles in so kurzer Zeit zu verarbeiten und zu integrieren. Denkt auch an das Alter der Erde und überlegt euch, wie viel mehr als in früheren Zeiten sie im Laufe der letzten 100, ja 50 oder auch nur 30 Jahre an Veränderungen zu verkraften hatte. Deshalb geht es bei der spirituellen Harmonie zuerst und vor allem um einen harmonischen Gleichgewichtszustand auf der Erde. Dazu muss fünfdimensionale

Energie eingebracht werden, denn Mutter Erde wäre überfordert, wenn sie allein auf dreidimensionale Energie angewiesen wäre.

Wenn ihr euch anseht, was sich gegenwärtig auf der Erde alles tut, wird deutlich, dass die Veränderungen insgesamt eine stärkere Polarisierung bewirken – was ja in Einzelbereichen wie Politik, Gesellschaft, Wirtschaft und Umwelt sehr deutlich zu erkennen ist. Damit das alles leichter zu verarbeiten ist und ein Zustand der Harmonie gewahrt werden kann, ist es notwendig, der Erde beim Empfang fünfdimensionaler Energie von der Zentralsonne zu helfen. Die neue Harmonie wird wichtig sein für ihr Überleben.

Die fünfdimensionale Energie der Zentralsonne kann der Erde mithilfe der spirituellen Erd-Alchemie leichter zugeführt werden. Dadurch kann sie ein neues Gleichgewicht finden, das auch das Überleben der Menschheit sichert. Dazu wird auch gehören, dass Dinge wie etwa die vorausgesagt Klimaerwärmung in einem verträglichen Rahmen gehalten wird. Für viele dieser Dinge werden neue Rahmenbedingungen zu schaffen sein, die sowohl dem Wandel Raum geben als auch ein stabiles Gleichgewicht wahren, in dem die Menschheit und die Erde überleben können, um sich dann in einer neuen fünfdimensionalen Harmonie wiederzufinden.

11 DAS FÜNFDIMENSIONALE LICHT

Juliano und die Arkturer, Adama, Arkturus

Wir werden jetzt über die fünfte und die dritte Dimension sprechen, um zu sehen, wie wir die Verbindung zwischen ihnen am besten stärken können. Es trifft zu, dass die Zusammenarbeit in einer großen Gruppe sehr viel Energie generiert, oftmals mehr, als man allein aufbringen würde. Die in der Gruppe aufgebaute Energie lässt sich auch nicht leicht aufrechterhalten, wenn man wieder allein ist. Die fünfdimensionalen Energieverbindungen bleiben dann anscheinend nicht ohne Weiteres erhalten.

Wir sehen viele, die sich um eine Verbindung zur fünften Dimension bemühen und aus den genannten Gründen Kontakt zu Gruppen suchen. Sehr gut ist auch der Aufenthalt an Kraftorten wie etwa den Lichtstädten der Erde. Wir arbeiten kontinuierlich mit den Gruppen der Vierzig, deren erhöhte Energie dann durch das, was wir »planetarische Osmose« nennen, der Erde und allen ihren Anteilen zufließen kann.

Unterstützt durch Helfer aus den Gruppen der Vierzig, haben wir zwölf Städte des Lichts auf der Erde aktivieren können. Die letzte dieser Städte oder Stätten war Mount Shasta, wo auch die arkturischen Konferenzen stattfinden, weil diese schöne Gebirgsgegend so viel Energie bereitstellt. Mount Shasta ist interdimensional mit der inneren Erde verbunden, und das ist besonders wichtig, denn die innere Erde sendet der Sternensaat und den Lichtstädten fünfdimensionale Lichtenergie.

Jetzt wird euch Adama mehr über Innererde erzählen.

Fünfdimensionale Verbindungen

Adama

Ich gehöre zur inneren Erde, die sich über dieses Portal, die Gegend des Mount Shasta, so stark nach außen wendet. Mein Name, Adama, ist von Adam abgeleitet. Wir bilden hier eine Gemeinschaft, deren Ziel es ist, fünfdimensionales Licht in der inneren Erde zu bewahren.

Vor Urzeiten wurde die Erde ins fünfdimensionale Licht gestellt, und Sternenwesen wie ich kamen zur Erde, um von innen her das Portal zur fünften Dimension zu öffnen. Wenn ihr euch den innersten Kern eines Planeten vorstellt, leuchtet sicher unmittelbar ein, dass dieser innerste Hort seiner ätherischen Energie zuerst mit der fünften Dimension verbunden werden muss, und zwar nicht nur mit den fünfdimensionalen Energien des Sonnensystems, sondern auch mit den fünfdimensionalen Energien der Zentralsonne und anderer Galaxien.

Durch diese Innererde-Verbindungen können wir intergalaktisch kommunizieren, insbesondere mit Andromeda. Wir sehen Andromeda als unsere Schwester-Galaxie. Innererde, unser Wohnort, ist bereits mit der fünften Dimension verbunden und birgt fünfdimensionale Kräfte, die wir an alle Sternensamen weiterleiten können. Diese Übermittlungswege in mehr Bereiche der äußeren Erde möchten wir ausbauen.

Dass es einen Unterschied zwischen dem inneren Ich und dem äußeren Ich gibt, wisst ihr von euch selbst. Ihr wisst auch, dass die Codes für den Aufstieg in eurem inneren Ich liegen. Das innere Ich bringt ihr ins Spiel, um die Codes für den Zugang zur fünften Dimension zu entschlüsseln. Da ist es doch ganz natürlich, dass die interdimensionale Arbeit vom Inneren der Erde ausgeht. Und sicher seid ihr dankbar und froh, dass ihr auf eine bereits aktivierte innere Erde zählen dürft. Ich den-

ke, ihr wisst jetzt einzuschätzen, dass dieses Portal ein entscheidend wichtiger Verbindungsweg für den Aufstieg der Erde und für die Städte des Lichts ist.

Wir haben zusammen mit Juliano und den Gruppen der Vierzig zwölf Lichtstädte auf der Erde aktiviert, und es werden bald noch mehr werden. Eben jetzt werden weitere interdimensionale Portale des fünfdimensionalen Lichts für die zwölf Städte geöffnet. Jede Lichtstadt wird jetzt eine Verbindung zur inneren Erde haben. Sie haben damit auch Verbindung zu mir, Adama, und vielen anderen in der inneren Erde und ihrem Energiefeld.

Dieses intensive fünfdimensionale Licht der inneren Erde erreicht nicht nur die Lichtstädte, sondern jeden von euch, der dies hört oder liest. Es macht mich sehr froh, dass inzwischen so viel Bewusstsein vom Inneren der Erde und seiner Bedeutung für den Aufstieg der Erde entstanden ist. Ich finde es wunderbar, dass ihr diese Lichtstädte aktiviert habt und jetzt diesen Korridor von Innererde zum Mount Shasta öffnen wollt, damit die Energie in alle Welt strahlen kann.

Der zwölfte Kristall

Eine gewisse Höhe des Bewusstseins und der Spiritualität sind für die Arbeit mit Innererde notwendig. Ich möchte euch sagen, dass Innererde mit dem Inneren der Zentralsonne und mit dem Inneren von Planetensystemen in unserer Galaxis und in anderen kommuniziert. Sie verfügt sogar über interaktive Portale zu Korridoren, die interdimensionale Reisen ermöglichen. Derzeit sind viele interdimensionale Wesen im Inneren der Erde tätig, um den Aufstieg der Erde vorzubereiten.

Der zwölfte ätherische Kristall wird, wie ihr wisst, nach São Paulo heruntergeladen. Für diesen Ort sprachen viele gute

Gründe. Juliano hat aus arkturischer Sicht einige der Gründe dargelegt und unter anderem die Nähe zum Regenwald angeführt. Wir sehen, dass eine tiefe Verbindung dieser Gegend in Brasilien zum Inneren der Erde besteht. Die Fähigkeit, Licht aus Innererde zu empfangen, ist hier besonders groß. Macht euch also klar, dass jetzt die Möglichkeit besteht, eine Verbindung zwischen der Energie von Innererde und der fünfdimensionalen Energie des arkturischen Kristallsees herzustellen. So entsteht ein lichtes Energiefeld von gewaltiger Stärke, das mit beiden Dimensionen, der fünften und der dritten, kompatibel ist.

In Zusammenarbeit mit den Arkturern sind wir dabei, Methoden der Aufrechterhaltung des fünfdimensionalen Lichts auf der Erde zu entwickeln. Beim Umgang mit fünfdimensionalem Licht fällt euch vielleicht auf, dass es in der dritten Dimension nicht ganz leicht aufrechtzuerhalten ist. Aber durch euren Umgang mit Innererde werden sich weitere Portale und Energiefelder öffnen, das kann ich euch versprechen. Sie werden euch befähigen, eure fünfdimensionalen Energien und die fünfdimensionale Sicht der Dinge sowie eure Verbundenheit mit den Korridoren zu bewahren.

Übrigens werden die ätherischen arkturischen Kristalle *in* die Erde heruntergeladen. Sie befinden sich nicht an der Erdoberfläche, sondern in der Erde. Das gibt euch sicher einen weiteren Hinweis auf die Kraft und Weisheit von Innererde. Behaltet die Biorelativität und Innererde im Sinn, wir kommen nämlich jetzt an einen Punkt, an dem die Biorelativitätsübungen entscheidend für die Wahrung der Stabilität sein werden. Biorelativität hat mehrere Ebenen. Eine dient der Erhaltung und Stabilisierung, eine andere der Einleitung von Veränderungen. Zur Einleitung von Veränderungen kann man Innererde aufsuchen und mit den Energien für das Gleichgewicht der Erde arbeiten.

Eure Beziehung zur inneren Erde

Die Arkturer wissen, dass man in der Biorelativität das Kommunikations- oder Feedback-System der Erde nutzen muss. So kann man Einfluss auf die Luftströme, die Meeresströmungen und sogar die Sonneneinstrahlung nehmen. Diese Energien lassen sich von Innererde aus modulieren. Natürlich sind solche Biorelativitätseingriffe nur unter besonderer Anleitung möglich und bleiben höheren Wesen überlassen, die die Auswirkungen des Umgangs mit den Energien der inneren Erde einzuschätzen wissen. Unter dieser Voraussetzung sind verblüffende Wirkungen zu erzielen.

Die Energien der inneren Erde sind außerdem von großer Bedeutung für eure persönliche Heilung und euren persönlichen Aufstieg. Ihr habt euch auf der Erde inkarniert, und da ist es kein Wunder, dass euer Körper in einer besonderen Beziehung zur inneren Erde steht, die über eure DNA geknüpft wird. Über diese Beziehung zur inneren Erde habt ihr auch Zugang zu den Korridoren zwischen der Fünfdimensionalität der inneren Erde und der übrigen Fünfdimensionalität.

Gedanken sind, wie ihr wisst, schneller als das Licht. Um die Gedankengeschwindigkeit am besten zu nutzen, lohnt es sich, heilige Orte aufzusuchen, die eure Energie vermehren. Mount Shasta ist solch ein Ort, ebenso wie alle anderen Städte des Lichts auf der Erde. Reisen zwischen den Dimensionen sind eine der Nutzungsformen der Gedankengeschwindigkeit. Auf diesem Wege könnt ihr auch interdimensionale Botschaften von anderen Wesen, Planeten und Galaxien empfangen. Reisen in andere Gegenden des Universums sind allerdings schwierig, wenn man den Namen seines Zielorts oder der Gegend nicht kennt. Ohne den Namen kann man sich schlecht dorthin projizieren, da nützt einem auch die Gedankengeschwindigkeit nicht viel. Deshalb haben die Arkturer den Kris-

tallsee und den Kristalltempel geschaffen. So habt ihr etwas, worauf ihr eure Energie konzentrieren könnt. Es hat sich bereits als sehr nützlich erwiesen.

Innererde ist also ein Ort im interdimensionalen Raum, an dem ihr fünfdimensionale Energien und Gedankenwellen von anderen Planetensystemen im Universum empfangen könnt. Anhand dieser Gedankenwellen könnt ihr mit Gedankengeschwindigkeit zu diesen Orten reisen. Fühlt, dass ihr es könnt, und versetzt euch jetzt mittels Gedankenprojektion in die innere Erde und den interdimensionalen Raum, in dem ich, Adama, euch in dem Garten direkt unter dem kalifornischen Mount Shasta erwarte. Er liegt nach irdischem Maß zwei bis drei Kilometer tief unter dem Mount Shasta. Kommt in diesen herrlichen interdimensionalen Garten, der im Sonnenschein von Innererde liegt.

Ihr erscheint hier in eurem Lichtkörper und verwandelt euch sofort in euren fünfdimensionalen Lichtkörper. Ihr spürt eine gewaltige fünfdimensionale Aktivierung eurer DNA-Codes, die euch mit der inneren Erde und der interdimensionalen Erde verbindet. Ich sende euch jetzt ein heilendes Licht, das ihr nach eurer Rückkehr in jeden beliebigen Teil eures dreidimensionalen Körpers leiten könnt. Haltet dieses Licht in eurem Innererde-Körper, während wir uns jetzt für ein, zwei Minuten in Schweigen versenken. [Pause] Interdimensionales Licht verbindet euch jetzt mit den inneren arkturischen Planeten, und hier übergebe ich euch jetzt an Arkturus.

Schwesterstädte des Lichts

Arkturus

Sternensamen, Lichtträger und Erbauer des Allerheiligsten, ich grüße euch. Ich bin maßgeblich am arkturischen Lichtprojekt beteiligt. Wir haben viele interdimensionale Links zu Planetensystemen in dieser Galaxis und anderen. Ich bin sehr froh über das Lichtwerk der arkturischen Sternensaat hier auf der Erde.

Wir haben vieles, worum wir uns kümmern müssen, viele Vorhaben. Vor allem möchten wir den Sternensamen bei ihrem Aufstieg zur Seite stehen, und dazu müssen wir Verbindungen schaffen, damit ihr, wenn eure Erd-Lektionen gelernt und eure irdischen Inkarnationen abgeschlossen sind, ohne Mühe zum Sternentor gelangt und euren Weg zu höheren Planetensystemen fortsetzen könnt.

Wir möchten euch also einerseits den Zugang zu höheren Ebenen erleichtern, und zugleich arbeiten wir in der Tiefe, um dort die Aufstiegsenergien der Erde zu aktivieren. Letzteres ist mit hohem Aufwand an spiritueller Energie verbunden. Ich versichere euch, wir sind bereit und verfügen über die denkbar besten spirituellen Techniken.

Immer wenn irgendwo fünfdimensionale Energie aktiviert wird, haben alle Planeten in der fünften Dimension etwas davon. Wir sind alle mit allen verlinkt. Es handelt sich um holografische Verbindungen – vielleicht versteht ihr jetzt besser. Von der inneren Erde aus könnt ihr euch holografisch mit dem Inneren anderer fünfdimensionaler Planeten verbinden. Planeten wie Arktur und die Erde besitzen ein interdimensionales Inneres. Interdimensionale Arbeit gibt euch die Möglichkeit, eure Reisen durch die fünfdimensionale Galaxis zu beschleunigen. Ja, ihr hört recht, es gibt eine fünfdimensionale Galaxis.

Wir Arkturer sind mit den fünfdimensionalen Planeten zutiefst verbunden und werden sehr gern eine fünfdimensionale Erde in die Familie der fünfdimensionalen Planeten aufnehmen. Als dreidimensionaler Planet kann die Erde nicht in diese Familie aufgenommen werden. Die innere Erde haben wir jedoch bereits aufgenommen, und wenn die Verwandlung der Erde und ihr Aufstieg abgeschlossen sind, wird sie als Ganzes in diesen Reigen treten.

Ich verbinde jetzt das Innere des Mondplaneten Alano – er befindet sich in der Nähe des galaktischen Zentrums und der Zentralsonne – mit Innererde. Es gibt auf Alano ebenfalls Städte des Lichts, Schwesterstädte, die Kontakt zu den irdischen Städten des Lichts aufnehmen, jetzt insbesondere zu Mount Shasta. Aus den planetarischen Lichtstädten werden jetzt planetarische Sternenlichtstädte. Macht euch bitte den Unterschied klar: In den Sternenlichtstädten werden künftig Sternenwesen und Sternenenergie sein. Viele Besucher werden dorthin kommen.

Am Aufstieg der Erde sind, vermittelt durch die Arkturer, alle höheren Wesen der fünften Dimension beteiligt. Wir auf Arktur sind durch das Sternentor nicht nur mit Inner-Arktur, sondern mit dem Inneren vieler Planeten verbunden.

Mein Freund Juliano wird euch jetzt in euren irdischen Körper zurückbegleiten und dann weiter erklären, wie das fünfdimensionale Licht aufrechterhalten werden kann.

Quantenheilung

Juliano

Projiziert euch zurück zu eurem Erdenkörper und tretet in perfekter Abstimmung wieder in ihn ein. Macht euch dabei bewusst, wie viel ihr über die Aufrechterhaltung der fünfdimen-

sionalen Energie erfahren habt. Ein paar sehr wichtige Verbindungen wurden hergestellt, und wir haben sie über eure DNA aktiviert.

Um das fünfdimensionale Licht aufrechtzuerhalten, ist es wichtig, dass ihr die Energie im mentalen Körper auf hohem Niveau haltet, und das betrifft auch Ideen und Überzeugungen. Ebenfalls involviert ist der emotionale Körper, und das bezieht sich auf Liebe und andere höhere Regungen. Für den physischen Körper geht es darum, ätherische Energien aus anderen Dimensionen halten zu können. Und schließlich ist auch der spirituelle Körper betroffen, der spirituelle Energien zu sammeln und zu verdichten vermag, die Kern-Energie eurer Seele.

Wenn wir über interdimensionale Reisen mit Gedankengeschwindigkeit sprechen, ist eigentlich bereits von diesem innersten Licht der Seele die Rede. Anders gesagt: Wenn wir über Dimensionen-Energie sprechen, wird die Energie der Seele aktiviert. Wir sprechen, was diese verschiedenen Ebenen angeht, auch von Körpern. So ist der spirituelle Körper ewig und grenzenlos und kennt keinen Tod. Der physische Körper ist begrenzt, wie ihr wisst. Aber auch der physische Körper profitiert von den fünfdimensionalen spirituellen Energien.

Er profitiert von diesen Energien, weil sie nährend wirken. Sie öffnen ihn für Quantenenergie, Quantendenken und Quantenheilung. Sagt euch jetzt, während ich zu euch spreche: »Ihr Zellen, öffnet euch für die Quantenheilung, die ich jetzt benötige. Ich bin bereit, sie zu empfangen.« Wir haben nämlich jetzt die Bedingungen für den Empfang des spirituellen Lichts, der spirituellen Energie und der heilenden Quantenenergie geschaffen. Sprecht also noch einmal die Affirmation: »Ich bin bereit zum Empfang heilender Quantenenergie. Ich bin bereit, sie in meinen physischen Körper aufzunehmen. Ich empfange sie mit meinem emotionalen Körper. Ich empfange fünfdimensionales Quantenlicht mit meinem mentalen Körper und seinen

Vorstellungen und Überzeugungen. Ich bin bereit, die Energie in meinen vier Körpern zu halten. Ich bleibe verbunden. In dieser Verbundenheit bin ich jetzt mit der inneren Erde vereinigt. Da ich auf der Erde inkarniert bin, habe ich jetzt Anschluss an die innere Erde und die fünfdimensionale Energie. So kann ich leichter mit der fünften Dimension und anderen fünfdimensionalen Planeten verbunden bleiben.«

Ihr alle solltet dafür sorgen, dass die Verbindungen bestehen bleiben. Die Erde wird jetzt in der fünfdimensionalen galaktischen Familie des planetarischen Lichts willkommen geheißen. Die Aktivierung der Lichtstädte war ein wichtiger Schritt der Anbindung an eure galaktischen Familien, eure Sternenfamilien. Es ist so unendlich wertvoll, dass ihr diesen Familienzusammenhang versteht und jetzt auch aufrechterhalten könnt. Eure Sternenbrüder und Sternenschwestern sind fünfdimensional, und sie tauschen sich jetzt mit euch aus, sie senden euch Liebe und Licht.

12 DER WEG DURCH DAS STERNENTOR

Juliano und die Arkturer, Chief White Eagle

Die Sternensamen in den Gruppen der Vierzig arbeiten an Abstimmung auf das arkturische Sternentor. Durch das Sternentor werden diejenigen aufsteigen, die alle Lektionen der irdischen Inkarnation gelernt haben und reif für den Übergang in die fünfte Dimension sind. Das ist für die Seele ein großes Ereignis und darf wahrlich gefeiert werden. Viele fragen sich schon lange, um was es eigentlich für die Seele geht, und ich kann euch jetzt sagen: Einer der Hauptzwecke eurer Inkarnation auf der Erde ist der Schritt durchs Sternentor.

Viele von euch sind jetzt diesem »Abschluss« in der Schule Erde nahe. Die Lektionen in der Schule Erde sind in dieser Zeit der Polarisierung und Dualität vielfältiger und oft schwieriger geworden, man kann schon fast von einer Hochschulausbildung sprechen. Mancher, der im gewöhnlichen Sinne studieren möchte, wünscht sich mehr Wahlmöglichkeiten und einen breiteren Fächer an Sachgebieten – viele Kurse zu möglichst vielfältigen Themen, Sprachen und kulturellen Angeboten. Bei den Lektionen für die Seele hat die Erde diese Vielfalt wahrlich zu bieten.

Hier macht ihr intime Bekanntschaft mit Polarisierung und Dualität, hier werden euch spirituelle und religiöse Erfahrungen zugänglich und alles, was einen Planeten ausmacht, der eben jetzt seine Abstimmung mit dem arkturischen Sternentor vollzieht. Eure Seelenkräfte werden im Verlauf dieses Prozesses

zunehmen, und ihr werdet Gelegenheit haben, durch das Sternentor aufzusteigen.

Das Sonnensystem, zu dem eure Erde gehört, nimmt eine Sonderstellung in der Galaxis ein, und die Erweckungsenergie, die das Sonnensystem benötigt, strömt eben jetzt ein. Es befindet sich jetzt an einem Punkt, an dem die Aktivierung für die Abstimmung mit dem Sternentor eintreten kann. Das arkturische Sternentor, das Sonnensystem und die Zentralsonne bilden ein Dreieck von großer Licht-Kraft. Die Erde muss ihren Anteil an der Energietransformation und Erweckung leisten, da sie die stärkste Lebenskraft im Sonnensystem darstellt. Die Erde gehört sogar in diesem Teil der Galaxis zu den wichtigsten Orten des Erwachens.

Die Vielfalt der Lektionen im galaktischen Raum

Wir lehren galaktische Spiritualität als eine der Seiten des heiligen Dreiecks. Hier geht es darum, die Beziehungen der Seele zur Galaxis und darüber hinaus bewusst zu machen. Jede auf einem Planeten inkarnierte Seele kann ihr Bewusstsein erweitern. Jede Seele nimmt wahr und möchte sich auf spirituelle hoch entwickelte Wesen in seiner Galaxie einstimmen. Einfach ausgedrückt: Galaktische Spiritualität ist die Kraft, die nach Kenntnis aller höheren Lebensformen in der Galaxis strebt. Es gibt in dieser Galaxis viele hoch entwickelte spirituelle Wesen, und viele von ihnen sind Meister. Durch Austausch mit diesen galaktischen Meistern wird die Beziehung der Menschheit zum Schöpfer stärker.

Wie kann ein Bewusstsein von galaktischen Zivilisationen und Meistern eure Seelenentwicklung fördern? Jede galaktische Zivilisation macht ihre ganz eigene Evolution durch und ist durch ganz eigene Anschauungen vom Leben geprägt. Jede

galaktische Zivilisation hat auch ihren eigenen Aufstieg und ihr ganz eigenes Lernprogramm. Bestimmte Lebenslektionen und Seelenlektionen können nur auf der Erde gelernt werden, andere vielleicht auf Arktur oder bei den Bewohnern von Spica oder Sirius.

Wir möchten damit sagen, dass jede galaktische Zivilisation die Schöpferlebensenergie von ihrer ganz eigenen Warte aus wahrnimmt. Das ist deshalb so, weil sich die Schöpferlebensenergie auf jedem Planeten nur mit bestimmten Anteilen zeigt. Ihr auf der Erde nehmt also eine ganz bestimmte Schöpferenergie wahr. Sie wird *Adonai* genannt. Solltet ihr eine andere Zivilisation in der Galaxis aufsuchen, werdet ihr eine andere Ansicht des Adonai-Lichts und der schöpferischen Lebenskraft bekommen. Und das dient eurer Seelenentwicklung.

Nicht auf jedem Planeten gibt es Dualität wie hier bei euch. Nicht auf jedem Planeten sind religiöse und ethnische Unterschiede gegeben wie bei euch. Und beileibe nicht jeder Planet beherbergt wie die Erde Millionen von Arten. Einige von euch erinnern sich an ihre Erfahrungen auf anderen Planeten. Jetzt seid ihr auf der Erde und kommt schwer mit Dualitäten zurecht, einfach weil ihr schon auf Planeten wart, die keine Dualität kannten. Aber auch da waren natürlich Lebenslektionen und Seelenlektionen zu lernen. Versteht einfach, dass ihr jetzt auf der Erde seid, um eben*diese* Lektionen zu lernen. Sie geben euch Anlass, die Evolution eurer Seele zu betrachten, und diese besondere Erd-Energie ist eben dabei, sich auf das Sternentor einzustimmen.

Das bietet die Chance der Manifestation einer Aufstiegsleiter. Bei dieser Leiter handelt es sich um ein ätherisches Kraftfeld, das euch in Richtung des arkturischen Sternentors trägt. Meditiert bitte kurz über diese Vorstellung, zum Sternentor getragen zu werden, wo euch ein Gefühl der Vollendung erwartet: Die irdischen Seelenlektionen sind abgeschlossen. Ver-

gegenwärtigt euch dieses Gefühl in der Meditation, dass ihr nach so vielen Inkarnationen den Punkt erreicht habt, an dem ihr sagen könnt: »Ich schließe meine irdischen Seelenlektionen ab, ich stehe vor meinem Abschluss.«

Abstimmung der Erde mit dem Sternentor

Ihr lebt zweifellos in einer Zeit der Beschleunigung auf der Erde. Die Dinge ändern sich, und sie werden sich immer schneller ändern. Je näher ihr dem Abschluss eures Lernprogramms auf der Erde kommt, desto stärker wird eure spirituelle Energie, eure persönliche Kraft wird weiter aktiviert. Das betrifft auch eure Fähigkeiten als Heiler der Menschen und Heiler der Erde.

In der planetarischen Heilarbeit geht es zunehmend um die Abstimmung der Erde auf das Sternentor. Jeder der bisher elf auf der Erde installierten ätherischen Kristalle besitzt ein ganz spezifisches Energiefeld. Diese Energie wirkt auf zwei Ebenen. Die erste besteht darin, dass jeder Kristall Energien vom arkturischen Kristallsee durch die Korridore zur Erde leitet. Zum anderen interagieren die Kristalle aber auch miteinander und bilden so ihre ganz eigenen Energiefelder aus.

Wir haben diese elf Kristalle durch den Baum des Lebens vereinigt. Wir haben in diesem aus der Kabbala bekannten Baum des Lebens mit seinen zehn Feldern, auf Hebräisch *Etz Chaim*, zwei neue Felder eingeführt, um auch die Interaktion mit der fünften Dimension und dem arkturischen Sternentor zu berücksichtigen. Das Zusammenwirken der ätherischen Kristalle wird noch stärker sein, wenn der zwölfte Kristall in Serra da Bocaína in Brasilien installiert ist.

Dieser zwölfte Kristall besitzt eine ganz eigene Kraft, er verbessert nämlich die Selbstregulierungskraft der irdischen Biosphäre und bringt Kräfte ins Spiel, die vorher nicht zur Verfü-

gung standen. Er wird seinen Standort in einem Regenwaldgebiet haben, weil die Regenwälder aus unserer Sicht die wichtigsten Kraftquellen für die Erhaltung der Biosphäre sein werden.

Brasilien und die übrigen südamerikanischen Gebiete mit einem starken Bestand an Regenwald werden für die Erhaltung des Biosphären-Kraftfelds von wachsender Bedeutung sein. Insbesondere Brasilien rückt ins Zentrum des spirituellen und biosphärischen Lichtfelds. Außerdem ist die Zwölf eine Zahl von magischer Kraft. Die zwölf ätherischen Kristalle werden ein dynamisches Kraft-Gitternetz bilden, das für die Abstimmung mit dem arkturischen Sternentor sorgt.

Mit dem zwölften Kristall ist das Gitternetz komplett, und diese Vervollständigung wird da stattfinden, wo der zwölfte ätherische Kristall seinen Platz bekommt, in Serra da Bocaína. Die Intentionen und Energien der beteiligten Helfer werden sehr stark sein. Durch sie kommt die Erde in die richtige Ausrichtung zum Sternentor.

Die Voraussetzungen schaffen

Was bedeutet das für die Erde? Was bedeutet es für das Projekt der Gruppen der Vierzig? Und was bedeutet es für euch persönlich, wenn die Erde ihre genaue Abstimmung auf das Sternentor bekommt? Ihr werdet eine deutliche Zunahme eurer Seelenkraft für die Erde spüren und eine Menge damit bewirken können – und je mehr ihr bewirkt, desto stärker werden eure Kräfte. Das beschleunigt auch euren Lernprozess auf der Erde und generell die Veränderungen auf der Erde.

Welche Voraussetzungen müsst ihr dafür erfüllen? Gehen wir noch einmal zum Beispiel des Universitätsstudiums zurück. Wenn ihr euch umseht, auf welchem Planeten ihr inkarniert werden wollt, wird eure Wahl auf einen Planeten fallen, dessen

Lehrplan euch zusagt. Viele »Fächer« werden nur auf bestimmten Planeten angeboten, und ihr wählt den, der euch am meisten bietet. Aber wenn viele Kurse angeboten werden, heißt das noch nicht, dass ihr auch für alle gleich aufgeschlossen seid. Außerdem müsst ihr für manche ganz bestimmte Voraussetzungen erfüllen. Das kennt ihr ja: Ohne ein mathematisches Grundstudium wird man nicht zu Seminaren über höhere Mathematik zugelassen – ganz davon abgesehen, dass ihr auch nicht allzu viel verstehen würdet.

Auch für das Studium der Erd-Energie sind Voraussetzungen zu erfüllen, unter anderem muss man mit Polarisierung und Dualität umgehen können. Wichtig ist auch, dass ihr lernt, an nichts zu sehr zu haften, und dass euch das Einheitsdenken vertraut ist. Einheitsdenken gehört zu den großen Lektionen auf diesem Planeten: die Fähigkeit, die höhere Einheit hinter aller Dualität zu erfassen. Und wie könnte man besser zum Einheitsbewusstsein kommen als in einem zutiefst dualistischen Umfeld, in dem man schließlich erkennt, dass Dualität nur eine Illusion sein kann? Die Illusion ist stark, die Einheit schwer zu erkennen. Deshalb ist Einheit eine der großen Lektionen auf der Erde.

Ihr alle, die ihr auf den Aufstieg hinarbeitet, werdet mit fortschreitender Abstimmung auf das Sternentor einen Aufschwung eurer Energie erfahren und dadurch die Einheit immer klarer wahrnehmen. Ihr werdet den großen göttlichen Plan erkennen und euch selbst als Bestandteil dieses Plans verstehen. Das ist die persönliche Ebene. Die Ausrichtung auf das Sternentor gibt euch mehr Klarheit. Die Voraussetzungen und die Weisheit, die ihr daraus ziehen könnt, werden eben jetzt in eurem Bewusstsein geschaffen. Ich will das präzisieren: Alle Voraussetzungen werden in euer Bewusstsein heruntergeladen, wenn die Erde und das Sternentor aufeinander abgestimmt sind.

Die Fertigstellung des Sternenkorridors

Auch auf der planetarischen Ebene steht eine große Aktivierung bevor. Mit dem zwölften Kristall kann das ätherische Energiefeld der Erde auf das Sternentor ausgerichtet und abgestimmt werden. Das bedeutet, dass die Astral-Energie der Erde dann in den Korridor »passt«, der direkt zum Sternentor führt. Das ist wie eine neue Durchgangsstraße durch eine Stadt, über die man mühelos vom einen Ende zum anderen kommt.

Manche fragen: »Geht der Korridor zum Sternentor jetzt nur von Brasilien aus?« Nein, denn alle ätherischen Kristalle sind holografisch miteinander verknüpft. Was bei einem von ihnen der Fall ist, spielt sich auch bei den anderen ab. Wir haben es mit einem dialektischen Energiefeld zu tun. »Dialektisch« bedeutet in unserem Sprachgebrauch, dass eine holografische Verbindung besteht, die eine Erfahrung an einem Punkt auch an allen anderen Punkten erfahrbar macht, und dass alle Anteile dieser Vernetzung einander gegenseitig verstärken können. Wenn das ätherische Gitternetz einmal fertiggestellt ist, spürt man an jedem Eintrittspunkt die gleiche hohe Energie.

Uns ist klar, dass nicht jeder zum Download des zwölften ätherischen Kristalls nach Brasilien kommen kann, aber vielleicht liegt ja irgendein anderer Kristall in erreichbarer Nähe – Lago Puelo, der Bodensee, der Fudschijama oder Mount Shasta. Wenn ihr während des Downloads an einem dieser Orte sein könnt, werdet ihr da auf holografischem Wege ebenfalls die weitere Abstimmung auf das Sternentor erleben. Das baut auch die Erde auf, denn es ist für Gaia, den Geist der Erde, sicher eine große und ehrenvolle Leistung, wenn ihre Sternensaat ihr Energiefeld auf das Sternentor aufzurichten vermag.

Das Sternentor ist zwar ein Ort, zu dem ihr aufsteigt, aber zugleich kommt eben auch Energie von dort zur Erde. Nicht

jeder Planet eurer Galaxis steigt auf. Nicht jeder baut ein höheres Energiefeld auf, das die Installation von zwölf ätherischen Kristallen und die Abstimmung mit dem Sternentor erlaubt. Der Download von Energie zur Erde entfaltet erst mit der Installation des zwölften Kristalls seine volle Kraft.

Viele von euch haben sich mit der Einrichtung von Unterkristallen beschäftigt. Dabei handelt es sich um ätherische Nachbildungen der heruntergeladenen Kristalle. Einer der Hauptkristalle befindet sich im spanischen Montserrat, und die spanischen Sternensamen haben an verschiedenen Stellen der Iberischen Halbinsel Unterkristalle installiert. Diese Unterkristalle sind eine großartige Einrichtung, sie wirken als spirituelle Regler und Transformatoren. Das lässt sich am Beispiel der Elektrizität veranschaulichen. Stellt euch eine vom Kraftwerk kommende Hochspannungsleitung vor, deren Strom in Umspannungswerken transformiert werden muss, damit er in Haushalten, Betrieben und im öffentlichen Bereich genutzt werden kann. Ungefähr so verteilen die Unterkristalle die hohe Energie der Hauptkristalle auf die Fläche.

Auch die Unterkristalle werden durch den zwölften Hauptkristall einen Anschub bekommen. Ich wiederhole noch einmal, dass gerade die Zahl Zwölf eine Aktivierung mit sich bringt, die weit über die Wirkung der Einzelkristalle hinausgeht. Die Kraft der Zwölf erzeugt im Verbund mit dem arkturischen Sternentor und auf holografischem Wege ein neues Energie- und Lichtfeld.

Ich übergebe jetzt an Chief White Eagle.

Mäßigung und Ausgleich durch Biorelativität

Chief White Eagle

Ist das nicht eine großartige Zeit, um auf der Erde zu sein und ihre Energie zu erleben? Die Erde ist lebendig, sie spürt alle Blockierungen und sieht zu, wie sie die Energie am besten wieder lösen kann, um zu einem neuen Gleichgewicht zu finden. Wir sind immer in Kontakt mit ihr. Wir tauschen uns auf allen Ebenen mit ihr aus, jederzeit. Die Geister unserer Großväter und Großmütter sind tief in den Bergen, Meeren und Schluchten.

Es kann jetzt zu allen möglichen Energieverschiebungen auf der Erde kommen. Sie brodeln bereits. Die Erde sucht nach einer Balance für die Aufrechterhaltung ihrer Biosphäre. Die Erde als Geist möchte ihre Biosphäre bewahren, das müsst ihr wissen. Sie ist eine spirituelle Kraft, meine Freunde, ein spiritueller Planet. Sie ist ein Planet, dem größte Hochachtung gebührt. Wir nennen sie das Blaue Juwel. Sie möchte ihr Feld der Lebenskraft behalten, aber sie braucht dazu Beistand, denn das neue Gleichgewicht ist wirklich Neuland für sie, und ihr Geist kann sich nicht ganz ohne Mühe darauf einstellen. Die Erde braucht eine führende Hand. Dafür steht jetzt eine neue Technologie zur Verfügung, die wir Biorelativität nennen. Die Biorelativität kann zum Nutzen der Biosphäre weiterentwickelt werden.

Erdbeben und schwere Stürme haben zugenommen, ich weiß. Ich weiß auch, dass manche darin nur den Anfang sehen und weitere Erdbeben und Stürme vorhersagen. Es gilt jetzt zwei Dinge zu bedenken: Die Erde muss blockierte Energie freisetzen, das ist unumgänglich; deshalb stellt sich jetzt die Frage, wie man die Auswirkungen dieser Ausbrüche abmildern kann. Wie lässt sich die Energie so bändigen, dass sie mit weniger schädlichen Auswirkungen auf die Biosphäre freigesetzt

werden kann? Wie also kann man die Menschen, Tiere und Pflanzen vor allzu großem Schaden bewahren?

Ich rufe Mutter Erde und Vater Himmel zu: Wir sind hier versammelt, um zu erfahren, auf welchem Weg die Energie so freigesetzt werden kann, dass den Lebewesen kein großer Schaden geschieht? Wir bitten um gelinde Freisetzung von Stürmen und Beben, damit möglichst wenig zerstört wird. Möge jeder, der diese Worte hört oder liest, sie an Mutter Erde mit diesem Gedanken weiterleiten: »Maßvoll und ausgewogen, maßvoll und ausgewogen.« So könnte sich erreichen lassen, dass Stürme weniger heftig werden. Dann habt ihr statt eines katastrophalen Sturms vielleicht drei schwächere, die nicht viel Schaden anrichten. So wird die gestaute Sturmenergie zwar entladen, aber eben maßvoll. Es könnte bedeuten, dass ihr statt eines Erdbebens mit der Stärke 9 auf der Richterskala – und so etwas steht tatsächlich in naher Zukunft an – beispielsweise drei Beben der Stärke 5 bekommt. Darin liegt der effektive Einsatz der Biorelativität: Die notwendigen energetischen Entladungen lassen sich moderieren. Ich weiß, dass die Erde jetzt in eine sehr aktive Phase eintritt, und solche Biorelativitätsübungen können hier eine große Hilfe sein.

Wir sehen die zwölf ätherischen Kristalle und diese Phase ihrer Aktivierung als eine Zeit, in der die Erde Anschluss an die Sternenfamilien findet. Wenn wir von unseren »sämtlichen Verwandten« sprechen, bezieht sich das nicht nur auf die Erde, sondern auch auf die Sternenfamilien. Macht euch bewusst, dass euch mit diesem zwölften Kristall zwei sehr wichtige Dinge zufallen. Erstens kommt ihr in die genaue Abstimmung mit dem Sternentor. Juliano hat sehr schön erklärt, was das für euren Planeten bedeutet. Und zweitens findet auch ihr jetzt Anschluss an eure Sternenfamilie, die Arkturer und Plejader und viele andere Sternenwesen überall in der Galaxis.

Von jetzt an werdet ihr, sofern ihr auf diese Energie eingestimmt seid, mehr Informationen auf direktem Wege von anderen Planetensystemen des höheren Lichts empfangen können. Dabei werdet ihr auch erfahren, welche Lösungen dort
für Probleme gefunden wurden, wie sie jetzt auf der Erde der
Fall sind. Ist es nicht wunderbar, mit euren Sternenfamilien
überall in der Galaxis in Kontakt zu sein und deren Kenntnisse und Weisheit in die dritte Dimension auf der Erde holen zu
können?

13 DIE NUTZUNG DER FÜNFDIMENSIONALEN ENERGIE

Juliano und die Arkturer

Ja, ihr lebt in einer spannenden Zeit, in der sich energetisch vieles tut. Bei der Zusammenkunft in Brasilien mit der Gruppe der Vierzig konnte in Zusammenarbeit mit der Sternensaat ein so kraftvolles Energiefeld aufgebaut werden, dass der Download des Kristalls gelang. Ohne jetzt auf die neuen spirituellen Techniken einzugehen, die daraus erwachsen werden, möchte ich das Wichtigste an dieser Arbeit hervorheben, nämlich die neuen Möglichkeiten des Umgangs mit fünfdimensionaler Energie. Mit dem Download dieses Kristalls ist eine Verbindung zur fünften Dimension geschaffen worden, die es auf der Erde bisher nicht gab.

Damit bieten sich jetzt auch neue Chancen. Wenn wir uns ansehen, wie stark die Biorelativitätskräfte zugenommen haben, kann man nur sagen, dass die energetische Arbeit jetzt vor allem darin bestehen wird, fünfdimensionale Energie in die dritte Dimension zu leiten und dort wirksam zu machen. Es ist die wirksamste energetische Technik, die es derzeit auf der Erde gibt.

Mit der Installation des letzten Kristalls hat die Erde eigentlich ein neues Kraftfeld bekommen, und dieses Feld von dialektischer Energie ist die interaktive und kumulative Kraft aller zwölf Kristalle. Wenn diese Kraft gebündelt und ausgerichtet wird, beschleunigt sie das Denken, die Biorelativitätsprojekte, die Aktivierung der Korridore und den Zufluss neu-

er Informationen und Ideen. Für jedes der Probleme eurer Erde – Energiekrise, Artensterben und das fraglich gewordene Überleben des Planeten – gibt es eine Lösung mittels fünfdimensionaler Energie.

Es ist eine transzendente Energie, die mehr vermag, als der Verstand fassen kann. Es heißt, die Erde würde 100 Jahre brauchen, um sich wieder zu normalisieren, wenn ihr *jetzt* den Ausstoß von Treibhausgasen einstellen würdet – was natürlich nicht geschehen wird. Aber mit einer fünfdimensionalen Lösung lässt sich die Katastrophe noch abwenden.

Mit dem stetig aktiven Gitternetz der zwölf ätherischen Kristalle kann also jetzt Energie vom arkturischen Tempel zur Erde heruntergeladen werden. Das ist ein sehr starkes Feld mit einer unglaublichen Lichtabstrahlung. Damit ihr zu dieser Energie leichter Kontakt aufnehmen könnt, visualisiert ihr jetzt am besten ein herrliches Tipi, das ungefähr 350 Kilometer von São Paulo entfernt im atlantischen Regenwald eigens zu diesem Zweck errichtet wurde. Es ist das Zentrum des ätherischen Kristalls, eine strahlende Lichtquelle, die eine sehr positive, anziehende Energie erzeugt. Es gibt dieser Gegend und ganz Brasilien starke spirituelle Impulse.

Wie es weitergeht

Voraussagen für die Zukunft der Erde werden entweder auf der dreidimensionalen Ebene aufgrund von Beobachtungen und Hochrechnungen gemacht, oder aber sie fassen die fünfdimensionale Energie ins Auge und berücksichtigen die Verbindungen, die jetzt auf der Erde geknüpft werden. Ich denke, die meisten von euch sind wohl eher an der zweiten Art interessiert.

Wie ich euch bereits vor etlichen Monaten erläutert habe, werden die beobachtbaren Polarisierungen immer stärker, aber

zuletzt wird es doch zu einem Ausgleich kommen. Leider ist es so, dass die Gegensätze erst noch stärker werden müssen, bevor die Menschen in beiden Lagern zur Versöhnung bereit sind. So wird es in der Wirtschaft zu noch stärkerer Polarisierung und damit zu einer weiteren Verschärfung des Unterschieds zwischen Armen und Reichen kommen. Und wo jetzt Krieg herrscht, sieht es so aus, als würden die Gräben in der nahen Zukunft eher noch tiefer werden.

Andere Polarisierungen werden katastrophale Wetterphänomene heraufbeschwören. Nun ist es bekanntlich nicht sehr hilfreich, immer weitere Katastrophen aufzuzählen, einfach weil es die Menschen verstört, aber die Fakten sehen so aus: Durch Polarisierung nimmt die Erderwärmung zu, und es besteht hier eine gewisse Lähmung oder Trägheit. Katastrophale Ereignisse werden deutlich machen, dass die Zerstörung der Biosphäre eine reale Möglichkeit ist – und das wird den Menschen einen Anstoß geben, ihre Streitigkeiten beizulegen und etwas Konstruktives zu tun.

Ich erwarte, dass sich jetzt zunehmend Kontaktstellen zur fünften Dimension bilden werden. Wo der zwölfte Kristall installiert wurde, ist jetzt ein heiliger Ort. Immer mehr Menschen werden sich nach Brasilien gezogen fühlen. Immer mehr werden wissen, dass von Brasilien aus fünfdimensionales Licht die Erde umströmt und hier eine Empfangsstation für fünfdimensionales Licht von der Zentralsonne eingerichtet wurde.

Die Lichtstädte der Erde werden weiter aktiviert, um dann ihrerseits weitere Lichtorte zu schaffen. Die Sternensaat auf der Erde, also alle, die mit dem fünfdimensionalen Licht arbeiten, werden näher zusammenrücken und ihr fünfdimensionales Werk immer besser verrichten können. Es werden sich Chancen bieten, zum Wohl aller politisch tätig zu werden, und es wird auf diesem Gebiet auch zu Erfolgen kommen. Das arkturische Werk wird populärer werden und Fahrt aufnehmen.

Gedankenenergie nutzbar machen

Es begeistert mich, dass die zwölf ätherischen Kristalle weltweit bekannter werden und jetzt die Basis der Biorelativität bilden können. Wir wollen jetzt die Projektion der Gedanken mit euch trainieren. Es gibt Übungen für die Biorelativitätsarbeit mit dem Kristallgitternetz. Es verbindet euch in einer Weise mit der fünften Dimension, die es bis zum Download des zwölften Kristalls nicht gab.

Es wird gefragt, wie diese neu zuströmenden Energien für Heiler nutzbar gemacht werden können. Dazu müssen wir davon ausgehen, dass Gedanken Wellen sind, die sich verstärken lassen. Wenn ihr also einen Gedanken wie beispielsweise eine Affirmation habt, und ihr wollt diese Affirmation wirksamer machen, könnt ihr sie in fünfdimensionales Licht tauchen, das wir auch Quantenlicht oder Omega-Licht nennen. Normalerweise ist es in der Dreidimensionalität so, dass eine Affirmation sehr lange gehalten und wiederholt werden muss, um ihre Wirkung zu entfalten, und es kann dann noch einmal lange dauern, manchmal Jahre, bis diese Wirkung zu erkennbaren Ergebnissen führt. Wenn ihr also eure Heilarbeit beschleunigen möchtet, müsst ihr die Energie eures Denkens irgendwie verstärken. Das kann so aussehen, dass ihr bei der Heilung eines anderen den Gedanken fasst: »Ich kann diesen Menschen heilen, ich kann seinen Organen heilende Energie senden.« Mit solch einem Gedanken schließt ihr euch an das fünfdimensionale heilende Licht an, das dann durch eure Hände fließt und die Person heilt.

Stellt euch vor, ihr könntet eure Gedanken in das Gitternetz der zwölf Kristalle des arkturischen Lebensbaums einspeisen. [Wer den Baum des Lebens nicht schon vor Augen hat, findet im Anhang ein Diagramm sowie eine Landkarte mit den Standorten der Kristalle.] Angenommen nun, ihr befändet euch im Einzugsbereich des japanischen Kristalls beim Fudschijama.

Euer Gedanke »Ich werde diesen Menschen heilen« gelangt dann zum Fudschijama und von dort aus im Nu zu allen anderen Kristallen und zuletzt zu euch zurück – aber verstärkt. Was früher vielleicht zehn Stunden gedauert hätte, braucht jetzt vielleicht nur noch ein paar Minuten, weil ihr das fünfdimensionale Licht einbeziehen könnt.

Darüber hinaus könnt ihr uns Arkturer bitten, für den Menschen, den ihr heilen möchtet, zusätzlich heilende Energie in das Gitternetz einzuspeisen – eure Gedankenkräfte mischen sich dann mit unseren. All das ist jetzt möglich aufgrund all der Mühen, mit denen in jahrelanger Arbeit die zwölf ätherischen Kristalle heruntergeladen wurden. Der Channel und seine Frau haben selbst im Laufe dieser Jahre Abertausende Kilometer zurückgelegt, um das Gitternetz zu installieren, über das ihr jetzt mit uns kommunizieren könnt. Wenn ihr eure Gedanken durch das Energiefeld der ätherischen Kristalle sendet, kehren sie beschleunigt zu euch zurück. Dann macht ihr eure Heilarbeit wie gewohnt, aber sie ist wesentlich wirksamer als früher. Die Kraft wird euch geradezu unglaublich erscheinen.

Mit der Biorelativität sieht es ganz ähnlich aus. Auch eure telepathische Kommunikation mit der Erde wird über die zwölf ätherischen Kristalle wesentlich effektiver laufen. Wenn ihr also etwas zur Heilung der Erde tun wollt, wird das über den Kristall in Serra da Bocaína geschehen, der grundsätzlich für die Interaktion zwischen der dritten und der fünften Dimension zuständig ist. Oder wenn es um Verstärkung des Mitgefühls geht, dann wendet euch an den Kristall, der für Mitgefühl zuständig ist, und wenn ihr die Harmonie vermehren möchtet, geht ihr zum Kristall in Montserrat, nachdem ihr euren Gedanken zunächst generell durch das Gitternetz der Zwölf beschleunigt habt. Das mag alles ein wenig kompliziert erscheinen, aber wir fangen ja gerade erst an, euch diese Prozesse darzulegen.

14 DIE BEDEUTUNG DES ZWÖLFTEN KRISTALLS FÜR DEN AUSGLEICH DER POLARITÄTEN AUF DER ERDE

Juliano und die Arkturer, Erzengel Metatron

Mit dem Download des zwölften ätherischen Kristalls wurde ein Gitternetz vollendet, das dem Baum des Lebens entspricht. Der Baum des Lebens ist eine symbolische Grafik oder eine Art Lageplan, den Moses auf dem Berg Sinai bekam. Viele Generationen von Mystikern und Propheten haben sich seiner bedient. Dieser Plan gibt einen Weg des Aufstiegs vor. Der Baum des Lebens erklärt, wie die Schöpfung funktioniert und wie die Entwicklung der Seele abläuft, er zeigt auf, dass jede Seele zu ihrer Entwicklung einem ganz bestimmten Weg folgt.

Evolution ist für die Seele das, was der Atem für den Körper ist. Eure Seele gedeiht nur, wenn sie sich weiten und entwickeln kann. Wir Arkturer haben dem Baum des Lebens eine galaktische Erweiterung gegeben, und diese Erweiterung folgt eigentlich dem, was tatsächlich geschieht und was ihr als Sternensamen erfahrt – und Mutter Erde ist der Ort, an dem dieser galaktische Prozess verwirklicht wird. Als Überlagerung des vorhandenen Meridian-Gitternetzes der Erde stellt der Baum des Lebens eine neue holografische Energieverbindung zur galaktischen Evolution her. Ihr werdet mir zustimmen, dass der Erde in dieser Zeit nichts Besseres passieren konnte.

Mit der Einrichtung dieses holografischen Links kann die Erde jetzt Energie von höheren galaktischen Quellen empfangen und auch dorthin senden. Damit meine ich vor allem die Zentralsonne und das arkturische Sternentor, aber auch andere

hochenergetische Planeten, Sonnen und Galaxien. Das wirklich Erstaunliche liegt darin, dass die Erde jetzt mit höher entwickelten Systemen in unserer Galaxis und in der Andromeda-Galaxie verlinkt ist und kommunizieren kann.

Was unterscheidet nun den arkturischen Lebensbaum vom ursprünglichen Baum? Wir haben unsere Erweiterungen so angelegt und platziert, dass bisher verborgenes Wissen bekannt werden und sich leichter auf der ganzen Welt ausbreiten kann. Außerdem erleichtert das neue Design die Manifestation der fünften Dimension in der dritten. Wenn ihr euch die zwölf Sphären anseht, die den zwölf ätherischen Kristallen an zwölf besonderen Energiepunkten der Erde entsprechen, ist leicht zu sehen, dass sie alle miteinander wechselwirken, und zwar auf holografische Weise. Damit meine ich, dass alles, was hier vorgeht, auf einen interstellaren, intergalaktischen Energieschirm projiziert wird.

Die unterbewusste Programmierung der Erde verändern

Jeder Mensch besitzt ein Unterbewusstsein und jeder Planet ebenfalls. Man kann mit dem Unterbewusstsein kommunizieren. Man kann erreichen, dass das Unterbewusstsein der Erde höhere Energien und Botschaften aus Quellen außerhalb der Erde empfängt. Der arkturische Baum des Lebens kann jetzt als Antenne für solche Übertragungen dienen. Die Erde reagiert auf unterbewussten Input genauso wie ihr. Manche Wege der Kommunikation mit dem Unterbewusstsein kennt ihr bereits. Da geht es um die Formulierung von Affirmationen, um Wiederholung und den allmählichen Aufbau von Gefühlen. Daneben gibt es noch ein interessantes Phänomen, das man mit dem Download von Computerprogrammen vergleichen kann. Euer Unterbewusstsein ist empfänglich für Affirma-

tionen und Emotionen, und es empfängt »Programme«, in denen niedergelegt ist, wie ihr zu sein und wie ihr zu handeln habt. Sie sind kulturbedingt, sie stammen von euren Eltern und anderen Orientierungsgestalten in eurem Leben und manche sogar aus anderen Leben. Wir bezeichnen sie als psychische Prägungen, die genetisch und holografisch von Leben zu Leben übermittelt werden.

Die Erde bietet euch die Freiheit, euer Unterbewusstsein zu ändern, zu entwickeln und umzuprogrammieren. Oft wird gefragt, weshalb jetzt so viele Seelen auf die Erde kommen möchten. Wie wir schon mehrfach betont haben, liegt es unter anderem daran, dass die Erde eine Zone des freien Willens ist. Hier habt ihr die Wahl, sogar in Dingen, die vorherbestimmt scheinen. Vorherbestimmt bedeutet aber nichts weiter, als dass eine Programmierung besteht, eine Programmierung eures Unterbewusstseins. Und jedes Programm lässt sich ändern.

Zugegeben, dazu gehören Konzentration und eine klare Ausrichtung. Noch wichtiger ist Wissen. Die meisten von euch haben bereits gelernt, wie mit dem persönlichen Unterbewusstsein umzugehen ist, und wenn ihr dazu noch weitere Anleitung braucht, bin ich gern bereit, sie zu geben. Eben jetzt möchte ich euch aber mit einer großen neuen Erkenntnis vertraut machen, nämlich, dass auch die Erde ein Unterbewusstsein hat, das ebenso geändert werden kann wie eures. Im Unterbewusstsein der Erde laufen sehr viele Programme, und manche davon sind, wie bei euch, ziemlich primitiv. Tatsächlich seid ihr noch nicht gar so weit weg von eurem Ur-Ich in seiner eher primitiven Umgebung – eigentlich nur ein paar Leben. Sicher könnt ihr nachvollziehen, dass auch die Erde noch teilweise von sehr alten Programmen bestimmt ist.

Hinzu kommt, dass die unterbewusste Programmierung der Erde teilweise von Wesen aus anderen Dimensionen eingeschleust oder manipuliert wurde. Und es waren nicht unbe-

dingt Wesen der höheren Art. Manche der Konflikte, die ihr auf der Erde erlebt, sind eigentlich Auswirkungen galaktischer Konflikte – sie erscheinen irgendwie unpassend und in ihren katastrophalen Auswirkungen ungereimt. Beim Untergang ganzer Kulturen war es manchmal so und beim Holocaust. Ich sage also, dass solche Dinge ihren Ursprung manchmal anderswo haben und per Download ins Unterbewusstsein der Erde gelangt sind.

Mancher wird sich fragen, warum so etwas überhaupt passiert. Bedenkt bitte, dass die Erde eine Zone des freien Willens ist und deshalb im Prinzip alles passieren kann. Es gilt jetzt, auf der Hut zu sein und einen Schutzring um die Erde zu ziehen, damit es nicht mehr zu solchen Einmischungen niederer Energien kommen kann. Gut zu wissen ist aber, dass das Unterbewusstsein der Erde veränderbar ist und neu programmiert werden kann, es ist empfänglich für Botschaften aus höheren Quellen. Um das näher zu beleuchten, möchte ich jetzt noch einmal auf euer persönliches Unterbewusstsein eingehen.

Mit Quantenlicht das Unterbewusstsein ändern

Ich habe mit vielen von euch an eurem persönlichen Unterbewusstsein gearbeitet, um eure Entwicklung voranzutreiben. Ich habe den Prozess der persönlichen Veränderung über das Unterbewusstsein mit euch durchgesprochen und Hilfsmittel wie Affirmationen, Wiederholung, Ausrichtung und Konzentration ins Gespräch gebracht. Jetzt möchte ich noch eure innere Bilderwelt ins Spiel bringen: die Konzentration auf bildhafte Vorstellungen als Zugang zum Unterbewusstsein. Nehmen wir materiellen Wohlstand als ein Beispiel. Man kann sich innerlich auf die Vorstellung von Geld und Wohlstand konzentrieren, aber wir empfehlen dieses Vorgehen nicht. Stellt euch lie-

ber das Ergebnis vor, die tiefe Befriedigung des Gefühls, dass für alle eure Bedürfnisse gesorgt ist und ihr im Einklang mit eurem Leben seid. Das ist besser als die Ausrichtung auf materielle Dinge. So etwas ist zu einseitig.

Glücklicherweise ist das persönliche Unterbewusstsein außerdem empfänglich für Eingebungen aus höheren Quellen. Bei der gewohnten Arbeit mit dem Unterbewusstsein kann es beispielsweise darum gehen, eine Affirmation tausendmal zu wiederholen oder zwei Jahre lang täglich mit einer bestimmten bildhaften Vorstellung zu arbeiten. Könntet ihr euch dabei auf eine höhere Energiequelle ausrichten, die in viel kürzerer Zeit die gleiche Wirkung erzielt, würdet ihr das sicherlich vorziehen.

Ich spreche von dem, was wir Omega-Licht oder Quantenlicht nennen. Omega-Licht kommt von der Seelenebene, also aus der obersten Sphäre im Baum des Lebens, der Krone. Wenn ihr dieses höchste Licht empfangt – und zwar über einen der zwölf ätherischen Kristalle –, um damit eine Affirmation oder eine bildhafte Vorstellung auszuleuchten, wäre das von unmittelbarer und sehr deutlicher Wirkung. Es liegt daran, dass diese höhere Energie, diese höhere Schwingung, direkt mit eurem Unterbewusstsein kommunizieren kann.

Das Unterbewusstsein kann höhere und niedere Schwingungen durchaus unterscheiden. Das ist sogar eine Art Sicherung oder Schutzvorrichtung, die darin besteht, dass sich Gedanken von niederer Schwingung, etwa deprimierte Gedanken, aufgrund ihrer eher trägen Frequenz weniger schnell manifestieren als Gedanken aus höheren Quellen mit ihrer hohen Schwingungszahl. Sie sind zwar wirksam, wenn ihr bei ihnen verweilt, aber die Eingebungen aus höheren Quellen können Wunder wirken, sie können solche Gedanken verwandeln.

Eine positive Affirmation andererseits – zum Beispiel »Ich bin ein elektromagnetischer, liebevoller Sternensamen« – wird

sich durch Einwirkung von Omega-Licht wesentlich schneller manifestieren. Das ist das Wesentliche am Baum des Lebens und der Hintergrund für den Download des zwölften Kristalls. Damit können jetzt fünfdimensionale Energien und fünfdimensionale Gedanken in der dritten Dimension wirksam werden.

Wie sieht das nun für die Erde aus? Im Verlauf der bisherigen Evolution des globalen Bewusstseins ist unseres Wissens noch niemand auf den Gedanken gekommen, dass auch die Erde selbst ein Unterbewusstsein besitzt. Wenn ich von eurem persönlichen Unterbewusstsein spreche, weiß jeder, was gemeint ist, und jeder kann meiner Anleitung folgen. Sicher braucht ihr Anleitung und Hilfe bei der Kontaktaufnahme mit dem Omega-Licht, aber die Umsetzung bewältigt ihr dann ohne Weiteres. Wie kann das aber mit dem Unterbewusstsein der Erde gehen? Die Erde zeigt in ihrem Verhalten das, was in ihr Unterbewusstsein heruntergeladen wurde. Und da sind, wie ihr wisst, ein paar ziemlich durchsetzungsfähige Programme dabei, Programme von Endzeit, von Weltkriegen, von Weltherrschaft. Aber es gibt eben auch andere Programme von Shangri-la, fünfdimensionalen Energien und Städten des Lichts.

Es ist jetzt möglich, Programme von höherer Energie in das Unterbewusstsein der Erde zu leiten. Quantenlicht und höhere Quellen außerhalb der Erde vermögen die Umprogrammierung ihres Unterbewusstseins zu beschleunigen. Höhere Botschaften, die in das Unterbewusstsein der Erde einfließen, kommen außer von Arktur auch von den Plejaden, von der Zentralsonne und vom Mondplaneten Alano.

Sofern diese Botschaften aus höchsten Quellen stammen und unmanipuliert aufgenommen werden, können sie die allzu dramatischen niederen Energien dämpfen, von denen die Erde derzeit beherrscht zu sein scheint. Dazu ist jetzt der arkturische Baum des Lebens als fünfdimensionale Antenne eingerichtet worden. Er nimmt die Signale auf und leitet sie über die Bah-

nen seiner inneren Vernetzung an die Erde weiter. Das sieht so aus, dass eine gesendete Botschaft in der Krone des Baums empfangen wird und dann ihren Weg durch alle zwölf Kristalle nimmt, bevor sie der Erde eingespeist wird und sich manifestieren kann. Da die zwölf Kristalle jetzt installiert sind, verfügt ihr über alles, was nötig ist, um höhere Energien in das Unterbewusstsein der Erde zu leiten.

Eine Visualisation der zwölf Kristalle

Jetzt möchte ich, dass ihr die zwölf ätherischen Kristalle rings um den Globus visualisiert. Wenn ihr nicht alle Orte gegenwärtig habt, macht das nichts. Visualisiert einfach ihre Verbundenheit und haltet euch dazu den Namen »arkturischer Baum des Lebens« gegenwärtig, das wird euch helfen. Visualisiert den Baum und haltet ihn zugleich in eurem persönlichen Energiefeld, eurem kosmischen Ei. So habt ihr selbst unmittelbar teil am Baum des Lebens. Ihr könnt diese Energien nutzen und sollt wissen, dass ihr sie für eure persönliche Entwicklung ebenso einsetzen könnt wie für die Entwicklung der Erde.

Die oberste Sphäre des Lebensbaums ist dem Fudschijama zugeordnet, und ich verbinde mich jetzt mit der Energie dieses obersten Kristalls. Denkt euch übrigens die Kristalle nicht als eine Hierarchie, sie sind nicht mehr oder weniger wichtig, sondern der Fudschijama steht einfach als Nummer eins im Diagramm. Ich verbinde mich jetzt mit diesem Kristall und über ihn mit dem Mondplaneten Alano, einem fünfdimensionalen Planeten im Sonnengürtel der Zentralsonne. Ich schaffe eine Korridorverbindung zwischen den beiden und setze eine Botschaft des Mondplaneten an die Erde in Worte.

Vielleicht meditieren wir einfach zusammen, während wir diese Botschaft vom Mondplaneten Alano empfangen. Der ers-

te Teil der Botschaft besagt, dass die Erde die Dualität auszugleichen und damit den Weg zur höheren Evolution zu bahnen
vermag. Alano sagt zur Erde: »Erde, du kannst die Polaritäten
ausgleichen. Du kannst ein Gleichgewicht für die höhere Evolution erwirken.« Und jetzt schaut ihr auf die Spitze eures
Baums des Lebens, um die Botschaft auch direkt selbst zu empfangen. Sagt euch: »Ich kann diese Dualitäten für die höhere
Evolution ausgleichen. Ich kann diese Dualitäten für die höhere Evolution ausgleichen.« Ist das nicht wunderbar – dass die
Erde eine Botschaft aus einem anderen Planetensystem erhält?
Die Sprache, in der sich ein Planet mit einem anderen verstän-
digt, besteht nicht aus den Worten, die ihr jetzt von mir hört.
Ich bin nur in der Lage, die Energie dieses Austauschs in Worte
zu übertragen.

Alano an die Erde

Ich empfange jetzt eine zweite Botschaft des Mondplaneten
Alano: »Erde, du kannst mehr fünfdimensionale Energie und
fünfdimensionales Licht aufnehmen, weil jetzt so viele Sternensamen auf dir leben.« Die Botschaft tritt oben in den Baum des
Lebens ein und durchläuft dann alle anderen Sphären, um
schließlich die Erde zu erreichen. Diese Botschaft geht jetzt um
die Welt, und ihr könnt euch mit eurem persönlichen Baum des
Lebens vor Augen sagen: »Ich kann fünfdimensionales Licht
empfangen und halten, weil ich ein Sternensamen bin.« Jeder,
der dies hört oder liest, ist ein Sternensamen – ansonsten würde euch diese Botschaft nicht ansprechen und ihr würdet sie
nicht empfangen.

Die nächste Botschaft des Mondplaneten Alano lautet, dass
der beschleunigte Wandel einen Evolutionsschub für die
Menschheit mit sich bringt. Dazu möchte ich eine Anmerkung

machen: Die Erde ist sich der Menschheit sehr bewusst und nimmt Anteil an ihren Belangen. Als Geist, als lebendiger Planet, nimmt sie die Menschheit deutlich wahr und weiß, was die Menschen tun. Sie weiß auch, dass ihre Evolution und die der Menschheit nicht voneinander zu trennen sind. Letzten Endes braucht sie die Menschen als Helfer für ihre eigene Evolution. Und natürlich müssen die Menschen mit der Erde an einem Strang ziehen, um sich selbst entwickeln zu können.

Und noch eine Botschaft kommt vom Mondplaneten Alano: »Die Energie der Biorelativität zwischen der Menschheit und der Erde wird immer stärker.« Die telepathische Kommunikation zwischen Mensch und Erde – zur Bewältigung von Dualitäten und zum Wohl des Ganzen – wird besser und stärker. Die Erde muss das genauso wissen, wie ihr es auch für euch selbst wissen müsst. Nutzt die Energie, die ins Unterbewusstsein heruntergeladen worden ist, und sagt euch: »Ich kann die Energie der Biorelativität zur effektiven Kommunikation mit der Erde nutzen.« Die Erde muss darüber informiert sein, dass sie jetzt in die Biorelativitätsarbeit eingebunden ist. Ich werde gefragt, wie man diese Botschaft an das Unterbewusstsein der Erde übermittelt. Richtet eure Gedanken einfach, wie ich es jetzt tue, auf die Spitze des Baums des Lebens (die jetzt der Fudschijama repräsentiert), und die Botschaft wird dann durch die zuständigen Sphären an das Unterbewusstsein der Erde übermittelt.

Jetzt empfange ich etwas aus einer anderen Quelle. Ich verbinde mich mit dem arkturischen Sternentor. Um es zu wiederholen: Die Installation des ätherischen Kristalls in Serra da Bocaína vervollständigt nicht nur das Gitternetz der zwölf Kristalle, sondern bewirkt auch eine spezifische Abstimmung auf das Sternentor. Ein paar Worte zum Sternentor sind hier angebracht: Das arkturische Sternentor ist ein Portal, durch das ihr den Zyklus der Inkarnationen verlassen könnt. Das ist

nur nach dem Abschluss der irdischen Lektionen oder durch Gnade möglich, etwa durch den Aufstieg und die mit ihm einhergehende Beschleunigung, die euch den Durchgang durch das Sternentor ermöglicht. Folglich ist das Sternentor für euch ein Durchgang zu höheren Ebenen innerhalb der Galaxis.

Wie die Erde, Gaia, ist auch das Sternentor ein Geist-Wesen. Es ist ein spiritueller Ort, eine spirituelle Energie. Das Sternentor sendet jetzt Energie zur Erde. Insbesondere ist das arkturische Sternentor jetzt auf Brasilien und den zwölften ätherischen Kristall abgestimmt, und diese Abstimmung fördert den Aufstieg aller entsprechend qualifizierten Sternensamen. Ihr könnt euch also sagen: »Ich bin jetzt im Einklang mit der Energie des arkturischen Sternentors.« Ihr empfangt höheres Licht, höhere Energie. Wer in dieser Lage ist, dessen Evolution wird sich beschleunigen, und genau das möchtet ihr ja. Deshalb lautet die nächste Affirmation: »Die Energie vom arkturischen Sternentor beschleunigt meine Evolution.«

Das gilt auch für die Erde, ihre Evolution wird ebenfalls beschleunigt. Wie schön, dass wir euch dazu verhelfen können, diese Botschaften für euch selbst und für die Erde über die Antenne des Baums des Lebens zu empfangen.

Zum Abschluss möchte ich, dass Erzengel Metatron zu euch spricht, schließlich ist er der Hüter des arkturischen Sternentors und des Baums des Lebens.

Die Wiederherstellung der Welt

Erzengel Metatron

Ihr, *B'nai Elohim*, Kinder des Elohim-Lichts, seid die Hüter des Lichts unseres Schöpfers in dieser Dimension. Ihr seid die Kinder dieses Lichts und eben dabei, in die ganze Herrlichkeit die-

ses Kindseins hineinzuwachsen. In der Energie verfügt ihr auch über die Kräfte der B'nai Elohim, das heißt die Fähigkeit, Dualitäten zu transzendieren und die dritte Dimension mit der fünften zu vereinigen. Es sind besondere Kräfte, die ihr eben jetzt entwickelt und die dem zwölften Kristall in Serra da Bocaína innewohnen, der Manifestation der fünften Dimension in der dritten.

Die Dimensionen sind holografisch miteinander verbunden, und mit dem zwölften Kristall seid jetzt auch ihr in der Lage, diese Verbindung nachzuvollziehen. Ja, das fünfdimensionale Licht des arkturischen Sternentors wird sich jetzt auf der Erde manifestieren. Und ihr als Sternensaat werdet die dreidimensionale Energie mit der höheren fünfdimensionalen vereinigen. Das ist die Seelenaufgabe, die viele von euch haben, weil diese Verbindung jetzt einfach nötig ist.

Manche verwenden auch den Ausdruck »Mitschöpfer«. Eure Evolution stimmt euch auf das Verlassen der Erde ein, und manche sind berufen, als aufgestiegene Meister auf anderen Planeten zu wirken. Andere werden als aufgestiegene Meister zur Erde zurückkehren. Um in beiden Richtungen unterwegs sein zu können, braucht ihr diese Fähigkeit, Verbindungen von der dritten zur fünften und von der fünften zur dritten Dimension herzustellen.

Das ist die wahre Wiederherstellung der Erde, ihre Erneuerung zum Garten Eden, der eigentlich die Präsenz der fünften Dimension auf der Erde ist. Zugleich ist es die Wiederherstellung eures dreidimensionalen Körpers durch fünfdimensionales Licht: Ihr werdet fünfdimensionale Wesen. Behaltet dieses Licht im Sinn und im Blick, das euren dreidimensionalen Körper in der fünften Dimension »auferstehen« lässt. Es wird euch leicht sein, in diesen Körper aufzusteigen.

15 DIE SPIRITUELLEN BATTERIEN AUFLADEN

Juliano und die Arkturer, Erzengel Metatron

Das Herunterladen von höherer Energie aus anderen Dimensionen ist aus mehreren Gründen ein wichtiges Thema. Viele Sternensamen mühen sich, ihr spirituelles Licht und ihre spirituelle Energie zu bewahren, und auch die Erde hat heute mehr zu kämpfen als früher, auch wenn es in ihrer Geschichte schon manchen großen Umbruch gab. Jetzt muss die Erde sich schnell umstellen, sie muss Energien innerhalb kürzester Zeit transformieren können. Es ist viel energetischer Input aus höheren Dimensionen nötig, wenn die Biosphäre der Erde im Gleichgewicht gehalten werden soll.

Am Beispiel der Batterie lässt sich verdeutlichen, was wir meinen. Eine Batterie speichert bekanntlich elektrischen Strom, der durch bestimmte Kennzahlen, etwa für die elektrische Spannung und Leistung, genauer charakterisiert werden kann. Die Batterie in eurem Auto, eigentlich ein Akkumulator, wird durch die vom Motor angetriebene Lichtmaschine immer wieder aufgeladen. Die gespeicherte Elektrizität kann dann wieder genutzt werden, um beispielsweise den Motor anzulassen.

Wenn die Lichtmaschine defekt ist, wird die Batterie nicht mehr geladen und muss dann ihre Reserven mobilisieren. Das Auto wird dann noch eine Weile fahren, aber nicht mehr lange. Erst wenn ein neuer Stromgenerator eingebaut wird, eine neue Lichtmaschine, funktioniert der Betrieb wieder normal.

Lebenskraft nachladen

Betrachtet euch jetzt selbst als eine Art Batterie. Natürlich speichert ihr keinen Strom, sondern spirituelle Energie. Eure »Ladekapazität« hängt davon ab, wie gut ihr sie ausgebaut habt. Bevor ich darauf eingehe, muss ich aber noch von etwas anderem sprechen. Manchen eurer spirituellen und mystischen Traditionen ist die Vorstellung bekannt, auf die ich jetzt eingehen möchte. Sie besagt, dass jeder Mensch bei seiner Geburt mit einer bestimmten Ladung versehen wird, mit einer bestimmten Menge an Lebenskraft, von der es abhängt, wie lange der Betreffende auf der Erde leben wird und wie viel Energie ihm zur Verfügung steht.

So könnte man sagen, die Kapazität an Lebenskraft reiche bei dem einen für 85 Jahre, bei einem anderen für 70 und bei manchen auch nur für zehn oder zwölf Jahre. Wir wollen jetzt nicht erörtern, weshalb manche mehr Lebenskraft mitbekommen als andere. Sagen wir einfach, dass es zum Teil durch eure Seelenfamilie und durch eure Aufgabe im Leben vorherbestimmt ist. Aus unserer Sicht genügt es jedoch nicht, nur die Grundausstattung mit Energie zu betrachten und sie in Jahre umzurechnen. Eure Lebenszeit kann vielmehr auch davon abhängen, wie ihr mit eurer Energie umgeht und ob ihr in der Lage seid, neue Energie zu empfangen.

Bestimmte Dinge verringern die Kapazität eurer Batterie – Krieg, Drogen und Alkohol sind naheliegende Beispiele. Dergleichen Dinge erzeugen niedere Schwingungen, die dafür sorgen, dass ihr eure Ladung an Lebenskraft schlecht halten könnt. Natürlich trifft auch das Gegenteil zu: Höhere Aktivitäten und Schwingungen verbessern eure Fähigkeit, die Grundladung zu erhalten, sodass der Geist länger im Körper gehalten werden kann.

Viele von euch Sternensamen haben ein Alter erreicht, das

schon über die Reichweite eurer Lebensladung hinausgeht. Die mag bei 74 Jahren gelegen haben, aber durch eure spirituelle und energetische Arbeit habt ihr eure Kapazität erhöht und nachgeladen, sodass ihr die beim Eintritt ins Leben zugemessene Lebenszeit jetzt bereits überschreitet. Es gibt also eine mitgegebene Menge an Lebensenergie, aber ihr könnt sie strecken und auffrischen, insbesondere durch spirituelle Aktivitäten.

Auch ist die Länge des Lebens natürlich kein Maß des Erfolgs. Das erkennt ihr schon an Jesus/Sananda, der ja nicht sehr lange gelebt hat. Er war Träger einer schier unermesslichen Ladung an Lebenskraft. Tausende Leben gewöhnlicher Menschen reichen nicht an sie heran. Was er auf dieser Erde an Energie verbreitete, lässt sich in keiner Weise an den Jahren messen, die er hier verbrachte.

Durch Erhöhung der Ladekapazität für energiearme Zeiten vorsorgen

Ich möchte jetzt von der Ladungsreserve sprechen, deren Notwendigkeit vielen von euch bewusst ist, wenn ihr darum ringt, eine erreichte Höhe der spirituellen Ladung aufrechtzuerhalten. Vielleicht habt ihr bei einem spirituellen Workshop eine hohe spirituelle Schwingung empfangen, aber nach ein, zwei Wochen ist sie irgendwie verflogen und ihr spürt sie nicht mehr. Aus irgendeinem Grund hat eure Teilnahme an diesem Workshop eure Speicherkapazität für spirituelles Licht nicht erhöht – oder ihr habt das nicht zugelassen. Das ist eine ganz wichtige Sache, die ihr euch bewusst halten müsst: eure spirituelle Speicherkapazität auszubauen. Ihr müsst auch dann über spirituelles Licht verfügen können, wenn – aus welchem Grund auch immer – keine Nachladung erfolgt.

Wenn die Lichtmaschine im Auto ausfällt, kann man nur hoffen, dass ihr eine Batterie mit hoher Leistungsreserve habt, die euch wenigstens bis zum nächsten Reparaturbetrieb bringt. Hier wird man untersuchen, ob die Batterie selbst schadhaft ist oder lediglich keine Ladung mehr erfolgt. Dann kann die Lichtmaschine defekt sein, oder vielleicht ist auch nur der Keilriemen verschlissen, sodass keine Kraftübertragung mehr stattfindet.

Ich habe gute Gründe für diesen Vergleich. Ihr wisst selbst, dass die spirituelle Kraft, die euch trägt und in Gang hält, manchmal ausfällt. Sie ist blockiert oder kommt irgendwie nicht durch, ihr verliert eure spirituelle Ausrichtung und Konzentration. Wenn ihr je das Gefühl habt, dass euch der »Saft« ausgeht, dann denkt bitte an das, was ich euch hier sage: Für diesen Fall braucht ihr eine Ladungsreserve, auf die ihr zurückgreifen könnt. Wie sieht es bei euch aus mit dieser Reserve? Wie lange könnt ihr euch in Gang halten, wenn plötzlich der spirituelle Strom ausfällt?

Hier werdet ihr sicher einwenden, dass das spirituelle Licht, die spirituelle Energie, doch nicht plötzlich wegfallen kann. Das stimmt zwar, aber es gibt doch Umstände, die den Zugriff auf die Energie erschweren. Auf der Erde kann dem Strom der Energie manchmal eine zu hohe Dichte im Weg stehen. Es können auch die Menschen in eurer Umgebung sein, die ein so dichtes Feld schaffen, dass ihr euch dem kaum entziehen könnt. So etwas kommt in der Familie vor oder auch im Arbeitsumfeld. Oder denkt an Naturereignisse wie Erdbeben, Tsunamis, Orkane oder Schneestürme, die spirituelle Kurzschlüsse auslösen. Und schließlich kann auch eine Krankheit des Körpers so viel Energie binden, dass ihr ganz von der spirituellen Arbeit und vom spirituellen Licht abgelenkt werdet.

Viele von euch haben schon von dem Begriff »Nullzone« gehört. Er war vor Jahren ziemlich im Schwange. Man nahm

an, die Erde werde auf ihrer Bahn in eine Zone eintreten, eben die Nullzone, in der alle Energie blockiert sein werde, sodass alle elektromagnetischen Phänomene zum Erliegen kämen. Alle Computer würden ausfallen und so weiter. Dazu kam es aber nie, und so sagten sich die Leute, diese Nullzonentheorie müsse wohl falsch sein.

Tatsächlich ist die Nullzone aber eine durchaus treffende Beschreibung gewisser Erscheinungen, zu denen es im Bereich der spirituellen und elektromagnetischen Energie kommen kann. Eine Nullzone ist eine Art Bermudadreieck, in dem alles elektromagnetisch Betriebene plötzlich nicht mehr funktioniert. Es gibt auch Nullzonen in der Umlaufbahn der Erde um die Sonne, und was noch wichtiger ist, in der Umlaufbahn des Sonnensystems um das Zentrum der Galaxis. Da diese letztere Umlaufbahn so ungeheuer lang ist, existieren aus historischer Zeit keine Berichte von Durchgängen durch solche Nullzonen.

Vorübergehend vom spirituellen Licht abgeschnitten zu sein, also keine neue energetische Ladung zu bekommen, ist in eurem Fall sicher eher ein Zeichen der Schwäche, und die neuen Erkenntnisse, die uns jetzt zufließen, nähren die Hoffnung, dass ihr über ausreichend eigene Reserven verfügen werdet, solltet ihr einmal von der spirituellen Energie abgeschnitten sein. Ich hoffe auch, dass wir eure Speicherkapazität noch ausbauen können, sodass eure Reserven notfalls weit genug reichen. Das wird für die anstehenden Veränderungen auf der Erde sehr wichtig sein.

Licht aus der fünften Dimension

Ich will hier noch kurz auf Sonderfälle zu sprechen kommen. Bei manchen von euch sind die spirituellen Batterien in einem früheren Leben durch traumatische Ereignisse entleert worden.

Das kann Völkermord oder der Untergang einer Kultur gewesen sein – denkt beispielsweise an die Indianer und ihre Unterdrückung durch Krieg und Terror –, vielleicht auch irgendein nukleares Trauma. An diesem nuklearen Energiefeld ist etwas, das die spirituelle Kapazität der Menschen beziehungsweise ihrer Batterien stark verringert, sodass sie in einem weiteren Leben vielleicht zunächst an einem Defizit leiden.

Es kommt sogar vor, dass negative Energien in einem späteren Leben wieder ins Spiel kommen. Das merkt ihr dann zum Beispiel daran, dass ihr das spirituelle Licht nicht halten oder auch nur finden und anreichern könnt. Jetzt lebt ihr aber in einer Zeit der Gnade, die euch die Chance bietet, eure spirituelle Kapazität auszubauen, spirituelle Lichtenergie zu speichern und das Herunterladen dieses Lichts zu erlernen.

Das bringt uns zu unserem eigentlichen Thema, dem Herunterladen von spirituellem Licht aus der fünften Dimension. Der Erde geht es nämlich nicht wesentlich anders als euch. Auch sie hat eine spirituelle Kapazität, also ein bestimmtes Vermögen, spirituelle Energien und spirituelles Licht zu speichern. Euer Energiefeld kann wachsen, wenn höhere Energie eingespeist wird, und euer Körper kann dann auch länger auf der Erde bleiben. Denkt euch die Zeit auf der Erde als in Erfahrung von Licht gemessen.

Die Veränderungen, die jetzt zu bewältigen sind, stellen für den Körper eine Strapaze dar, weil seine ursprüngliche Programmierung nicht auf einen solchen Weg angelegt war. Deshalb braucht ihr mehr spirituelles Licht und spirituelle Energie, damit die Veränderungen Bestand haben und ihr die Energie auch halten könnt. Die »Lichtmaschine« der Erde produziert nicht ausreichend und kann auch den spirituellen »Strom«, den ihr jetzt braucht, nicht liefern. Die alten Methoden der spirituellen Aufladung, die reinen Erd-Methoden, können mit eurem Bedarf nicht Schritt halten. Ihr müsst euch nach einer

anderen Quelle umsehen, und diese Quelle ist das fünfdimensionale Energiefeld, aus dem wir stammen.

Auch die Erde benötigt diese höhere Ladungsquelle, weil sie sich als planetarisches Geist-Wesen schwertut, die für die Erhaltung ihrer Biosphäre notwendige spirituelle Ladung zu speichern. Ihre eigenen Mittel können das Gleichgewicht derzeit nur mit Mühe halten. Sicher, die Erde bleibt bestehen, auch wenn ihre Biosphäre aus den Fugen gerät. Die Erde ist ein Lebewesen, dessen Lebenserwartung man nach Milliarden Jahren messen muss. Wir sprechen also nicht davon, dass die Erde ihren Körper verlieren könnte; wir sprechen vom Verlust ihrer spirituellen Energie.

Leben ist nicht möglich ohne Geist, und Geist kann nicht ohne spirituelle Energie sein. Verliert die Erde ihre spirituelle Ladung, muss die Biosphäre zusammenbrechen. Was also tun, um die spirituelle Ladung und Energie der Erde zu erhalten und zugleich für euch Lichtwerker mehr spirituelles Licht bereitzustellen? Wie können wir die spirituelle Speicherkapazität der Erde erhöhen, damit sie über mehr Reserven verfügt? Und wie können wir eure spirituelle Kapazität in dieser Inkarnation erhöhen?

Heilige Energiefelder

Fangen wir mit der Erde an. Ihre heiligen Kraftorte geben ihr die Möglichkeit, Energie zu speichern, insbesondere spirituelle Energie und Lebensenergie. Es gibt viele Kraftorte auf der Erde, und die Erde vermag ihre spirituellen Energien über die Ley-Linien zu verteilen, die wir, wie bereits angemerkt, mit den Meridianen der chinesischen Medizin vergleichen können. Die Aktivierung der zwölf ätherischen Kristalle stellt nun eine entscheidende Erweiterung dieser Energieversorgung dar. Mit ih-

rer Hilfe kann die Erde jetzt nämlich auch mit fünfdimensionaler Energie versorgt werden.

Fünfdimensionale Energie ist ein hochverfeinerter Strom, der sich gegen missbräuchlichen, energiezehrenden Umgang mit der Erde durchzusetzen vermag. Auch die Speicherfähigkeit dieser ätherischen Energie ist größer. Mit der Einrichtung der zwölf ätherischen Kristalle sind die spirituellen Energiereserven der Erde enorm erweitert worden, und das betrifft sowohl die Speicherkapazität als auch die Verteilung der Energie.

Leider sind viele der alten Kraftorte der Erde durch mangelnden Schutz zu Schaden gekommen, und die heiligen Energien der alten Völker konnten nicht bewahrt werden. Die alten Völker waren Hüter der heiligen Stätten. Viele dieser Menschen, die in den Bergen und Wäldern und an den Seen lebten und die spirituelle Energie für die Erde bewahrten, sind verschwunden und mit ihnen ihr Geist. Sie hätten ein schützendes Umfeld gebraucht, um die heilige Energie bewahren zu können, und mit ihrem Verschwinden ist es natürlich auch für die Kraftorte selbst schwierig, die Reserven an spiritueller Energie aufrechtzuerhalten.

Die neue Energie aus der fünften Dimension vermag sich jedoch gegen all das durchzusetzen und kann auch die spirituelle Speicherkapazität der alten Kraftorte wiederherstellen. Das ist eine der Funktionen der zwölf ätherischen Kristalle, an deren Installation wir mit eurer Hilfe so lange gearbeitet haben. Es ist sehr wichtig, dem Kontakt zu den Kristallen auszubauen, und zu diesem Zweck haben wir euch Meditationszeiten genannt.

Eine Meditation besteht darin, dass ihr die Kristalle und ihre jeweilige Umgebung als heilige Kraftorte visualisiert. Ihre Funktion ist die Speicherung fünfdimensionaler spiritueller Energie, und ihre Speicherkapazität ist weitaus höher als bei

den traditionellen Kraftorten der Erde. Und das ist jetzt auch dringend notwendig.

Konzentrierte Gruppenmeditation kann diese Speicherkapazität noch erweitern. Sehr wirkungsvoll ist zum Beispiel die Meditation über die zwölf auf der Erde verteilten Kristalle jeweils zur vollen Stunde. Da die Kristalle miteinander vernetzt sind, teilt sich die Ladung irgendeines Kristalls sofort allen anderen mit, sodass sie sich auch untereinander aufladen. Und der Effekt ist hier weitaus größer als bei normalen Batterien, die zusammengeschaltet werden, um zu einer höheren Gesamtleitung zu gelangen. Im Fall der zwölf ätherischen Kristalle steigert sich die Gesamtleistung der vernetzten Kristalle nicht auf das Zwölffache, sondern exponentiell.

Die Städte des Lichts auf der Erde

Es ist also mit einer sehr hohen Energieausbeute zu rechnen, wenn ihr mit den ätherischen Kristallen arbeitet. Darüber hinaus jedoch erzeugt ihr mit euren Meditationen über die ätherischen Kristalle neue Arten von Energiemustern, die eure Empfänglichkeit für das fünfdimensionale Licht steigern.

Wie ist nun im Hinblick auf die Städte des Lichts auf der Erde mit dieser Energie umzugehen? Auch die Lichtstädte sind Batterien, wenn ihr so wollt; sie haben Verbindung zu den ätherischen Kristallen und sind von ähnlicher Funktion. Eine neue Lichtstadt ist die kleine Ortschaft Aufkirchen am Starnberger See. Hier ist bereits eine sehr wesentliche spirituelle Kapazität entstanden; höheres spirituelles Licht wird in diesen schönen Ort kommen. Ihr werdet euch fragen, inwiefern die Städte des Lichts den ätherischen Kristallen ähnlich sind. Nun, sie sind Batterien, Speicherstätten für spirituelle Energie. Sie vermögen höhere spirituelle Energien herunterzuladen und auf

längere Sicht zu speichern – und jetzt fangen sie an, diese Energie nach außen abzugeben. Die Kristalle wiederum nehmen diese höhere spirituelle Ladung auf und übermitteln sie anderswohin.

Was ist an dieser Funktion der Lichtstädte so wichtig? Manche Städte liegen in Gegenden von ohnehin schon hoher spiritueller Energie, aber auch in solchen Gebieten kann es zu Energieverlusten kommen, schließlich liegen sie ja trotz allem noch in der dritten Dimension und sind nicht gegen das Eindringen negativer Energien gefeit. Kurz, auch die Städte des Lichts haben Probleme, wie es sie überall gibt – Arbeitslosigkeit, Umweltverschmutzung und was auch immer an dichteren Erd-Energien vorhanden sein mag. Wenn es also eine Stadt des Lichts trotz allem schafft, höhere spirituelle Energie anzureichern und zu speichern, ist das schon eine wirklich beachtliche Leistung. Ihr könnt das noch unterstützen, indem ihr einen Schutz rings um den Ort visualisiert, der die spirituellen Energien im Inneren bewahrt. Visualisiert in eurer Meditation ein Licht, das die Energie speichert und immer mehr Licht anzieht.

Wir haben zu diesem Zweck außerdem die Vorstellung eines energetischen Korbs entwickelt. Zum ersten Mal war davon in Buenos Aires die Rede, und dort haben wir um die Lichtstadt herum einen bergenden Korb von spirituellem Licht installiert, der auch zum Empfang fünfdimensionaler Energie dient. Das Energiefeld der Stadt nimmt das Licht auf, und von dort aus kann es über die ganze Erde verteilt werden. Beim Schimmern des Korbes geht es darum, dass die Kapazität der Lichtstädte erhöht wird, damit sie fünfdimensionale Energie aufnehmen können.

Entsprechendes gilt auch für euch als individuelle Lichtwerker. Hier müssen wir die Betrachtung nur ein wenig verfeinern, und das liegt daran, dass ihr vier Körper habt, den mentalen, den spirituellen, den emotionalen und den physischen Körper.

Jeder dieser Körper hat eine Ladung und vermag Energien einer bestimmten Art zu halten. Wenn ihr eure spirituelle Kapazität erhöhen möchtet, müsst ihr euch jedem Einzelnen eurer vier Körper zuwenden. Der emotionale Körper beispielsweise muss sich mehr der Welt zuwenden. Mitgefühl, Vergebung, Liebe und Bejahung sind Gefühlsregungen, die in eurem emotionalen Körper mehr Kapazität für die Speicherung von emotionalem spirituellem Licht schaffen.

Ähnlich vermag der mentale Körper mehr spirituelles Licht zu fassen, wenn ihr euch mit höheren Vorstellungen vom Kosmos beschäftigt. Denken in kosmischen Dimensionen, das bedeutet: universale Liebe, universales Licht, Ewigkeit, Zeitdehnung, Einheitsbewusstsein, vieldimensionale Energie und die Idee, dass es andere Dimensionen gibt. Die Beschäftigung mit solchen Gedanken schafft mehr spirituelles Licht in eurem mentalen Körper und vergrößert seine Kapazität. Auch der spirituelle Körper erfährt durch die Übungen des Schimmerns und durch die Verbindung zur fünften Dimension eine Weitung.

Klar ist, dass die Erde eine neue spirituelle »Stromquelle« braucht, es herrscht zurzeit einfach ein Mangel an spirituellem Strom. Es muss aber eine höhere Art von Strom sein, die nur aus anderen Quellen kommen kann. Ich will euch nicht verschweigen, dass kein Planet, der keinen Zugang zu fünfdimensionalen Quellen hatte, je eine Krise des Ausmaßes überlebt hat, wie es jetzt auf der Erde der Fall ist. Die Verbindung muss also hergestellt werden, und dazu sind die Führer und Lehrer da, die aus der fünften Dimension kommen.

Auch der äußere Körper kann so programmiert werden, dass er spirituelles Licht und spirituelle Energie empfängt. Ihr nennt es das weiße Heillicht. Visualisationen sind dabei wichtig, insbesondere die Visualisation eures Körpers als Energiefeld und nicht einfach als stofflicher Körper. Krankheit besteht, wie ihr wisst, in Stauungen und Blockierungen der Energie.

Richtet euch also auf die in eurem Körper fließende Energie aus. Das ist für den Körper ein ganz wesentlicher Fortschritt.

Jetzt möchte ich, dass Erzengel Metatron spricht, er hat nämlich eine kurze, aber wunderbare Botschaft für euch.

Seelenschwängerung

Erzengel Metatron

Die höchste Quelle spiritueller Energie ist Gottes Liebe zu euch. Und eure Liebe zu Gott, eure Liebe zur Schöpfung, hebt euch in das gleiche Schwingungsfeld, die gleiche Energie, wie sie vom Schöpfer zur Schöpfung hin ausgeht. Eure Liebe zu Gott, Zentralthema der Kabbala, hebt euch auf die gleiche Schwingungsebene. Viele fragen: »Wozu braucht Gott unsere Liebe?« Aber die Frage muss eigentlich lauten: »Weshalb braucht die Menschheit die Liebe zu Gott?« Natürlich deshalb, weil sie dadurch in das Schwingungsfeld Gottes kommt.

Juliano hat euch das Herunterladen von fünfdimensionaler Energie beschrieben und mich gebeten, etwas über *Ibbur* zu erzählen. Ibbur ist die kabbalistische Vorstellung der Seelenschwängerung durch einen guten Geist. Beim Ibbur öffnet der spirituelle Sucher oder Lichtwerker sein Energiefeld für die »Schwängerung« seiner Seele durch ein höheres Engelswesen oder einen aufgestiegenen Meister.

Die Seelenschwängerung bedeutet für eure vier Körper eine ungemein starke Aufladung. Eure eigenen Fähigkeiten werden dadurch aber nicht gemindert, sondern verbessert. Für die anstehende höhere spirituelle Arbeit braucht ihr unbedingt mehr spirituelle Ladung. Die äußeren Lebensumstände sind, wie ihr wisst, nicht immer günstig, was den spirituellen Ladezustand angeht. Da ist es ein großes Geschenk, dass die aufgestiegenen

Meister und andere höhere Geister wie der Erzengel Michael euch die Erfahrung des Ibbur ermöglichen. Auch ich bin dazu bereit. Damit übernehme ich aber nicht euer Karma, ich fördere nur das, was ohnehin schon in euch ist.

Und ich muss euch sagen, dass ihr die Anlage zu Großem in euch habt. Ihr könnt an der Heilung der Erde mitwirken, ihr könnt ihre Energiefelder mit den zwölf ätherischen Kristallen verbinden, ihr könnt als Sternensamen spirituelle Verknüpfungen zwischen euch schaffen, ihr könnt Kontakt zu höheren Dimensionen schaffen und euer Licht vermehren. Ein kleiner Anschub kann da sicher nicht schaden. Wir in den höheren Dimensionen, in der Welt der aufgestiegenen Meister, sind zum Ibbur bereit, wenn ihr es seid. Es kann zum Beispiel in der Nacht geschehen, wenn ihr träumt. Wir können bei Krisen helfen. Wir können euch bei Vorhaben unterstützen, zu denen eure Energie nicht ausreicht.

Ihr könnt euch an Chief White Eagle, Juliano, Erzengel Michael oder mich wenden – es gibt viele höhere Führer, und sie haben alle ihre Schülerschaft. Sie sind nötig, die Zusammenarbeit ist jetzt erforderlich. Haltet einen Raum frei in eurem Energiefeld, und ihr werdet die Freude fühlen, die von den höheren Lehrern und Führern kommt.

Ich wünsche euch, dass ihr euch in Licht und Liebe mit eurem Lehrer verbinden könnt, damit sich euer Bewusstsein weitet und ihr euren Auftrag dieses Lebens noch weit besser ausführen könnt, als ihr euch je hättet träumen lassen.

16 EINE NEUE ART ZU HEILEN

*Juliano und die Arkturer, Sanat Kumara,
Erzengel Metatron*

Ihr seid arkturische Sternensaat und als Planeten-Heiler auf die
Erde gekommen. Planeten-Heilung ist eine neue Form des Heilens, und euch ist es bestimmt, sie zu praktizieren. Bestimmt ist
euch außerdem, andere darin zu unterweisen. Aber was ist
Heilen eigentlich? Vom Wortsinn her bedeutet es heil machen,
ganz machen; gemeint ist aber außerdem das Herstellen von
Harmonie, von Einheit. Der oder das Geheilte, sei es ein
Mensch oder ein Planet, kann sich dann seiner Bestimmung
gemäß entwickeln und seine Anlagen verwirklichen. Beim Heilen verbindet man sich folglich mit den höchsten Anlagen und
Energien in dem zu Heilenden. Im engeren Sinne sprechen wir
jetzt von der Erde, und wenn wir sie betrachten, müssen wir
uns vor Augen führen, was eigentlich ihre höchsten Anlagen
ausmacht.

Diese höchsten Anlagen beinhalten unter anderem, dass
die Erde Verbindungen zu höheren Dimensionen unterhält.
Der Weg ihrer Evolution führt in die Fünfdimensionalität.
Genauer: Ihre Evolution entfaltet die in ihr selbst angelegte
Fünfdimensionalität. Wenn wir sagen, dass die Erde insgesamt evolviert, bringt das für manche Menschen Schwierigkeiten mit sich, denn es setzt ja voraus, dass die Erde ein Lebewesen ist, lebendiger Geist – und das können manche nicht
akzeptieren.

Ganz fremd ist diese Vorstellung allerdings niemandem,

denken wir nur an den extrem erfolgreichen Film *Avatar*, in dem der Planet Pandora ganz selbstverständlich als mit Geist begabt dargestellt wurde. Dennoch, für viele Menschen ist es nicht ganz einfach, einen Planeten als Lebewesen wahrzunehmen. Was im menschlichen Bewusstsein ein Lebewesen ausmacht, ist an einem Planeten nicht leicht zu erkennen. Auch aus naturwissenschaftlicher Sicht erfüllt die Erde nicht alle Kriterien, die für Lebewesen gelten.

Bedenkt aber auch, wie das aus unserer arkturischen Perspektive aussieht. Danach gilt nämlich, dass alles ein Teil des Schöpfers ist. Der Schöpfer ist allgegenwärtig, und das bedeutet, dass sein Bewusstsein in jedem kleinen oder großen Teil seiner Schöpfung waltet, und das betrifft natürlich auch alles im Universum, jede Galaxie, jedes Sonnensystem, jeden Planeten. Bedenkt zweitens auch, dass alles mit allem verbunden ist. Wir werden zuerst über eure Verbindungen als dreidimensionale Wesen sprechen und dann über eure Verbindungen als fünfdimensionale Wesen. Eure Dreidimensionalität ist mit eurer Fünfdimensionalität verflochten.

Die Aura der Erde

Die ätherischen Stränge oder »Lichtstränge«, wie wir auch sagen, sind überall in eurem ätherischen Lichtfeld um euren dreidimensionalen Körper. Ihr könnt diese Energiefelder und die Lichtstränge oder Lichtfäden normalerweise nicht sehen, sie sind zu fein, sie liegen sozusagen im »Nano-Bereich«. Es gibt auf der Erde keine technischen Apparaturen, mit denen sie sichtbar gemacht werden könnten. Wären eure Pforten der Wahrnehmung jedoch ganz geöffnet, würdet ihr die Menschen als leuchtende Eier sehen, die über unendlich viele Lichtstränge mit allem im Universum verbunden sind. Es wäre überwälti-

gend, ihr würdet nichts damit anfangen können, es sei denn, ihr hättet bereits eine ausreichende mentale Vorstellung davon.

Wichtig ist vor allem, zu wissen, dass ihr mit der gesamten Galaxis verbunden seid. Ihr seid mit der Zentralsonne verbunden. Ihr seid mit der Fünfdimensionalität und dem Geist des Schöpfers verbunden. Und das meine ich wörtlich. Es bedeutet, dass diese Lichtstränge um euer Energiefeld tatsächlich Verbindungen zu den Feldern anderer Planetensystem, anderer Galaxien und anderer Dimensionen darstellen.

Wenn wir die Erde genauso betrachten, erkennen wir auch an ihr dieses leuchtende Energiefeld. Es ist nicht ganz das gleiche Feld wie bei Menschen, aber es gibt interessante Übereinstimmungen. Zum Beispiel gibt es Lichtstränge, die von der inneren Erde zur äußeren Erde und weiter zur Zentralsonne verlaufen. Die Erde besitzt eine Aura und Verbindungen zur fünften Dimension. In dieses ätherische Feld der Erde, ihre Aura, ist ein Programm zur Selbstregulierung eingearbeitet, ein Rückkopplungsprogramm. Es ist Bestandteil eines übergeordneten Regulierungsprogramms, ähnlich eurem eigenen. Dieses Programm ist nicht im Gehirn zu lokalisieren, weil es zu einem höheren Energiefeld gehört – wie übrigens auch euer Geist. Euer Geist ist nicht im Gehirn, er gehört nicht zur dritten Dimension, aber er ist über die Dreidimensionalität mit euch verknüpft.

Nun ist es mit dem derzeitig aktiven Programm der Erde so, dass es »abstürzen« kann. Die Harmonie und das Gleichgewicht können so empfindlich gestört werden, dass unter Umständen chaotische Zustände entstehen. Dazu gibt es, wie ihr wisst, zahlreiche Voraussagen über dramatische Umbrüche auf der Erde, bei denen es sich aus unserer Sicht um schwere Beeinträchtigungen der Programme der Erde handelt. Solche Störungen könnten die Verbindung zwischen der Erde und ihren Menschen abreißen lassen, und das würde die Existenz der Menschheit gefährden.

Zum Glück gibt es aber eine höhere Ordnung und durch sie höhere Möglichkeiten, auf drohende massive Umbrüche mäßigend einzuwirken. Es gibt höhere regulierende Kräfte, die durch Erd-Heiler wie euch ins Spiel gebracht werden können. In dieser Funktion habt ihr bereits eine Menge bewirkt, um den Zusammenbruch aufzuhalten. Es ist noch nicht zum Untergang der Zivilisation oder zum Zusammenbruch der Umwelt gekommen.

Eine höhere Form des Heilens

Ursprünglich beruhen die Ausgleichsprogramme der Erde einfach auf dem Prinzip von Ursache und Wirkung. Wenn beispielsweise zu viele Treibhausgase in die Atmosphäre gelangen, führt das auf lange Sicht zu einer generellen Erwärmung des Klimas. Geht die Verschmutzung der Meere und Gewässer zu weit, sterben ihre Lebewesen. Blockiert man die Verbindungskanäle und Ley-Linien der Erde, kommt es zu Entladungen in Vulkanausbrüchen und Erdbeben. Aber es gibt eben auch noch eine höhere Ebene, von der aus sich die Dinge anders darstellen. Ihr könnt höhere Energien einschalten, die der Erde mehr Selbstregulierungskraft geben, sodass Treibhausgase und andere Störfaktoren keine verheerenden Folgen haben müssen.

Diese höhere Heilweise für die Erde ist die gleiche, die jetzt bei vielen persönlichen Heilungen angewandt wird. Euer Körper ist beispielsweise nicht für das Ausmaß an Strahlung gerüstet, dem viele von euch ausgesetzt sind oder waren. Euer Immunsystem war in diesem Leben schon unglaublichen Strahlungsmengen ausgesetzt – denkt an Tschernobyl und die vielen Kernwaffentests –, die unter normalen Umständen ein Massensterben zur Folge haben würden. Hinzu kommen die vielen Schadstoffe in eurer Nahrung – eigentlich, sollte man

denken, müsste ein Großteil der Bevölkerung bereits gestorben sein.

Woran liegt es, dass es dazu nicht gekommen ist? Das menschliche Immunsystem ist von phänomenalem Anpassungsvermögen, und das wiederum liegt daran, dass ihr an ein höheres Regulierungssystem angeschlossen seid, das von der fünften Dimension ausgeht. Nur deshalb habt ihr bisher allen schädigenden Einflüssen weitgehend widerstanden.

Natürlich bleibt es trotzdem sinnvoll, den Körper nach bestem Vermögen von Giftstoffen zu befreien. Man bricht seine Selbstheilungsbemühungen deshalb nicht ab, sie müssen vielmehr etwas sein, das euch stetig begleitet. Ihr werdet in der Zeit, die ihr noch auf der Erde seid, eine neue Heilenergie kennenlernen. Ihr werdet weiterhin an der Reinigung und Entgiftung des Körpers arbeiten, aber zugleich, und das ist wichtiger, werdet ihr euch mit eurem höheren Ich und mit höherer Energie verbinden.

Diese Energie stammt aus einer kosmischen Quelle und wird durch euer Kronenchakra heruntergeladen. Dieser Energie aus der universalen Lichtquelle, die im Baum des Lebens als die Quelle des undifferenzierten kosmischen Lichts dargestellt ist, müsst ihr euch von jetzt an zunehmend bedienen. Undifferenziertes Licht kann sich zu dem differenzieren, was jeweils benötigt wird. Ihr könnt dieses Licht für bestimmte Formen des energetischen Heilens herbeizitieren, sagen wir für ein krankes Organ. Wenn sich für diese Krankheit keine normale dreidimensionale Behandlungsform anbietet oder keine bekannt ist, könnt ihr dieses undifferenzierte kosmische Licht bitten, in euch einzutreten, und es wird euch von innen her ausleuchten und klären. Dadurch wird in euch die Energie mobilisiert, mit der ihr geradezu fantastische Heilungen bewirken könnt.

Meditation zur persönlichen Heilung und zur Heilung der Erde

Die energetische Heilung der Erde beginnt auf der kosmischen Ebene. Bevor ich darauf näher eingehe, möchte ich eine kurze geführte Meditation zur Selbstheilung mit euch machen. Dazu ist es gut, wenn ihr mit dem arkturischen Baum des Lebens vertraut seid und schon mit den Sphären gearbeitet habt.

Visualisiert das Licht und die Energie in der obersten Sphäre des Baums, die wie schon erwähnt dem Fudschijama zugeordnet ist. Diese Sphäre visualisiert ihr über eurem Kronenchakra. Ich rufe jetzt das kosmische Licht, das undifferenzierte Licht, in eurer Kronenchakra. Bittet euer Kronenchakra, sich dem großen kosmischen Licht zu öffnen. Jetzt strömt es in euer Energiesystem ein. Es gelangt in jede Zelle, in alle Bereiche eures ätherischen Ichs, euer kosmisches Ei ist davon erfüllt. Das Licht lädt alles auf, was Ladung benötigt.

Wir bezeichnen euren energetischen Umriss als kosmisches Ei, weil ihr selbst kosmischen Ursprungs seid. Spürte diese Verbindung. Ich sende euch dieses kosmische Licht, ein schützendes Energiefeld. Es schirmt euch gegen niedere Schwingungen ab, die sich aus irgendeinem Grund an euch geheftet haben könnten. Fühlt den Atem eures Energiefelds. Spürt, wie körperliche Schäden heilen und der ganze Körper gestärkt wird. Euer Immunsystem empfängt dieses wunderbare Licht, und ihr spürt jetzt innerlich ein »Programm-Update«, das sagt: »Ich kann mich auf die Veränderungen einstellen, zu denen es jetzt auf der Erde kommt.« Mit schädlichen Mikroorganismen jeder Art wird der Körper jetzt ohne Weiteres fertig, weil ihr von der hohen Schwingung des kosmischen Lichts erfüllt seid.

In ganz der gleichen Weise können wir uns auch der Heilung der Erde zuwenden. Die Erde ist bereit und in der Lage, kosmische Energie zu empfangen – was sie übrigens ohnehin schon tut. Selbst Skeptiker, die nicht an die Selbstregulierungs-

kraft der Erde glauben, werden bestätigen, dass kosmische Energie zur Erde gelangt. Es ist bekannt, dass vom Urknall stammendes Licht, über 13 Milliarden Jahre alt, jetzt noch auf die Erde trifft. Die Energie dieses unvergleichlichen kosmischen Ereignisses umspielt jetzt noch die Erde. Zugleich trifft von der Zentralsonne kommende undifferenzierte Energie auf die Erde. Damit rücken neue Regulationsmechanismen für die Erde in greifbare Nähe. Die Menschen und insbesondere die Heiler der Erde spielen jetzt eine entscheidende Rolle beim Download der neuen Codes für die Erde.

Mit der neuen Energie kann sich die Erde selbst regulieren, und sie entwickelt sich. Sie wird trotz aller gegenwärtigen Dissonanzen und Blockierungen ihre Homöostase wahren und so den Lebensraum der Menschen erhalten. Aber auch wir müssen uns weiterhin um die Lösung solcher Blockierungen kümmern und die Reinigung dieses Planeten vorantreiben. Die anstehenden Veränderungen auf der Erde müssen keine katastrophalen Formen annehmen – auch wenn für das normale kausale Denken eigentlich alles darauf hindeutet. Die Erde vermag das Energiefeld der Kausalität zu transzendieren.

Erd-Heiler können dazu eine Menge beisteuern. Verbindet euch innerlich und in eurer Visualisation mit der Energie des Fudschijama an der Spitze des Baums des Lebens. Der Fudschijama empfängt dieses Licht-Upgrade für die Erde direkt von der Zentralsonne, und der Augenblick in dieser heiligen Zeit könnte nicht besser gewählt sein. Fühlt das Licht von der Zentralsonne und verfolgt seinen Weg in die Erde.

Haltet diese Verbindung zur Zentralsonne, zum Fudschijama und zum direkt mit dem Fudschijama verbundenen Mount Shasta, während jetzt Sanat Kumara zu euch spricht. Danach werde ich mich wieder melden.

Stabilisierung des kosmischen Lichts

Sanat Kumara

Man nennt mich den Logos der Erde. Ich beaufsichtige die Arbeit der aufgestiegenen Meister mit den Aufstiegs-Codes der Erde. Es trifft absolut zu, dass die Erde in der spirituellen Welt präsent ist und Beziehungen zu höheren Dimensionen unterhält. Diese Verbindung zu anderen Dimensionen wird, wie Juliano dargestellt hat, durch Lichtstränge hergestellt. Die Höheren Wesen in eurer Galaxis und in anderen Galaxien wissen das von einem höheren Planeten wie der Erde abgestrahlte Licht aufzufangen.

Vielleicht habt ihr euch schon gefragt: »Wie können Außerirdische die Erde überhaupt finden in dieser ungeheuren Weite des Universums?« Nun, höhere Wesen finden die Erde, weil sie diese kosmische Energie empfangen können. Auch ihr könnt euch jetzt nach der gleichen Methode, über das, was Juliano »Lichtstränge« genannt hat, mit anderen Planetensystemen verbinden.

Juliano hat mit euch besprochen, was es heißt, Heiler der Erde zu sein. In der ersten Phase bringt eine Erd-Heilung zunächst eine Stabilisierung mit sich, bei der sich das undifferenzierte kosmische Licht über das, was nach den Gesetzen der Kausalität zu erwarten wäre, hinwegsetzt. Ihr könnt die Energie durch alle Erd-Meridiane schicken, beispielsweise durch den pazifischen Feuerring. Ihr könnt auch die Meeresströme, die Ley-Linie und die Atmosphäre dazu nutzen. Ihr könnt die höhere Energie sogar direkt den Menschen auf der Erde zukommen lassen, die dann hoffentlich merken, wie sehr Kriege zur Zerstörung der Erde beitragen. Es gibt auf der Erde nichts Destruktiveres als Kriege. Die Menschen späterer Jahrhunderte, das wisst ihr, werden entsetzt auf die vielen Kriege, die vie-

len sinnlosen Menschenopfer zurückblicken, die dieses und das vorige Jahrhundert erlebt haben.

Das kosmische Licht ist das Licht der Harmonie, und ich rufe euch auf, euch erneut für den Ring des Aufstiegs um diesen Planeten zu interessieren. Erinnert euch: Die aufgestiegenen Meister und Führer haben euch gebeten, mit diesem Ring des Aufstiegs zu arbeiten. Wir bezeichnen diesen Ring als Lichthof um die Erde, in der die Lehrer und Meister ihre Energie einbringen, damit ihr eure Energie dort mit ihrer verbinden könnt.

Lasst also die Energien vom Fudschijama und vom Mount Shasta aus durch alle Meridiane und über alle verfügbaren Wege in die innere Erde gelangen. Helft der Erde, dieses neue höhere Licht zu empfangen. Ich werde euch dazu noch weitere Anleitungen geben. Jetzt ist die Zeit da, dass die Heiler der Erde vortreten und ihre Absichten und Fähigkeiten offen zeigen. Mögen alle zwölf ätherischen Kristalle im arkturischen Baum des Lebens zu großen Sphären des harmonischen Lichts aktiviert werden. Mögen die Lichtstädte der Erde aktiviert werden. Mögen die Energien aller heiligen Stätten dieser Erde aktiviert werden, und mögen neue Felder heiliger Energie entstehen.

Wir haben vor, noch weitere Lichtstädte und weitere heilige Orte auf der Erde zu schaffen. Für alles Unheilige, insbesondere die schändliche Misshandlung der Erde, wird so schnell wie möglich Ausgleich geschaffen. Ich kann euch ankündigen, dass von den heiligen Orten und Lichtstädten eine überwältigende Kraft ausgehen wird, die alles Negative aufzuwiegen vermag.

Jetzt überlasse ich die Fortsetzung Juliano, aber ihr werdet von mir noch mehr über eure Arbeit als Heiler der Erde hören, für die ihr jetzt gerüstet und aktiviert seid.

Der Entweihung der Erde entgegenwirken

Juliano

Jeder der zwölf ätherischen Kristalle, könnten wir sagen, steht für ein Energiefeld oder einen energetischen Code, den die Erde lesen kann. Wir sprachen von den beiden Energien, die dem Shasta und dem Fudschijama zugeordnet sind. Die Energie des Mount Shasta haben wir »Chamäleon-Energie« genannt, weil sie in jeder Sphäre wirksam werden kann. Die Energie der Erde, ihre Heiligkeit, muss jetzt gestärkt werden. Sanat Kumara hat euch gesagt, dass wir mehr heilige Orte auf der Erde einrichten müssen. Das ist das denkbar beste Gegengewicht für die Entweihung der Erde. Jeder von euch kann solche heiligen Zonen schaffen, und der ätherische Kristall in Montserrat, Zentrum des arkturischen Lebensbaums, wird die so geschaffene Harmonie und Ausgewogenheit verbreiten.

Keine Frage, dass die Missachtung der Erde Folgen haben muss. Liegt es nicht auf der Hand, dass sie Störungen des Gleichgewichts nur bis zu einem gewissen Grad erträgt und dass die Wiederherstellung des Gleichgewichts chaotische Zustände mit sich bringt? Mögen sich die Energien des Mitgefühls und der Freundlichkeit jetzt durchsetzen. Der Ort dieser Energie ist Montserrat, und dort wird auch das messianische Licht empfangen, das zur Erde kommt. Diese Erde, vergessen wir das nicht, birgt die Energie des messianischen Lichts. Das ist überhaupt eine der größten Stärken der Erde: dass sie das messianische Licht empfängt und birgt und versteht. Das messianische Licht ist fünfdimensionales Licht, das über aller Kausalität steht.

Das verborgene Wissen der Erde kommt jetzt ans Licht. Ihr, die Heiler der Erde, werdet dieses Wissen in die Welt tragen, unter anderem die Erkenntnis, dass die Erde auch eine fünf-

dimensionale Präsenz besitzt, dass sie Meridiane hat und über diese Meridiane behandelt werden kann. All das bedeutet, dass das Wissen der inneren Erde jetzt der Menschheit bekannt wird.

Denken wir an die Energie des Kristalls im mexikanischen Barranca del Cobre, das Licht des Schimmerns. Er spielt eine besondere Rolle, weil die Energie der fünften Dimension hier so stark ist und der Kristall sehr viel davon fassen kann. Fühlt das Schimmern, den Ausbruch von Licht. Es stellt die Verbindung zum Mondplaneten Alano und zum Ring des Aufstiegs her, und jetzt schimmern die Erde und ihr Hof – wie auch der Hof um euren Körper und den Kopf.

Denken wir auch an die schöne Energie des argentinischen Lago Puelo, ebenfalls eine Grundlagenenergie. Dieser ätherische Kristall kann so viel Licht aufnehmen und stabil halten, dass all das Licht mit seiner neuen Energie und Kodierung, das jetzt zur Erde kommt, in diesem wunderbaren See bewahrt werden kann.

Und dann das große Tipi, das in Serra da Bocaína errichtet wurde. Es konnte dem Kraftfeld dort aus verschiedenen Gründen nicht standhalten. Aber seid unbesorgt, der Kristall in Serra da Bocaína ist von einer unglaublich hohen Schwingung, und das Tipi, das dort an die zwei Monate stand, hat seinen Zweck bestens erfüllt. Den brasilianischen Sternensamen ist für ihre Mitwirkung zu danken, sie haben sehr viel Mut und Hingabe gezeigt. Andere Sternensamen werden in der Umgebung der übrigen ätherischen Kristalle auftreten und auch dort heilige Orte einrichten. Ihr seid mir alle sehr lieb.

Denn Abschluss möchte ich jetzt Metatron überlassen.

Einen Ort heilig machen

Erzengel Metatron

Macht die Stelle, an der ihr steht, heilig. So bringt man einen Ort in die fünfte Dimension: indem man ihn weiht und heilig macht. Dazu arbeiten wir in heiliger Zeit. Wenn an einem heiligen Ort auch noch heilige Zeit herrscht, vervielfacht sich die Kraft des Heiligen. Mit dem heiligen Ort und der heiligen Zeit verbindet sich schließlich auch noch eure heilige Intention. Ihr seid in all dem die Alchemisten.

Der Schöpfer hat uns aufgetragen, überall in der dritten Dimension Funken zu schlagen und die Funken der Erde dann in die fünfte Dimension zu erheben. Ihr könnt das mit eurer spirituellen Präsenz, eurem spirituellen Bewusstsein, eurer spirituellen Energie und eurem spirituellen Denken. Ihr seid in der Lage, spirituelle Energie auf einen Ort zu übertragen und ihn so heilig zu machen. Auf der Erde können das nur Angehörige der Adam-Spezies.

Wir segnen die Lichtstädte der Erde. Zögert nicht, irgendeinen Fluss, irgendeinen Ort, irgendeine Ortschaft zu segnen. Und zögert nicht, eure Familie zu segnen, eure Freunde zu segnen. Ihr seid Träger des spirituellen Lichts, und ihr könnt es auf andere scheinen lassen. Ein Segen erhebt die Funken auf der Erde und erhebt die Menschen. Ich segne euch alle, und so seid ihr alle erhöht.

17 UNDIFFERENZIERTES KOSMISCHES LICHT UND DAS KRONENCHAKRA

Erzengel Metatron

Ich möchte euch etwas über die oberste Sphäre im Baum des Lebens erzählen. Die hebräische Bezeichnung dieser Sphäre lautet *Kether* oder »Krone«. Hier besteht die größte Nähe zum ewigen Licht. Wir sprechen hier auch vom *Ein Sof Aur*, dem Licht ohne Ende, dem grenzenlosen, undifferenzierten Licht. Was lässt sich über das grenzenlose Licht sagen? Es ist undifferenziert, aber es kann sich auch differenzieren oder transformieren.

Um das zu verstehen, sprechen wir vielleicht am besten über den elektrischen Strom. Ihr wisst, dass im Elektrizitätswerk erzeugter Strom zunächst mit sehr hoher Spannung durch die Überlandleitungen geschickt wird, in dieser Stärke aber nicht im Haushalt oder sonstigen Einrichtungen zu verwenden ist – die Leitungen würden durchschmoren, die Sicherungen herausspringen. Deshalb transformiert man ihn für die unterschiedlichen Bedarfslagen auf geringere Spannungen herunter. Nun seid ihr Lichtwesen und selbst von hoher energetischer Ladung, aber dem undifferenzierten Licht würdet ihr nicht standhalten können. Deshalb wird es für euch transformiert, und selbst dann noch kann es eure Schaltkreise ziemlich heiß werden lassen, um es einmal so auszudrücken.

Und das leistet der Baum des Lebens. Er überführt die undifferenzierte Energie in nutzbare Formen. Am Baum des Lebens könnt ihr die verschiedenen Formen der Energie studie-

ren, ihr könnt an ihm ablesen, welche Art von Licht für euch geeignet ist. Eine Energie, die euch überfordert, nützt euch nichts, aber beim Studium des Baums könnt ihr euch auch selbst zu größeren Gefäßen entwickeln, die mehr Licht aufzunehmen vermögen.

Dazu ist es nützlich, euch die Dinge so auseinanderzulegen, dass sowohl der mentale als auch der emotionale Körper sie verstehen. Wenn Gudrun, die Frau dieses Channels, über den emotionalen Körper spricht, unterstützt sie euch beim Loslassen alter Gefühle, die nicht mehr taugen und nur das Einströmen der Energie behindern würden. Die Arkturer haben eine Anwendung des Baums und seiner Prinzipien entwickelt, die der Heilung der Erde dienen kann. Das ist der Inhalt der Arbeit mit diesem Channel. Der erste Schritt besteht darin, undifferenziertes Licht oder kosmische Energie aus dem Universum zur Erde zu leiten.

In der Kabbala kommt die Formulierung »wenn Gott ein Gesicht hätte« vor. Wohlgemerkt: wenn. Es heißt dort auch, Gott, der Schöpfer von allem, sei eins und ohne Form. Alles, was ihr also über Gott sagen mögt, kommt einer Beschreibung Gottes nicht einmal nahe. Wir können lediglich versuchen, euch Umschreibungen zu geben, die hoffentlich euer Bewusstsein erweitern. Gott ist nicht in Raum und Zeit. Gott hat keine Gestalt. Gott ist überall und zugleich jenseits von allem. Bei dieser paradoxen Rede von Gott regt sich vielleicht ein erstes Verstehen. Wir sprechen in Gleichnissen und Symbolen von Gott, und vielleicht versteht ihr. Es heißt andererseits auch, Gott habe ein Gesicht und Augen, mit denen er die Welt betrachtet. Würde er sie schließen, wäre es das Ende der Welt, denn sein Blick ist die Kraft, die alles in Gang hält.

Nutzbares weißes Licht für die Erde

Denkt an den Baum des Lebens, wie er in der Kabbala erscheint. Er besteht aus neun Sphären in einer bestimmten Anordnung und einer zehnten Sphäre an der Spitze. Die Energie aller Sphären, das ist wichtig, kommt von Gott. Um euch einem Verständnis anzunähern, visualisiert einfach göttliches Licht in der zehnten Sphäre an der Spitze. Macht euch dies klar: Gott und sein Licht und seine Energie kommen zur Erde. Im irdischen Dasein spielt kosmische Energie mit, und die Erde braucht dieses Licht, das aus allen Richtungen kommt.

Von hier aus möchte ich jetzt die Verbindung zu den zwölf auf der Erde installierten ätherischen Kristallen aus der fünften Dimension ziehen. Sie sind, wie ihr wisst, in einem bestimmten Muster angeordnet, das wir als den planetarischen Baum des Lebens bezeichnen. Die einzelnen Sphären sind auf Akupunkturpunkten der Erd-Meridiane angeordnet. Der höchste der zwölf ätherischen Kristalle ist im Fudschijama in Japan, der ohnehin aus einer sehr alten Energiequelle gespeist wird. Dieser Kristall empfängt das undifferenzierte kosmische Licht, ohne das die übrigen Kristalle oder Sefirot nicht funktionieren könnten.

Sefira, im Plural Sefirot, ist ein hebräisches Wort, das »Sphäre« bedeutet. Der Kabbala zufolge ist jede dieser Sphären von anderer Energie, aber auch wenn sie in diesem Sinne »Individuen« sind, bekommt ihr nur ein Bild, wenn ihr das Zusammenwirken der Sphären als Einheit erfasst. Ihr habt nichts davon, eine einzelne Sphäre losgelöst zu betrachten, ohne die übrigen Sphären oder Kristalle zu berücksichtigen.

Meditation der Kontaktaufnahme mit dem undifferenzierten Licht

Wie könnt ihr dafür sorgen, dass die Erde an das undifferenzierte Licht angeschlossen ist? In der Sprache, die euch als Heilern der Erde geläufig ist, können wir sagen, dass das undifferenzierte kosmische Licht von der Zentralsonne kommt. Immer mehr Menschen stimmen sich in dieser Zeit darauf ein. Das kosmische undifferenzierte Licht wird stärker aufgenommen. Zu der dafür notwendigen Ausrichtung und Abstimmung kommt es alle 25.782 Jahre, und die energetische Situation im Dezember 2012 stand damit im Zusammenhang.

Wir werden für das undifferenzierte Licht für die Erde jetzt die hebräischen Buchstaben des Gottesnamens verwenden: *Jod He Waw He* [singt die Buchstabenfolge 33-mal]. Möge das Licht des *Jod He Waw He* zur Erde herabkommen. Möge es durch den Fudschijama zur Erde kommen. Möge das unbeschreibliche Licht des *Jod He Waw He* dafür sorgen, dass ihr euch schön fühlt. Fühlt die Kraft des *Jod He Waw He*. Ihr fühlt euch eins mit dem Kosmos, mit allem, was ist. Ihr seid in Frieden mit eurem Leben, eurem Tod, eurer Verwandlung. Ihr wisst euch als Teil von allem, was ist, und allem, was sein wird.

In diesem Leben seid ihr so weit gekommen, dass ihr die Energie des *Jod He Waw He* erfassen und erfahren könnt. Als Heiler der Erde sorgt ihr für die Versorgung der Erde mit dieser Energie, damit sie sich erneuern und auf die kosmische Familie abstimmen kann. Singen wir noch einmal gemeinsam: *Jod He Waw He* [viermal]. Ihr könnt diese Energie nicht in Worten beschreiben, aber ihr erlebt sie jetzt und fühlt sie.

Ihr könnt sicher sein, dass die Erde diese Energie von euch als planetarischen Heilern empfängt. Und für eure persönliche Heilung könnt ihr diese Energie durch euer Kronenchakra leiten, das für die oberste Sphäre im Baum des Lebens steht.

Macht mit den Händen eine für diese Öffnung des Kronencha-
kras symbolische Geste. Ihr seid jetzt über euer Kronenchakra
mit dem undifferenzierten kosmischen Licht verbunden. Ihr
seid gesegnet.

18 AUF ZUM STERNENTOR!

Juliano und die Arkturer, Erzengel Metatron

Da der Aufstieg näher rückt, konzentrieren wir uns auf die Energie und auf das, was über das arkturische Sternentor zu sagen ist. Die Abstimmung des Sternentors auf die Erde und der Erde auf die Zentralsonne machen gute Fortschritte. Es entsteht ein Dreieck aus fünfdimensionalem ätherischem Licht, das die Zentralsonne, das arkturische Sternentor und Mutter Erde in eine wunderbare Ausrichtung zueinander bringt.

Viele Sternensamen sind gerade in der gegenwärtigen Zeit auf die Erde gekommen, um dieses Zusammenspiel mitzuerleben. Wir haben, wie ihr euch erinnert, zur Veranschaulichung dieses Ereignisses von Sonnen- und Mondfinsternissen gesprochen. Wenn man auf der Erde eine Sonnenfinsternis beobachten möchte, kann man in die Weltgegend reisen, in der sie am besten zu sehen ist. Genauso habt ihr Sternensamen jetzt die Erde aufgesucht, um diese Ausrichtung der Erde, des Sternentors und der Zentralsonne verfolgen zu können.

Ein kosmisches Zusammenspiel dieser Art setzt Energien frei, die normalerweise nicht verfügbar sind, und dadurch habt ihr jetzt die Möglichkeit, eure fünfdimensionale Seite auszubauen und zu stärken und euch so auf den Aufstieg vorzubereiten. Die zunehmende Aufstiegsenergie auf der Erde hat zwei Aspekte: Sie besteht zum einen aus der zunehmenden Abstimmung zwischen der Erde und der Zentralsonne, aber auch zwischen der Erde und dem arkturischen Sternentor.

Am Sternentor bietet sich für alle, die dorthin gelangen, die Möglichkeit, ihre nächste Inkarnation selbst zu bestimmen, das heißt, den Planeten zu wählen, auf dem sie wiedergeboren werden möchten. Natürlich besteht auch immer die Möglichkeit, das nächste Leben wieder auf der Erde zu verbringen. Diese Bewusstseinshöhe, die euch zu eigenen Entscheidungen über eure nächste Inkarnation befähigt, ist eine große Errungenschaft auf dem Weg eurer Seelenevolution.

Leben zwischen den Leben

Im normalen Reinkarnationsprozess auf der Erde wird eure nächste Verkörperung von euren Führern und Lehrern mitbestimmt. Die Rahmenbedingungen sind durch euer Erdenkarma und die für eure weitere Entwicklung erforderlichen Lernprozesse vorgegeben. In der Abfolge eurer irdischen Inkarnationen spielt außerdem eine Rolle, dass ihr frühere Leben und auch das Leben zwischen den Leben weitgehend vergesst, sodass ihr als relativ unbeschriebenes Blatt ins nächste Leben tretet. Ich sage »relativ«, weil es, wie ihr wisst, Prägungen gibt, die von Leben zu Leben bestehen bleiben. Bei Mozart beispielsweise besteht eine so tiefe musikalische Prägung, dass sie sich in jedem seiner Leben wieder durchsetzt, und in jedem seiner Leben wird er die Musik wieder als besondere Begabung für seine weitere Entwicklung nutzen können. Doch selbst an eine so tiefe Prägung erinnert man sich nicht unbedingt bewusst. Mozart wusste nichts von anderen Leben, in denen er der Musik verbunden war.

Es ist einfach so, dass man in der dritten Dimension schwer an solche Erinnerungen herankommt. Allerdings können Meditationen und Lektüre euch an diese Erinnerungen heranführen, und wenn ihr euch einmal an frühere Leben oder das

Leben zwischen den Leben erinnert, stärkt das euer Sternensaat-Bewusstsein.

Das sieht ganz anders aus, wenn man schließlich bis zum Sternentor gelangt ist. Hier dreht sich alles um bewusstes Wissen, bewusste Wahrnehmung. Wohin auch immer ihr vom Sternentor aus geht, ihr tut es wissend und bewusst. Ihr wisst um eure früheren Leben und die Leben zwischen den Leben. Für den Schritt durch das Sternentor braucht man eine bestimmte Höhe des Bewusstseins und der Seelenentwicklung. Und daran arbeitet ihr gerade. Dieses Leben auf der Erde dient der höheren Entwicklung eurer Seele. Wir haben sogar bemerkt, dass ihr in jedem Leben, vor allem aber in diesem, zum vollen Bewusstsein aller eurer früheren Leben und der Erfahrungen zwischen den Leben gelangen könnt. Diese Fähigkeit möchten wir gern fördern. Euer Normalbewusstsein unterliegt den Beschränkungen der dritten Dimension, aber ihr könnt euer Bewusstsein weiten und auf ein höheres Niveau heben, und von da aus könnt ihr den Schritt durch das arkturische Sternentor tun.

Während des Aufstiegs solltet ihr voll bewusst bleiben. Auf dem Weg zum Sternentor, der euch aus dem irdischen Reinkarnationsprozess heraushebt, werden wir euch anleiten, diesen Übergang bei vollem Bewusstsein zu bewältigen. Das bedeutet, dass ihr auf eurem Weg durch den Korridor auf das arkturische Sternentor ausgerichtet bleibt. Ihr gebt euch selbst die Richtung in diesen Räumen der Seelenenergie, die wir »Korridore« nennen, und eure eigenen Gedanken sind es, die euch dabei leiten und antreiben. Ihr visualisiert also das Sternentor und denkt dabei: »Ich projiziere mich zum arkturischen Sternentor.« Ich, Juliano, lade jetzt für jeden von euch einen Lichtkorridor herunter. Er ist das, was wir als »Übungskorridor« bezeichnen. Darin könnt ihr eure Projektion zum arkturischen Sternentor üben und bekommt einen Vorgeschmack davon.

Ein kosmischer Hauptbahnhof

Es gibt in eurer Galaxis, der Milchstraße, nur zwei Sternentore, und das arkturische Sternentor ist für den Teil der Galaxis zuständig, in dem ihr euch jetzt aufhaltet. Wer die Inkarnation auf einem anderen Planeten anstrebt, muss durch dieses arkturische Sternentor. Das geschieht bei vollem Bewusstsein, und so werdet ihr den richtigen Planeten für eure nächste Inkarnation wählen, einen fünfdimensionalen Planeten, auf dem ihr eure Evolution fortsetzen könnt.

Auch in der fünften Dimension werdet ihr weitere Inkarnationen durchlaufen, aber die sind von ganz anderer Art als auf der Erde. Auf einem fünfdimensionalen Planeten tretet ihr, wie ich schon erwähnt habe, im vollen Bewusstsein eurer Erfahrungen zwischen den Leben in die neue Inkarnation ein. Ihr werdet euch sogar an das erinnern, was ich euch gerade sage. Ihr werdet euch an das erinnern, was ihr in diesem Leben auf der Erde gemacht habt. Ihr werdet euch an andere Leben auf der Erde erinnern. Ihr müsst wissen, meine lieben Sternensaat-Freunde, dass der Gang zum Sternentor wirklich ein großes Ereignis in der Evolution der Seele ist. Es ist ein gewaltiger energetischer Sprung, eine Inkarnationsform wie diese irdische zu beenden und durch das arkturische Sternentor zu gehen.

Natürlich würdet ihr gern wissen, wie das ist, im Sternentor zu sein. Es ist eine fünfdimensionale Schaltstelle mit unzähligen Verbindungen zu Planetensystemen einer bestimmten Entwicklungshöhe. Stellt es euch ungefähr wie einen riesengroßen Zentralbahnhof vor, zum Beispiel das Grand Central Terminal in Manhattan. Auf den Anzeigetafeln würdet ihr alle möglichen Reiseziele sehen, zum Beispiel Plejaden, Sirius, Aldebaran, Skorpion, Andromeda, Xerxes, Mondplanet Alano. Außerdem würdet ihr im Sternentor viele Korridore sehen. In diesen Korridoren werdet ihr auf ein weitaus höheres Bewusst-

196

sein beschleunigt und seid dann auf euren Download in eine höhere Inkarnation vorbereitet. Es ist übrigens ein sehr schönes Erlebnis, aus der Geist-Form in eine neue Inkarnation einzugehen, insbesondere von einem höheren Bewusstsein aus.

Besondere Lehrer und Führer werden sich eurer im arkturischen Sternentor annehmen. Stellt euch vor, ihr kommt in diesen großen Hauptbahnhof und fangt an, euch zu überlegen, durch welchen Gang ihr wohl am besten zum richtigen Planeten für die weitere Entwicklung eurer Seele kommt. Welcher Planet ist das überhaupt? Wir wissen, dass ihr bei so vielen Entscheidungsmöglichkeiten, eine interessanter als die andere, manchmal nicht weiterwisst. Wir Arkturer werden da sein und euch bei der Entscheidung helfen. Auch Erzengel Michael ist im Sternentor. Ihr müsst euch im Übrigen nicht sofort entscheiden, ihr könnt beim Sternentor bleiben, solange ihr möchtet. Ihr werdet hier vielen höherdimensionalen Geistern begegnen. Es ist wirklich faszinierend, dieses Kommen und Gehen der Geister von überallher und überallhin zu verfolgen.

Ihr werdet euch hier auch mit Wesen von anderen Ebenen austauschen können. Ich weiß, dass ihr gern neue Bekanntschaften schließt, und hier im Sternentor werdet ihr nur fünfdimensionalen oder noch höheren Wesen begegnen. Die können, was ihre äußere Gestalt angeht, ein wenig anders aussehen. Ihr selbst werdet noch eurer irdischen Gestalt ähnlich sein. Im fünfdimensionalen Korridor werdet ihr euch wohler fühlen, wenn ihr einen fünfdimensionalen Körper annehmt. Wählt vielleicht einen Körper, der aussieht wie ihr mit 25 oder 30 Jahren auf der Erde. Wählt etwas Jugendliches, womit ihr euch besonders behaglich fühlt.

Die Wesen von anderen Planeten sind von menschenähnlicher Gestalt, aber eben doch ein wenig anders. Rechnet zum Beispiel mit Hermaphroditen, also Wesen, die die Merkmale beider Geschlechter tragen. In Beziehungen zwischen Herma-

phroditen taucht die Frage, ob es eine Mann-Frau-Beziehung oder eine gleichgeschlechtliche Beziehung ist, gar nicht erst auf. Diese sexuelle Flexibilität ist euch jetzt noch fremd, aber wenn ihr Hermaphroditen begegnet, könnte es sein, dass es euch zu einem Planeten hinzieht, auf dem ihr diese Erfahrung machen könnt. Vielleicht begegnet ihr dann einem Lehrer oder Führer von diesem Planeten und kommt zu dem Schluss, dass das eine interessante, aufschlussreiche und reizvolle Form der Inkarnation sein kann. Und dann sucht ihr den entsprechenden Korridor auf.

Ausrichtung auf das arkturische Sternentor

Jetzt möchte ich etwas über die Beziehung zwischen den ätherischen Kristallen und dem arkturischen Sternentor sagen. Wir haben die Kristalle als Leiter für den Download von fünfdimensionaler Energie zur Reinigung der Meridiane der Erde bezeichnet. Danach ist die Erde besser für den Empfang bestimmter Lichtfrequenzen und Informationen gerüstet.

Das Herunterladen von fünfdimensionaler Energie zur Erde ist in dieser Zeit entscheidend wichtig. Die Aufgabe der Kristalle besteht auch darin, sich untereinander und mit euch auszutauschen. Dazu müsst ihr immer berücksichtigen, dass die zwölf Kristalle vom Hauptkristall im Kristallsee beim arkturischen Tempel abgeleitet sind. Dann gibt es noch Unterkristalle, die wiederum von den zwölf heruntergeladenen Kristallen abgeleitet sind. Ihr müsst bei eurer Arbeit für die Erde immer von den zwölf Hauptkristallen ausgehen und die Unterkristalle dann als unterstützende Kräfte einbeziehen. Das Primärlicht geht vom arkturischen Hauptkristall aus.

Die jetzt installierten zwölf ätherischen Kristalle fördern die Abstimmung der Erde auf das Sternentor. Mit der Installation

des Istanbuler Kristalls im Bosporus 2009 sind wir der Abstimmung der Erde auf das Sternentor einen großen Schritt näher gekommen. Mit dem zwölften Kristall ist diese Abstimmung vollendet.

Das ist eine ganz wichtige Sache. Das Sternentor schwingt mit einer bestimmten Frequenz. Ihr müsst selbst von einer bestimmten Frequenz sein, wenn ihr durch das Sternentor treten wollt. Eure Arbeit für den Aufstieg hebt eure Frequenz bereits, und beim Aufstieg selbst wird euch durch Gnade die für den Durchgang durch das Sternentor notwendige Frequenz zuteil. Zugleich müsst ihr aber auch vor Augen haben, dass ihr von der Erde kommt, einem dreidimensionalen Planeten. Die Energie des Sternentors muss auch harmonisch zur Schwingung des Planeten passen, von dem ihr kommt. Haltet also auch die Energie der Erde lebendig.

Viele Kräfte wirken auf das Sternentor ein, die Kraft der Zentralsonne, die Kräfte des Aufstiegs und auch das Energiefeld des Sternentors selbst. Das Energiefeld des Sternentors rückt immer mehr in euer Bewusstsein. Es wird jetzt darauf ankommen, eine Allianz der Anziehungskräfte mit dem arkturischen Sternentor zu schmieden. Das ist ein Bestandteil eures Aufstiegswerks, ein Rahmen eigentlich, der vielen höher entwickelten Seelen erlauben wird, den irdischen Inkarnationsprozess zu beenden und sich auf den Weg zum arkturischen Sternentor zu machen. Diese Arbeit ist von höchstem spirituellem Wert und erfüllt höchste spirituelle Zwecke. Ihr werdet selbst den Weg des Aufstiegs zum arkturischen Sternentor gehen können und zugleich anderen, die euch folgen werden, Verbindungswege und Unterweisungen bereitstellen.

Jetzt wird euch Erzengel Metatron etwas über eure Seelenreise zum Sternentor mitteilen, danach mache ich mit euch noch eine kleine Übung.

Das Heilige verstehen

Erzengel Metatron

Manche nennen mich den »göttlichen Anführer der Erzengel«, aber mir genügt es, euer Führer, Lehrer und Helfer genannt zu werden. Das hebräische Wort für Engel bedeutet eigentlich »Botschafter«, und so übersetze ich meinen Namen: »großer Botschafter«, Metatron. Ich habe gute Neuigkeiten für euch. Ihr seid Lichtwesen, ihr seid holografische Energiekugeln. Sich so zu erleben, als lichtes Energiefeld, das kann überwältigend sein. Manchen geht es bei einer tiefen mystischen Erfahrung so, dass sie überwältigt werden und aus den Augen verlieren, worum es ihnen eigentlich ging. Sie haben dann nicht wirklich etwas vom Lüften der Schleier, es verwirrt sie nur. Dieses Lüften der Schleier braucht seine Vorbereitung.

Es gibt einen Weg und dazu Anleitungen, die eure Seele bequem zur höchsten Entfaltung auf ihrer Reise führen. Dazu gehört auch eure Fähigkeit, euch auf höhere Wesen wie Sananda und ihr Wirken auszurichten und euch in die Heiligkeit der aufgestiegenen Meister einzufühlen. Ruft Sananda oder Erzengel Michael an, ruft eure geliebten Meister an, die euch mit Vergnügen und liebevoll zum Sternentor führen werden.

Ich möchte euch zum Umgang mit der Energie des Heiligen ermuntern. Die gibt es nicht nur in der fünften Dimension, sondern auch in der dritten – ihr könnt auf der Erde heilige Räume schaffen. Diese heiligen Orte werden dann Gefäße und Leiter für das Licht aus der fünften Dimension. Das ist auch eine der Aufgaben der ätherischen Kristalle, heiligen Raum auf der Erde zu schaffen. In heiligen Raum kann mehr fünfdimensionales Licht durch ätherische Leitkanäle heruntergeladen werden. Ein biblisches Beispiel ist Jakobs Leiter. Ein Korridor ist wie eine Leiter, die wirklich bis zum Sternentor reicht. Interessanterwei-

se gibt die gleiche Leiter auch fünfdimensionalen Wesen die Möglichkeit, zur Erde herunterzusteigen. Auch dafür gibt es ein biblisches Beispiel, nämlich die fünfdimensionalen Wagen, die Elias sah. Wenn also der Korridor für den Aufstieg eingerichtet ist, finden Bewegungen in beide Richtungen statt, aufwärts und abwärts. Durch den Aufstiegskorridor werden viele Arkturer zu Erde kommen, ihr werdet sie kennenlernen und mit ihnen arbeiten. Auch andere heilige Wesen werden kommen. Das ist das Schöne am Aufstieg, dass ihr so viel Hilfe haben werdet.

Arbeitet also an eurem Verständnis für das Heilige. Dazu dient uns das stetig wiederholte *Kadosh, Kadosh, Kadosh, Adonai Zevaoth* – »Heilig, heilig, heilig ist der Herr der Heerscharen«. Das Wichtige an dieser Formel liegt zum Teil darin, dass sie die Codes des Aufstiegs anspricht. Sie erinnert euch außerdem an den heiligen Raum, in dem ihr tätig seid. Selbst in der Finsternis gibt es Licht. Licht ist auch in der Dualität und im Zusammenbruch der Illusionen, von denen die Erde beherrscht war. Ihr wisst, dass wir jetzt mitten in dem großen Umschwung sind, in dem die Illusionen, die bisher noch alles notdürftig über Wasser gehalten haben, zerfallen. Die Wahrheit naht. Die Illusionen werden die Wahrheit nicht länger verschleiern können. Die Energie der Wahrheit kann schmerzlich sein.

Um die Illusionen zu durchbrechen, bedarf es einer starken Energie. [Singt:] *Kadosh, Kadosh, Kadosh, Adonai Zevaoth.* Macht den Ort, an dem ihr steht, heilig. Euer Übergang zum Sternentor wird voller Heiligkeit sein, und Heiligkeit sei euer Schutz. Ein wunderbarer Pfad der Evolution liegt vor euch und ist jetzt offen. Nutzt diese Abstimmung zwischen der Erde und dem Sternentor. Nutzt die Chance zum Aufstieg. Nutzt eure Fähigkeit, zum Sternentor zu gehen und von dort aus euren weiteren Inkarnationsprozess zu wählen, der euch vielleicht zu anderen Planeten führt. Welch ein Geschenk!

Am Tor

Juliano

Ich umgebe jeden Einzelnen von euch mit einem Korridor aus
Licht. Projiziert eure Gedanken in diesen Korridor und mit euren Gedanken ein Bild von euch. Gebt diesem Bild die höchste
und schönste Form, die ihr euch wünscht. Ihr könnt so schlank
sein und so viel Haar auf dem Kopf haben, wie ihr wollt. Ihr
könnt eine Traumfigur haben und ein gewinnendes Lächeln.
Projiziert jetzt dieses Bild. Gebt ihm die Fähigkeit, mit Gedan-
kenschnelligkeit zu reisen. Im Nu gelangt es durch den Lichtkorridor zum arkturischen Sternentor.

Ihr kommt in den großen Garten, gedankenschnell seid ihr
im großen Garten am Sternentor. Viele Bekannte von der Erde
und viele Gruppenmitglieder sind auch da. Ihr sitzt im Garten
am Sternentor, er ist erfüllt von Licht und Geist und froher
Erwartung. Ich bin auch dort bei euch, und ich öffne das Tor
ein klein wenig. Und was da an spiritueller Kraft kommt, dafür
haben menschliche Sprachen keine Worte. Diese Energie verbreitet ein herrliches ätherische Blau im Garten, es ist intensiv
und wird von euch als zutiefst erfüllend empfunden. Ich öffne
das Tor weiter, damit ihr noch mehr von diesem Licht aufnehmen könnt. Das Licht wird intensiver, und ihr seid doch in der
Lage, ihm mit voll bewusster Präsenz standzuhalten. Das ist
ein wichtiges Wort im Zusammenhang mit eurem Aufstieg und
dem Durchschreiten des Sternentors: Präsenz. Wahrt eure Präsenz.

Weiter kann ich das Tor jetzt noch nicht für euch öffnen.
Aber ich lasse es noch ein paar Minuten leicht geöffnet. Erlebt
diese machtvolle Energie in Stille. [Pause.] Ich schließe jetzt das
Tor, und ihr könnt euch an den Abstieg durch den Korridor
machen. Achtet beim Wiedereintritt in den Körper auf genaue

Abstimmung, und nehmt all das herrliche Licht und die Energie mit in euren Körper. Nutzt sie für eure Gesundheit und die Vermehrung des spirituellen Lichts auf der Erde.

19 DIE ROLLE DES BEOBACHTERS

Juliano und die Arkturer, Erzengel Metatron

2010 sind wir in das Feld der Energie eingetreten, die wir mit der Jahreszahl 2012 assoziieren, die aber letztlich einfach Ausdruck der Wechselwirkung zwischen dem Feld der Erde und dem galaktischen Zentrum ist. Hier entsteht ein neues gewaltiges Feld, das große energetische Umbrüche mit sich bringt. Es ist mir sehr wichtig, euch darauf hinzuweisen, dass die Energie von 2012 auf die Interaktion zwischen dem Energiefeld der Erde und dem Bewusstsein der Menschheit zurückzuführen ist. Das gilt auch weiterhin: Was aus der Energie von 2012 schließlich wird, hängt auch davon ab, was ihr Menschen weiterhin tut, denkt und fühlt.

Aus der Quantenphysik ist uns bekannt, dass vom Beobachter ein Einfluss auf das Beobachtete ausgeht. Und was auf der subatomaren Ebene gilt, lässt sich verallgemeinern: Nichts geschieht losgelöst vom menschlichen Bewusstsein, denn schließlich ist das Feld des Denkens noch subtiler als die Welt des Subatomaren, und deshalb können die Quanteneffekte des Denkens letztlich das globale Bewusstsein und den weiteren Ausdruck der Energie von 2012 beeinflussen.

Umbrüche bringen immer ein gewisses Maß an Verunsicherung und Chaos mit sich, und das betrifft nicht nur das Bewusstsein der Menschen, sondern auch die geologischen, politischen, sozialen und meteorologischen Verhältnisse. Ihr verändert euch, und selbst wenn ihr das grundsätzlich be-

grüßt, bringt es doch eine neue Energie mit sich. Und das ist gut so, denn durch Krisen erhalten Menschen und Tiere einen Anstoß zu weiterer Entwicklung. Evolutionssprünge und Bewusstseinssprünge fallen oft zusammen.

Übergänge bringen auch auf der alltäglichen Ebene Energien in Fluss. Ich kann euch zum Beispiel sagen, dass die Wirtschaftssysteme weiterhin sehr instabil sind und da noch einiges drunter und drüber gehen kann, was den Stress eher noch erhöht. Auch was die politischen und gesellschaftlichen Verhältnisse angeht, kann ich euch sagen, dass sich die Energien vielfach immer weiter stauen und manche Gegenden jetzt für uns wie Pulver-fässer aussehen, die beim kleinsten Funken hochgehen können. Und wenn ich ins Erdinnere blicke, stelle ich fest, dass auch dort vieles auf Vulkanausbrüche und Erdbeben hindeutet.

Bei euch selbst sieht es ja auch nicht anders aus. Es gibt verbreitetes Unbehagen. Manchem kommt es so vor, als würden die Dinge, um deren Lösung er sich bemüht, jetzt erst recht hochkochen. Aber wir geben uns hier nicht mit Weltuntergangsszenarien ab, wenn ich auch Verständnis für solche Gedanken habe. Wir stellen einfach nur fest, dass Krisen und Stresssituationen die Menschen zum Umdenken bewegen, und das ist gut so. Wir sind ja bei euch, wir bereiten euch so vor, dass ihr allen Begleiterscheinungen des großen Wandels gewachsen seid.

Macht euch also bereit für weitere Schritte der Evolution eures Bewusstseins, wodurch euch auch Verantwortung für die Evolution der Menschheit zufällt. Ihr habt gelernt, fünfdimensionale Energie in das Denken und das Bewusstseinsfeld der Erde zu leiten. Ihr seid damit in der Lage, die Dinge vom Standpunkt der Fünfdimensionalität aus zu sehen und in beiden Dimensionen präsent zu sein: Ihr seid für den Aufstieg gerüstet. Ihr könnt Korridore für die Übertragung von höherer

Energie und höherem Denken einrichten, und das erschließt euch neue Heiltechniken und einen neuen Ausblick auf alte Probleme.

Galaktisches Bewusstsein

Es zeichnet sich jetzt auch eine wachsende Bereitschaft ab, sich nachdrücklicher und selbstbewusster für den Wandel einzusetzen. Das betrifft auch die Arbeit mit dem energetischen Gitternetz der ätherischen Kristalle. Über dieses Feld lassen sich gewisse Veränderungen bewirken. Man kann zum Beispiel die Gewalt von Erdbeben oder Stürmen reduzieren oder den Führungsgestalten der Welt Energie senden, damit sie bessere Entscheidungen treffen. Falsche Entscheidungen auf dieser Ebene haben nämlich heute größere Auswirkungen, als sie noch vor Jahren gehabt hätten, einfach weil die Welt in einem so kritischen Zustand ist.

Die Menschheit ist jetzt an die Schwelle dessen gekommen, was wir »galaktisches Bewusstsein« nennen. Wenn ihr in die Geschichte der Menschheit zurückblickt, würdet ihr sicher sagen, dass es mit eurem Wissen um die Galaxis nicht weit her war. Es gab wohl Ausnahmen wie die Maya und andere Völker, die um die kosmischen Vorgänge wussten und sogar die Interaktionen zwischen der Galaxis und der Erde kannten – aber erst im 20. Jahrhundert kam es auf diesem Gebiet zu einem großen Durchbruch. Auch aus wissenschaftlicher Sicht gilt inzwischen, dass es ein großes galaktisches Energiefeld gibt, von dem Wirkungen auf die Erde ausgehen. Wir fügen hinzu, dass die Menschheit und die Erde auf die Galaxis zurückwirken, auch auf die Zentralsonne. Diese Wechselwirkungen können stärker und bewusster gemacht werden.

Das hat freilich auch seine Schattenseite. Wenn ihr ein Bei-

spiel für einen negativen Einfluss des menschlichen Bewusstseins auf die Zentralsonne und das Energiefeld der Galaxis möchtet, dann nenne ich euch die Atombomben von Hiroshima und Nagasaki. Ich spreche nicht über den Nutzeffekt dieser Aktion für die Beendigung des Krieges. Ich möchte euch nur erklären, dass diese beiden Atomexplosionen von sehr weitreichenden Folgen für die Zentralsonne und die gesamte Galaxis waren. Es gab kosmische Diskussionen unter den höheren Wesen, und viele Stimmen sprachen sich dafür aus, der Menschheit nicht zu erlauben, dieses Kernwaffenbewusstsein in die Galaxis zu tragen. Es gab Befürchtungen, dass dieses Denken das galaktische Energiefeld verseuchen würde, zumal es ja nicht nur um die beiden Bomben von Hiroshima und Nagasaki ging, sondern um unzählige Kernwaffentests und viele größere und kleinere Unfälle in Kernkraftwerken. Es bestanden hier wirklich ernsthafte Bedenken, ob man der Menschheit den Umgang mit dieser Energie erlauben könne.

Dem galaktischen Rat war aber auch bewusst, dass sich jetzt viele höhere Wesen auf der Erde befinden. Es sind sogar mehr, als je zuvor da waren, möglicherweise über 100 000. Ich sage nicht, dass sie die Bewusstseinshöhe eines Buddha oder Christus haben, aber sie sind von deutlich überdurchschnittlichem Bewusstseins- und Erkenntnisstand. Ich zähle viele von euch hier zu diesen aufgeklärten Menschen.

Nun könntet ihr einwenden, 100 000 Menschen von höher entwickeltem Bewusstsein seien bei einer Gesamtbevölkerung der Erde von sieben Milliarden nicht gerade eine stolze Zahl, aber ich kann euch versichern, dass es auf der Erde noch nie so viele Erleuchtete gegeben hat wie jetzt. Übrigens ist 100 000 eher vorsichtig geschätzt, man muss noch eine bis eineinhalb Millionen Menschen hinzuzählen, denen dieses erleuchtete Denken zumindest nicht fremd ist. Viele engagieren sich vielleicht noch nicht so sehr für den Aufstieg oder verstehen nicht

ganz, was es mit dem mehrdimensionalen Denken und der Gedankenprojektion auf sich hat, aber der galaktische Rat hat jedenfalls begonnen, durch diesen Channel und viele andere mit den Sternensamen zu kommunizieren.

Der galaktische Rat hat auch für leichteren Zugang zu den Energiefeldern gesorgt, damit ihr euch ganz direkt und persönlich an eure Führer und Lehrer wenden könnt. Es ist wirklich phänomenal, wie viele von euch jetzt über eigene Channeling-Fähigkeiten verfügen. Sie machen euch neue Erkenntnisse zugänglich und geben euch Mut für eure spirituelle Arbeit. Auch im weiteren Verlauf werdet ihr immer wieder zu den Kraftorten der Erde reisen müssen, wo neue, fantastische spirituelle Projekte auf euch warten.

Reinkarnation durch das arkturische Sternentor

Ein besonders schönes Beispiel für solch ein spirituelles Projekt war das Herunterladen des zwölften ätherischen Kristalls in Serra da Bocaína in Brasilien. Die Energien der Gruppen der Vierzig spielten dabei eine große Rolle. Alle ätherischen Kristalle strahlen Energie aus, und dieser in Brasilien ist von solcher Kraft, dass er mit seinem Kraftfeld auch alle übrigen Kristalle verbindet. Er schleust jetzt immer mehr Energie und Information ein, die dann verteilt wird, und er bewirkte eine neue, noch stärkere Abstimmung auf das arkturische Sternentor.

Ja, das arkturische Sternentor. Eine der großen energetischen Verschiebungen dieser Zeit betrifft die galaktische Zeit und die galaktische Energie. Euer gewandeltes Bewusstsein von galaktischer Energie und Zeit eröffnet euch die Möglichkeit der Reinkarnation in verschiedenen Dimensionen. Und da dem so ist, stellt sich das Sternentor jetzt auf euer Kommen ein.

Das Sternentor bietet euch diese Möglichkeit der mehrdimensionalen Reinkarnation.

Während einer Inkarnation auf der Erde habt ihr bestimmte Lebenslektionen und Seelenlektionen zu lernen, um dann zur nächsten Ebene weiterzugehen. Die nächste Ebene kann durchaus eine weitere Inkarnation auf der Erde sein, nur vielleicht an einer anderen Stelle. Vielleicht ist es notwendig, eurer Seelenfamilie noch einmal unter anderen Umständen zu begegnen. Es gibt hier viele Möglichkeiten. Irgendwann jedenfalls möchtet ihr, dass die dreidimensionalen Inkarnationen enden und ihr auf der Erde euren »Abschluss« machen könnt.

Mehrdimensionale Reinkarnation bedeutet, dass ihr andere Planeten und ganz andere Bereiche aufsuchen könnt. Es gibt andere dreidimensionale Planeten, und es trifft zu, dass ihr dort wiedergeboren werden könnt. Es könnte, um ein Beispiel zu geben, einem kriegerischen Menschen wie Saddam Hussein so ergehen, dass er nach seinem Tod auf einem anderen Planeten wiedergeboren und dort erneut in kriegerische Auseinandersetzungen verwickelt wird. Es gibt in dieser Galaxis reichlich Planeten von dreidimensionaler Dichte, die sich für den Aufenthalt einer solchen Seele perfekt eignen würden, um sie wieder und wieder mit Gewalt und Tod zu konfrontieren – bis irgendwann eine Reifung stattfindet und diese Seele weiterziehen kann.

Ich halte euch das noch einmal vor Augen, um euch den Gedanken nahezubringen, dass ihr euch jetzt zur mehrdimensionalen Reinkarnation hin entwickelt. Durch das Sternentor habt ihr die Möglichkeit, euren Weg so anzulegen und auszurichten, dass ihr in einem höheren Planetensystem wiedergeboren werden könnt. Dazu braucht ihre eine klare Vorstellung von der Galaxis und von anderen Planetensystemen in der Galaxis. In diesem gegenwärtigen Leben auf der Erde müsst ihr die klare Intention fassen, euch auf den Weg durch das Sternentor, auf den Aufstieg, einzustimmen.

Die ätherischen Kristalle als Hilfen für den Aufstieg

Wenn ich von mehrdimensionaler Reinkarnation spreche, bedeutet das unter anderem auch, dass manch einer von euch schon auf Planeten von anderer Dimensionalität war, bevor er oder sie auf die Erde kam. Manche von euch waren auf Arktur, andere auf den Plejaden und wieder andere auf dem Mondplaneten Alano. Da fragt ihr natürlich: »Juliano, wie kann das sein? Wenn ich schon auf höherdimensionalen Planeten war, wieso bin ich dann jetzt auf einen dreidimensionalen Planeten zurückgekehrt? Wieso bleibe ich nicht in diesen höheren Dimensionen?«

Die Antwort ist ein wenig verwickelt, ich muss euch dazu etwas über galaktische Zeit erzählen. Die größte Errungenschaft höherdimensionaler Wesen liegt in ihrer Herrschaft über die Zeit. Die gewonnenen Erkenntnisse über Zeitreisen und ihre Beziehung zur Dimensionalität hat euch Möglichkeiten erschlossen, von denen bisher nicht einmal zu träumen war. Zeitreise ist ein Phänomen, das euer lineares Denken und etliche physikalische Gesetze durchbricht. Aber denkt euch die Zeit zirkulär anstatt linear, und ihr werdet ein Gefühl dafür bekommen, dass es unter bestimmten Umständen möglich sein könnte, sich in die Vergangenheit oder in die Zukunft zu bewegen. Eure jetzige Erfahrung auf der Erde liegt dann eigentlich in der Vergangenheit, während ihr in Wirklichkeit bereits zu uns aufgestiegen seid, nur sieht das von da aus, wo ihr jetzt seid, wie Zukunft aus.

Versucht einfach mitzudenken, mir ist klar, dass man da leicht durcheinanderkommt. Natürlich möchte ich euch nicht mehr verwirren, als unbedingt nötig ist. Ich möchte euch einfach nahebringen, dass mehrdimensionale Reinkarnation nicht linear ist wie der Wiedergeburtsprozess auf der Erde. Mehrdimensionale Reinkarnation hat darüber hinaus einen kumulati-

ven Effekt in dem Sinne, dass auf eine höherdimensionale Inkarnation eine in der dritten Dimension folgen kann, an die
sich dann wieder einige höhere anschließen. So »summieren«
sich die Inkarnationen, bis ihr schließlich, was dreidimensionale Leben angeht, einen Abschluss macht und nicht mehr in die
dritte Dimension zurückkehren müsst – es sei denn, ihr wolltet
es selbst, um etwas ganz Bestimmtes zu erreichen. Einige von
euch Sternensamen, die jetzt auf der Erde sind, waren schon
mit mir auf den Plejaden. Andere, die jetzt mir ihren arkturischen Führern in Kontakt kommen, waren schon mit mir auf
Arktur und in anderen Planetensystemen. Wenn ihr das mit der
Mehrdimensionalität und den kumulativen Inkarnationen klarer seht, werdet ihr verstehen, wie es sein kann, dass man sich
dann wieder in der dritten Dimension befindet.

In der Kabbala hören wir vom »Erheben der Funken«. Aus
galaktischer Sicht ist damit gemeint, dass ihr die Funken einiger anderer Inkarnationen »hebt«. Vielleicht hebt ihr gerade
den Funken einer früheren Inkarnation auf der Erde. Zwischen
diesem und dem jetzigen Leben liegt vielleicht eine höhere Inkarnation, und jetzt seid ihr wieder hier, um irgendeinen Teil
eurer selbst besser zu verstehen. Ich glaube, ihr kommt jetzt
schon allmählich in dieses Denken hinein.

Ich möchte diesen Teil mit der Bemerkung abschließen, dass
sich die Zeit jetzt beschleunigt, weil ein wachsendes Bewusstsein der Zentralsonne und des Eintretens in das Feld des Aufstiegs besteht. Ich glaube, etliche von euch spüren das bereits.
Kommt es euch nicht so vor, als ginge jetzt alles sehr schnell?

Den Abschluss möchte ich jetzt Erzengel Metatron überlassen, der euch noch etwas über die Funken zu sagen hat.

Meine lieben Freunde und arkturische Sternensamen in der
Gruppe der Vierzig, wir sind jetzt immer bei euch und unterstützen euch mit heilendem Licht. Vor allem umgebe ich euch
mit Licht und schützender Energie. Ihr leistet einen wichtigen

Beitrag zur Evolution der Erde und der Menschheit, ja sogar der Galaxis und des galaktischen Bewusstseins.

Die Funken eurer selbst zusammenführen

Erzengel Metatron

Ihr wisst, ich bin der Hüter des arkturischen Sternentors, der »Drehscheibe« für eure mehrdimensionalen Inkarnationen, und ich bin euer Führer und Lehrer, der euch mit dem »Heben der Funken« vertraut macht. Viele kabbalistische Meister haben schon darüber gesprochen. Und viele sagen, im Augenblick der Schöpfung habe es energetische Explosionen gegeben, bei denen manche der stiebenden Funken verloren gingen. So, heißt es dort, kam das Böse in die Welt.

Ich erzähle euch heute etwas anderes über die Funken. Eine der wichtigsten Aufgaben eurer Seelenreise besteht im Wiederfinden eurer Funken. Ihr seid komplexe Wesen, deren Energien in ein Kraftfeld eingebunden sind. Es gab eine Zeit, in der ihr die Energie nicht zusammenhalten konntet, sodass sie sich in der Galaxis, im gesamten Universum und auf der Erde verlief und verteilte. Das sind die »gefallenen Funken«, von denen die Kabbalisten sprechen. Und eine eurer größten und wichtigsten Aufgaben besteht darin, die auseinandergestobenen und gefallenen Funken eurer selbst wieder zusammenzutragen, in die Ganzheit eurer selbst zurückzuführen und so zu heilen. Für viele von euch geht es dabei um Atlantis- oder Maya-Funken oder um Anteile eurer selbst, die mit früheren Zeiten in Europa zusammenhängen. Es kann auch um Funken bei den indigenen Völkern Südamerikas oder Neuseelands gehen.

Ihr habt gefallene Funken auf der Erde, aber vielleicht auch in anderen Planetensystemen. Macht euch das klar. Viele von

euch waren schon auf Arktur und auf anderen höheren Planeten. Trotzdem könnt ihr gefallene Funken haben, die für euer irdisches Dasein stehen. So seid ihr jetzt mit der nachdrücklichen Unterstützung eurer Lehrer und Führer wieder zur Erde gekommen, um die gefallenen Funken eurer selbst endlich einzubinden und zu heilen.

Ruft also alle Teile eurer selbst zur Vereinigung auf. Ruft sie zusammen, damit sie geheilt werden können. Viele von euch fragen sich ja, weshalb sie zur Erde zurückgekehrt sind. »Wie kann es sein«, denken sie, »dass ich schon in höheren Dimensionen gelebt habe und jetzt doch wieder auf der Erde bin? Ist das eine Strafe?« Nein, seht diese Zeit auf der Erde lieber als eine Gnade, als die Chance nämlich, eure Funken zu heben und zu sammeln. Seht auch, wie sehr ihr anderen nützt. Helft auch ihnen, die Teile ihrer selbst zusammenzusuchen. Geht es nicht beim Bergen verlorener Anteile der Seele eben darum? Die verlorenen Funken müssen wieder in die Ganzheit und Einheit eurer selbst eingebunden werden. Und jetzt habt ihr diese Gelegenheit, euch mit eurem galaktischen und mehrdimensionalen Ich zu vereinigen.

Möge es gelingen, die Funken zusammenzutragen und mit eurem größeren, höheren Ich zu vereinigen. Eine große Hilfe ist euch dabei eure Arbeit im Dienst des Lichts, der Evolution der Erde und des Aufstiegs. Ihr habt diese Welt und die kommende, und eben jetzt führt ihr die beiden zusammen. In der kommenden Welt werdet ihr – über euer vieldimensionales Ich – ganz mit eurem höheren Ich vereinigt sein. Aufgrund der Arbeit, die ihr jetzt tut, werdet ihr dort im Licht der vollkommenen Heilung sein.

20 DAS NEUE GLEICHGEWICHT DER ERDE

Juliano und die Arkturer, Erzengel Metatron

Heute wollen wir unser Gespräch über Biorelativität fortsetzen, über die Methoden, Aktivitäten und Meditationen, mit denen ein neues Gleichgewicht der Erde hergestellt werden kann.

Es trifft zu, dass die Erde nicht wieder so sein wird wie in den Sechziger- oder Siebzigerjahren des vorigen Jahrhunderts. Die neue Balance oder Homöostase der Erde wird alle jetzt wirksamen Energien einbeziehen müssen. Wir werden zusammen mit euch darauf hinwirken, dass die neue Balance dem höchsten Interesse des Lebens und des Geistes auf diesem Planeten dient. Die höchste Homöostase wird vollkommen auf die Biosphäre abgestimmt sein, damit die Erde ihren Weg zum Aufstieg in die fünfte Dimension fortsetzen kann.

Alles bewegt sich, alles wandelt sich, das ist eines der Grundgesetze des Universums. Das betrifft euch als Menschen, aber es betrifft auch ganze Planeten. Um die Energien und Methoden der Biorelativität zu erfassen, braucht ihr eigentlich nur auf euren Körper zu blicken. Aufstieg hat eine persönliche und eine planetarische Dimension, und der Umgang mit den Energien des Aufstiegs wird euch bei eurer Selbstheilung und bei der Vorbereitung auf euren Aufstieg unterstützen.

Die Prinzipien der persönlichen Heilung lassen sich auf den Planeten übertragen. Biorelativität geht davon aus, dass die Erde ein lebendiger Geist ist. Ihr habt ja auch Namen für die-

sen Geist. Manche nennen ihn Gaia, während die indigenen Völker eher von Mutter Erde sprechen. Wir Arkturer bezeichnen die Erde als das Blaue Juwel. Es ist für euch wichtig, zu erkennen, dass die Energien der Erde wirklich lebendiger Geist sind. Die Menschen verstehen nicht sehr gut, was spiritueller und was physischer Natur ist, und die meisten kämen nicht auf der Gedanken, einen Planeten als ein Lebewesen zu betrachten. Aber es ist so. Und gerade die Erde zeichnet sich durch einen schier unerschöpflichen Reichtum an Lebensformen aus. Wir haben wirklich viele Gegenden der Galaxis bereist, aber die Manifestation des Lebens auf der Erde erstaunt uns immer noch – diese Fülle!

Der Wert der Vierzig

Über Zahlenwerte haben wir bereits gesprochen, auch über die Bedeutung der Vierzig und der 40 Gruppen mit je 40, also insgesamt 1 600 Teilnehmern. Unser Ansatz der Biorelativität konzentriert sich auf die Kraft der Zahlen und ihre Bedeutung für ein neues Gleichgewicht.

Viele Menschen haben die Ereignisse um die heftigen Erdbeben in Chile und Haiti verfolgt, und es ist weiterhin die Rede vom pazifischen Feuerring und der Möglichkeit weiterer Erdbeben in diesem Bereich. Nach dem Beben in Chile wurde vor einem Tsunami gewarnt, und sehr viele Menschen haben die Ereignisse am Fernseher verfolgt – man könnte das ein unbeabsichtigtes Biorelativitätsereignis nennen. Es bestand darin, dass unzählige Fernsehzuschauer wie gebannt auf Bilder von Tsunamis in Hawaii, Japan und anderswo warteten.

Das war natürlich kein geplantes Biorelativitätsexperiment, aber es kam doch zu einer fantastischen Ballung von Energie. Es ging also nicht darum, zu ermitteln, ob eine große Anzahl

von Menschen dazu in der Lage ist, einen Tsunami abzuwenden, aber es war eben doch ein Augenblick der konzentrierten Ausrichtung von Millionen Menschen auf einen Punkt. Demonstriert wurde damit zumindest, dass das Fernsehen in der Lage ist, millionenfaches Bewusstsein zu bündeln, und dieses gebündelte Bewusstsein ließe sich durchaus einsetzen, um die Auswirkungen eines Tsunamis abzumildern. Mir ist schon klar, dass man derzeit keine fünf bis zehn Millionen Menschen zur Meditation über das Medium Fernsehen zusammenbringen wird, aber dieses Fernseh-Großereignis zeigt zumindest wichtige Prinzipien der Biorelativität auf. Bilder und Visualisationen sind nicht nur eine Form der Kommunikation mit eurem persönlichen Unterbewusstsein, sondern auch mit dem Unterbewusstsein der Erde.

Die Kraft der Zahlen ist von entscheidender Bedeutung für eure Biorelativitätsübungen. Ihr arbeitet mit der Zahl 40 oder einem Vielfachen, bis zur 40 mal 40, also 1 600. Es geht hier um universale Kräfte, und die Vierzig ist eine galaktische Kraft. Die Vierzig ist wahrlich keine große Zahl, aber ihre Kraft stellt manches andere in den Schatten. Im Vergleich zur Erdbevölkerung oder zu den Millionen, die in Erwartung eines Tsunamis vor dem Fernseher saßen, nimmt sich die Zahl 1 600 verschwindend klein aus, aber täuscht euch nicht, ihre Kraft liegt weit über ihrem numerischen Wert.

Um diese Kraft optimal umzusetzen und eure relativ kleine Anzahl maximal zu nutzen, solltet ihr einander besser kennen, ihr solltet wissen, wer an welcher Gruppe der Vierzig beteiligt ist. Ihr müsst ein klares Bewusstsein davon gewinnen, dass es Gruppen von jeweils 40 Menschen gibt und diese 1 600 Menschen eine Einheit bilden. Es sollte eine vollständige Liste aller Beteiligten geben, über die ihr euch verbunden fühlt, und darüber sollte ihr euch auch direkt austauschen. Ich weiß, dass es keine leichte Aufgabe ist, die Namen von 1 600 Leuten zu er-

mitteln und an irgendeiner zentralen Stelle zusammenzutragen, aber ich weiß eben auch, dass ihr so den numerischen Wert und damit die gemeinschaftliche Kraft eurer relativ kleinen Anzahl beträchtlich erhöhen könnt. Dafür gibt es Beispiele im Alten Testament, wo von relativ kleinen Gruppen von Israeliten erzählt wird, die sich im Kampf gegen eine weitaus größere Schar von Feinden behaupteten. Denkt auch an die 40 Tage in der Wüste, die notwendig sind, um wirklich Verbindung aufzunehmen, denkt an die Bedeutung des Zeitraums von 40 Jahren und andere Beispiele für den hohen Stellenwert der Vierzig.

Eine Visualisation des Feuerrings

Nehmen wir, um unsere Überlegungen zur Biorelativität zu vertiefen, die Akupressur- und Akupunkturbehandlung des menschlichen Körpers als Modell für die Heilung der Erde. Manche von euch haben sicher ein gewisses Grundverständnis der chinesischen Medizin. Die alten Chinesen unterhielten Kontakte zu galaktischen Meistern. Diese Meister wussten, dass im Körper blockierte Energie der Gesundheit des Körpers schadet. Das gilt genauso auch für den Körper der Erde. Bei euren Meditationen und in der Biorelativitätsarbeit müsst ihr euch auf das Lösen solcher Energieblockaden konzentrieren – und es gibt leider viele blockierte heilige Orte auf der Erde. Ich will nicht die Pferde scheu machen und allzu ausgiebig bei diesen Blockaden verweilen, aber es ist wichtig, dass ihr mit den Meridianen und Leitbahnen der Erde vertraut seid.

Der pazifische Feuerring ist ein einfaches und gut erkennbares Beispiel für solch einen Erd-Meridian. Vielleicht habt ihr schon grafische Darstellungen des Feuerrings im Fernsehen oder in Wikipedia gesehen. Dieser Energiekanal verläuft von der Südspitze Südamerikas entlang der Westküste beider Ame-

rikas bis nach Alaska, dann hinüber zur Halbinsel Kamtschatka, nach Japan, zu den Philippinen und weiter. Auf dieser Strecke liegt einiges an Blockaden vor, und es wird auch schon viel darüber diskutiert, dass es auf einem anderen Abschnitt des Feuerrings zu weiteren Beben kommen wird. Manch einer konzentriert sich auf diese Vorstellung und sendet entsprechende Energie, aber es muss nicht dazu kommen. Ich werde mit euch eine geführte Meditation machen, in der wir uns mit der Energie des Feuerrings befassen, sodass sie sich nicht staut.

Wir gehen ja bei unserer Biorelativitätsarbeit davon aus, dass die Erde eine Veränderung, einen energetischen Wandel durchmacht – und wir möchten die Energie nicht unterbinden, sondern in Fluss bringen und im Fluss halten. Auf diesen Fluss können wir so einwirken, dass er gleichmäßiger und dadurch weniger zerstörerisch wird. Dazu braucht die Erde Meridiane und andere Leitbahnen, die durchgängig sind. Nach unserem Verständnis sind viele dieser energetischen Leitbahnen zwischen 1988 und 1999 versandet. Das war eine entscheidende Zeit für diesen Planeten. Bis dahin waren die meisten Meridiane noch offen, jetzt sind sehr viele blockiert. Wir haben jetzt den Gedanken eingeführt, dass neue »Akupressurpunkte« und Meridiane geschaffen werden können, die dann gleichzeitig eine Verbindung zu fünfdimensionalen Energiequellen herstellen. Wir halten uns dabei nicht unbedingt an die vorhandenen Energiebahnen, sondern stellen alles auf den energetischen Austausch mit der höheren Quelle ab – und so kam es zur Wahl der Standorte für die jetzt installierten zwölf ätherischen Kristalle auf der Erde.

Die zwölf Kristalle sind gleichsam Akupressur- oder Akupunkturpunkte der Erde. Sie sind in der Lage, unter sich einen harmonischen Energiefluss herzustellen. Ich nenne euch für diese Meditation noch einmal schnell alle Punkte: Lago Puelo in Argentinien, Serra da Bocaína in Brasilien, Barranca del Cobre

in Mexiko, Lake Taupo in Neuseeland, Grose Valley in Australien, Montserrat bei Barcelona, Mount Shasta in Kalifornien, Volcán Poás in Costa Rica, der Bosporus vor Istanbul, Lake Moraine in Kanada, der Bodensee und schließlich der Fudschijama. Die Karte am Ende des Buchs zeigt euch die Lage der einzelnen Punkte beziehungsweise Kristalle. Es sind Punkte, die ihr mit euren Meditationen weiter aktivieren könnt.

Stellt euch bildhaft vor, wie sich die Kristalle miteinander verbinden und austauschen. Ihr gemeinsamer Energiekreislauf ist weitaus stärker als die Summe aller Einzelleistungen. Und diese Energie kann nun dem pazifischen Feuerring zugeführt werden. Sie durchströmt die Erd-Meridiane und schafft ein höheres Gleichgewicht, sodass Stauungen gelöst werden können, bevor es zu Eruptionen kommt. Visualisiert also jetzt diese zwölf ätherischen Punkte. Sie bilden zusammen einen Baum des Lebens. Auch diese bildhafte Vorstellung vermehrt die Kraft des Energiestroms noch einmal. Visualisiert also diese zwölf Sphären, so gut ihr könnt. Wenn ihr euch nicht an alle Namen und Standorte erinnert, dann visualisiert einfach zwölf Sphären in der Anordnung eines Baums des Lebens.

Und sollte auch das schwierig sein, geht einfach zu der Sphäre, die euch besonders vertraut ist oder in eurer Gegend liegt, und stellt die Verbindung zu allen anderen von dort aus her. Geht jetzt innerlich dorthin. Ich bin mit euch allen und mit sämtlichen Kristallen verbunden.

Ausgelöst durch unsere Intention, erzeugen die Kristalle spiralförmiges Licht, das aus dem Boden in die Atmosphäre strahlt. Es bildet jetzt eine wunderschöne holografische Lichtspirale. Visualisiert diese Lichtspirale. Sie windet sich hoch zum Nordpol, so viel Kraft liegt in ihr. Erinnert euch, dass es eine dialektische Kraft ist, weitaus stärker als alles, was wir als Einzelne vermögen. Wir befinden uns jetzt in einem Gruppen-Energiefeld. Manche visualisieren die Spirale in der Form der

Doppelhelix eines DNA-Moleküls, und das ist ein treffendes Bild. Die Lichtspirale erhebt sich über den zwölf ätherischen Kristallen und formt sich zu einem Baum des Lebens. Wir haben eine dialektische Kraft erzeugt, die in die Erde heruntergeladen werden kann. Stellt euch jetzt möglichst lebhaft die ungeheure ausgleichende Kraft dieser Lichtspirale vor, die den Energiefluss in der Erde unterstützt. So erzeugt sie Ruhe und Balance, einen Gleichklang mit den Kräften des Friedens und der Seelenruhe auf der Erde.

Das Meridiansystem der ätherischen Kristalle

Weiterhin visualisieren wir jetzt, wie diese Spirale des Lichts und der Kraft aus den ätherischen Kristallen sehr behutsam in den Feuerring geleitet wird, und zwar ganz am Südende Chiles. Das ist, wie wir alle wissen, eine sehr instabile Gegend, aber die Energie, die wir gerade zuführen, wirkt beruhigend und ausgleichend. Sie fließt auch schon, sodass wir die explosiven Kräfte, die sich hier zusammenbrauen, verteilen können. Sie breiten sich sanft im gesamten Feuerring aus. Visualisiert den Verlauf dieses Meridians: südamerikanische Pazifikküste, Mittelamerika, nordamerikanische Pazifikküste. Führt auf diesem Weg Ruhe und Ausgeglichenheit mit euch.

So besteht keine Gefahr, dass wir neue Beben auslösen. Es werden hier jetzt für eine ganze Weile keine weiteren Beben stattfinden. Wir aktivieren ein sanftes, harmonisches Licht, das jetzt weiter dem Feuerring folgt – Alaska, Kamtschatka, Japan und bis hinunter zum Anschluss an Australien und Neuseeland. Welch ein Meridian! Wir senden jetzt die Energie der Balance und Homöostase. Meditiert einfach ein paar Minuten mit mir. Wir senden eine dialektische Energie. Ich werde durch den Channel gelegentlich Töne und Rezitationen senden. Wenn

wir dem Feuerring folgen, gehen wir auch durchs Meer, und dabei arbeiten wir mit dem Feedback-System der Meeresströme, um auch hier mehr Harmonie mit der Biosphäre zu erzeugen. Das kann sich beruhigend auf die El-Niño-Energie auswirken. Ich werde weiterhin diese Energie durch die zwölf ätherischen Kristalle strömen lassen und in den Feuerring-Meridian leiten.

Durch die Aktivierung der zwölf ätherischen Kristalle haben wir im Grunde ein neues Meridiansystem für die Erde geschaffen. Stellt euch das als eine Art Bypass-Operation vor. Ein verengtes Herzkranzgefäß kann manchmal nicht mehr geweitet werden, wenn es bereits zu stark geschädigt ist. In solchen Fällen legt man einen Bypass, das heißt, man umgeht die verengte Stelle mit einem Ersatz-Blutgefäß. So kann das Blut wieder fließen und das Herz normal arbeiten.

Im gleichen Sinne legen wir an Stellen, an denen die vorhandenen Erd-Meridiane blockiert sind, neue Meridiane. Das mag ein wenig abwegig klingen, ist aber ein durchaus treffender Vergleich. Die Erde verfügt über gewaltige Heilkräfte, genau wie euer Körper. Die Heilkräfte der Erde sind kaum hoch genug zu veranschlagen – wenn sie denn aktiviert werden können. Mit unserer Biorelativitätsarbeit können wir von den ätherischen Kristallen aus neue Meridiane legen, die wie ein Bypass wirken. So kann die Energie der fünften Dimension, die mit der dritten Dimension interagiert, zwischen allen ätherischen Kristallen frei fließen.

Das Schöne an der Biorelativität liegt darin, dass sie den neuen Energiestrom durch die ätherischen Kristalle verstärkt. Bei dieser Arbeit wollt ihr ja Kraft generieren, und das hängt zum einen von der Anzahl der Beteiligten ab, 40 mal 40. Die zweite Voraussetzung ist das von den Kristallen ausgehende energetische Meridian-Feld. Letztlich geht es darum, dass die Erde sich ändert und es deshalb ein neues Gleichgewicht zu

schaffen gilt. Die Erde muss irgendwie in die Lage versetzt werden, dass sie mit den Energien der Menschheit umgehen kann, ohne dass ihre »Versorgungsgefäße« platzen. Das müsst ihr vermeiden, die Energie muss weiterhin fließen können.

Zwölf neue Lichtstädte

Jetzt noch ein Wort zu den Lichtstädten der Erde, die ebenfalls mit den zwölf ätherischen Kristallen verbunden und für die neuen Meridiane von Bedeutung sind. Die Städte des Lichts auf der Erde enthalten Licht, aber sie sind auch Gefäße, die fünfdimensionale Energie und neues fünfdimensionales Licht empfangen und leiten. Es ist keine Frage, dass die Erde die anstehenden Veränderungen nicht ohne fünfdimensionale Energie bewältigen kann, und die Herstellung eines neuen Gleichgewichts braucht ebenfalls fünfdimensionalen Input. Und was da aus der fünften Dimension zuströmt, muss ja irgendwo aufgefangen werden. So ist es ja bei jedem Einzelnen von euch ebenfalls. Ihr könnt Licht herunterladen, aber wenn ihr es nirgendwo bewahren könnt, wird es euch wohl eher durcheinanderbringen. Ihr müsst euch entweder entleeren oder weiten, um neue Energie auffangen und verarbeiten zu können. Das betrifft alle vier Körper, den mentalen, den emotionalen, den spirituellen und auch den physischen Körper.

Ähnlich ist es mit der Erde. Sie muss diese Energie auffangen und halten können, und das leisten die Städte des Lichts für sie. Deshalb liegt ein wichtiger Bestandteil der Biorelativität in der Schaffung und Aktivierung von Lichtstädten, die die Energie eures Planeten aufnehmen und bewahren. Ihr könnt jetzt weitere Orte aktivieren, und das werden schließlich zwölf weitere Städte des Lichts werden. Ich rufe euch sogar dazu auf, es ist Zeit für eine zweite Staffel. Ihr werdet euch sagen, dass

da eine gewaltige Aufgabe wartet, und das trifft zu. Ihr werdet beständig mit dieser Energie arbeiten müssen.

Ich weiß, dass manche von euch die zwölf Lichtstädte bereits in ihre Arbeit aufgenommen haben. An bestimmten vorher festgelegten Tagen könnt ihr jede Stunde über jeweils eine der Lichtstädte meditieren und dann zur nächsten übergehen. Das ist eine wunderbare Möglichkeit, die Energie zu teilen und weiterzugeben. Sehen wir also zu, dass wir es jetzt auf 24 Lichtstädte bringen. Für die Zeit danach ist schon die nächste Stufe geplant – 40 Lichtstädte auf der Erde. Ihr werdet jetzt erneut eine exponentielle Zunahme des spirituellen Lichts auf der Erde erleben. Macht die Meditationen für die ersten zwölf Lichtstädte, und danach könnt ihr die nächsten zwölf bestimmen.

Manche sagen, es sei ratsam, die energetischen Blockaden in bestimmten Großstädten zu lösen. Ich stimme zu. Dazu wäre es ratsam, in größeren Städten Enklaven zu bilden. Das kann einfach ein Viertel sein, zum Beispiel in Los Angeles, das dann in sich selbst eine Lichtstadt wird. Um solch eine Großstadt herum bewegen sich gewaltige Energien, die in ihrer Verschiedenartigkeit schwer zu koordinieren sein können. Deshalb rate ich zu Enklaven, also Lichtstädten in Großstädten. Ihr werdet jedenfalls staunen, wie schnell die Liste der Lichtstädte wachsen wird.

Dazu möchte ich jetzt noch kurz über Veranstaltungen sprechen. Es wird notwendig werden, dass ihr alle zusammenarbeitet, um Großveranstaltungen, sogar internationale Veranstaltungen, zu organisieren. Dieser Channel ist in der günstigen Lage, die ganze Welt bereisen zu können, aber andere werden das Ihre zur Verbreitung der Neuigkeiten und der Power dieser Gruppe der Vierzig beisteuern können. Wirklich, kommt zusammen, trefft euch in großen Gruppen, um das Energiefeld zu stabilisieren. Denkt immer daran, dass es darum geht, neue

Meridiane, neue Leitbahnen zu schaffen und die Methoden der Biorelativität zu verbreiten.

Zum Schluss rufe ich euch in Erinnerung, dass die Ureinwohner Amerikas eine wunderbare Visualisationshilfe kennen: Sandbilder. Sandbilder werden auch zum Heilen verwendet. Ihr könnt Sandbilder gestalten, die der Heilung der Erde dienen – einigen von euch stehen jetzt schon Bilder vor Augen, während ich noch spreche.

Jetzt wird Metatron über Biorelativität sowie persönliche und planetarische Heilung sprechen. Es steht eine sehr aktive Zeit bevor, die Gruppe der Vierzig wird wesentlich bekannter werden. Ihr werdet eure Arbeit jetzt mit viel mehr Selbstbewusstsein angehen.

»Es werde ...«

Erzengel Metatron

Viele von euch werden jetzt Kinder des Lichts, Mitschöpfer der Energie für die Erde. Das ist ein großes Werk, für das ihr euch engagiert. Viele sind zu ebendiesem Zweck in dieses Leben auf der Erde gekommen.

Es herrscht eine Menge Chaos auf diesem Planeten, aber es bieten sich auch viele Chancen, das Chaos zu lichten und dem Ganzen eine gute Wendung zu geben. Nach dem Bericht im Alten Testament entstand die Welt mit den Worten »Es werde Licht«. Der Schöpfer sprach sie, und dann entstand die Schöpfung. Das war der erste Fall von Biorelativität. Der Wille des Schöpfers manifestierte sich durch die Worte »Es werde Licht«. Und es ward Licht.

Juliano hat mich gebeten, über Biorelativität zu sprechen, und ich nehme das »Es werde Licht« als Anregung, um euch zu

sagen, dass eure Biorelativitätsarbeit euch in die Lage versetzt, nach diesem Muster auch andere Worte der Kraft an die Erde zu richten, zum Beispiel: Es werde Frieden. Es werde gelassene Ruhe. Es werde Ausgewogenheit. Es werde Leben. Es werde, dass die Meridiane der Erde offen sind. Es werde. Diese Worte, »Es werde ...«, sind im Zusammenhang mit der Biorelativität von großer Kraft.

Noch wirksamer ist es, wenn die Kinder Gottes gemeinsam formulieren, was werden soll. »Es werde Frieden um den Ring des Feuers« – sprecht diese Worte mit Überzeugung und Nachdruck in der Gruppe. Ihr leitet damit eine energiereiche Schwingung in Gaias Geist. Die Sprache der Menschheit ist ihr vertraut geworden. Sprecht sie also an, wie es Gott bei der Schöpfung tat. »Am Anfang schuf Gott Himmel und Erde ... Gott sprach: Es werde Licht. Und es ward Licht.« Mit dieser Bestimmtheit sagt ihr jetzt zur Erde: »Es werde Licht. Es werde Frieden.«

Ich gebe euch, Heilern der Erde, diese Empfehlung: Erkennt, dass eure Worte Kraft besitzen. Erkennt, dass ihr mitschöpfender Geist seid, und sendet in dieser Gewissheit Gedanken, die mit »Es werde ...« beginnen. Ihr werdet staunen, was alles möglich ist, wenn ihr – vor allem in einer Gruppe der Vierzig – solche Gedanken sprecht. Es werde Frieden. Es werde Licht. Es werde Gleichgewicht. Es werde Harmonie auf der Erde. Es werde Öffnung der Erd-Meridiane. Es werde Liebe und Licht an den heiligen Orten der Erde. Es werde immer mehr Dichte und Kraft in den Lichtstädten der Erde. Es werde von dieser Gruppe der Vierzig die Energie mobilisiert, mit der die Erde in die fünfte Dimension gehoben werden kann.

21 BIORELATIVITÄT UND KATASTROPHEN

Juliano und die Arkturer

Ich möchte jetzt mit euch betrachten, was Biorelativität mit von Menschen verursachten Katastrophen und sogenannten Naturkatastrophen zu tun hat. Unter Naturkatastrophen verstehen wir Phänomene wie Erdbeben, Seebeben, Vulkanausbrüche und schwere Unwetter, Orkane und Wirbelstürme. Für alle, die im Einflussbereich solcher Katastrophen leben, können damit ernste Gefahren und Schwierigkeiten verbunden sein. Aus der Sicht der Erde sind solche Katastrophen vielfach einfach ein Ausdruck ihrer homöostatischen Energien, also der Gleichgewichtsmechanismen ihres Feedback-Systems. Diese Gleichgewichtsmechanismen lassen eine gewisse Bandbreite an energetischen Schwankungen zu, aber wenn die Ausschläge zu groß werden und Blockierungen verursachen, muss es zu Entladungen kommen, die die Homöostase mehr oder weniger gewaltsam wiederherstellen.

Homöostase, notwendig für das Überleben der Menschheit auf der Erde, ist ein Regulierungsmechanismus der Biosphäre, der von begrenzter Bandbreite ist. Zur Biosphäre zählen auch die Meeresströme, die Atmosphäre und die mit der Erde zusammenhängenden elektromagnetischen Felder. Diese Felder sind auch kosmischen Einflüssen ausgesetzt. Die elektromagnetische Energie der Erde steht also unter dem Einfluss der Sonne, aber auch weiter entfernter Energiequellen, deren Felder sich über die gesamte Galaxis und weiter ins Universum aus-

breiten. Solche Energiequellen sind schwer zu messen, aber es gibt sie, und ihre Wirkung ist kumulativ. Aus arkturischer Sicht kann ich sagen, dass selbst die Energie der Zentralsonne im Kern der Galaxis die Energie der Erde deutlich beeinflusst. Schwer zu messen ist diese Energie deshalb, weil sie letztlich eine spirituelle Schwingung darstellt – denkt sie euch als aus extrem kleinen Nanopartikeln bestehend.

Auch die Menschheit übt einen deutlichen Einfluss auf das elektromagnetische Feld der Erde aus. Unsere Gespräche über die Biosphäre drehen sich meist um den Umgang der Menschen mit der Luft, den Gewässern oder den Wäldern. Wenden wir uns jetzt dem Einfluss der Menschen auf das Energiefeld der Erde zu. Hier sind ganz unterschiedliche Energieformen zu nennen, die von allen möglichen Quellen ausgehen können. Denkt zum Beispiel an Raketen, an Kernenergie, atmosphärische Hochfrequenzquellen wie Radar, militärische Aktivitäten und vieles mehr. Die Emissionen all dieser Quellen häufen sich an und stören die elektromagnetische Balance der Erde.

Dadurch hat sich die elektromagnetische Bilanz der Erde – die Dicke und Zusammensetzung ihres elektromagnetischen Felds – bereits verändert. Außerdem bemerken wir im Energiefeld der Erde Nullzonen, man könnte auch einfach sagen: Löcher. Große elektromagnetische Störungen oder Nullzonen können etwas von Schwarzen Löchern haben. Zwei Beispiele für Ereignisse, die solche Energielöcher erzeugen, sind der Irakkrieg und der Afghanistankrieg. Es gibt, wie ihr wisst, viele Kriegszonen auf der Erde, und sie stellen alle solche dunklen Flecken von niedriger Energie dar.

Zusammenbruch oder planvoller Übergang?

Immer weitere Zonen der Energieverarmung bilden sich auf der Erde. Wir haben, wie ihr wisst, schon immer gesagt, dass die Welt 2012 nicht endet, sondern einfach in eine große Phase der Transformation eintritt. Alte Muster versagen, alte Ansätze taugen nicht mehr, ihr seht es allenthalben: in den Religionen, in der Politik, im Umweltbereich und natürlich auf der persönlichen mentalen Ebene, wo alte Überzeugungen fragwürdig werden. Das alte Bild der Realität und die vorhandenen Formen des Umgangs mit ihr, sehr sinnfällig im Bereich der Wirtschaft, sind nicht mehr in der Lage, das Ganze aufrechtzuerhalten.

Aber es ist eine faszinierende Zeit, nicht wahr? Was in 100 Jahren über diese Zeit der Umbrüche in den Geschichtsbüchern stehen wird, wäre sicher höchst interessant zu lesen. Über diese Zeit, in der ihr lebt, schon jetzt zu sprechen ist sehr viel schwieriger, einfach weil die Ereignisse viel Schmerz und angstvolle Spannung mit sich bringen. Das Scheitern der bestehenden Systeme ist nicht unbedingt ein erfreulicher Anblick. Und diese Systeme waren ja auch in mancher Hinsicht erfolgreich. Immerhin haben sie Wohlstand geschaffen, wenn dessen Verteilung auch sehr zu wünschen übrig lässt. Sie haben ungeheure technologische Fortschritte ermöglicht, denkt nur an die Raumfahrt, an Computer, an die Fortschritte der Medizin, mögen sie auch zum Teil ambivalent sein.

Aber diese älteren Systeme tragen eben den Keim ihres Untergangs bereits in sich, weil sie nicht nachhaltig sind. Immerhin haben wir jetzt diesen neuen Gesichtspunkt, unter dem ihr die Dinge zunehmend betrachtet: Ist ein bestimmtes Vorgehen nachhaltig und deshalb dauerhaft tragbar oder nicht? Ich spreche von den Religionen, von Wirtschaft, Gesellschaftsstruktur und vom Wissenschaftsbetrieb. Sie sind das, was eure Illusion

von Realität zusammenhält, aber sie sind alles in allem nicht nachhaltig, nicht dauerhaft tragfähig und werden deshalb irgendwann gänzlich versagen.

Dann folgt entweder ein Zusammenbruch oder ein planvoller Übergang. Ein Übergang durch Veränderungen und Anpassungen wäre sicherlich vorzuziehen. Ein Kollaps, vor allem ein wirtschaftlicher, müsste sehr schmerzliche Folgen haben. Ihr wisst, dass der ungeheure materielle Reichtum der westlichen Welt, der noch vor wenigen Jahren für vollkommen real gehalten wurde, auf der Illusion basiert, es könne immer so weitergehen. Diese Illusion seid ihr jetzt los, aber das System ist noch an Ort und Stelle und läuft alles in allem immer noch nach dem Muster, das den ersten Zusammenbruch verursachte. Jetzt steht ihr vor der Möglichkeit eines zweiten, eines dritten Zusammenbruchs.

Um es zu wiederholen: Das Vorgehen war einfach nicht nachhaltig. Warum nicht? Weil die Ressourcen der Erde die Basis allen materiellen Reichtums sind, und wenn rücksichtsloser Raubbau betrieben wird wie bisher, liegt auf der Hand, dass so etwas nicht dauerhaft geht. Früher konnte man dem Problem mit der Entdeckung neuer Welten und der Erschließung neuer Ressourcen ausweichen, aber die Erde ist jetzt abgegrast, und die Erschließung neuer Ressourcen auf dem Mond oder Mars, so faszinierend der Gedanke sein mag, ist wieder keine nachhaltige Lösung.

Evolution in der Krise

Unsere Themen sind, wie ihr wisst, die Galaxis und interplanetarische Reisen. Man stößt dabei immer wieder auf Zivilisationen und Wesen, die ihre Nachhaltigkeitsprobleme mit Reisen zwischen den Planeten zu lösen versuchen. Ihr kennt das aus

eurer Science-Fiction-Literatur, aus Erzählungen von Außerirdischen, die auf anderen Planeten neue Ressourcen suchen, weil ihre heimischen erschöpft sind. Für die Menschheit wäre es weitaus besser, jetzt die notwendigen Veränderungen vorzunehmen, bevor die Ressourcen der Erde erschöpft sind. Wir verstehen eure Gegenwart als die Zeit einer evolutionären Krise. Sie besteht darin, dass neue Modelle und Paradigmen gefunden werden müssen, weil die alten nicht mehr funktionieren und der Bestand der Menschheit gefährdet ist.

Biorelativität beinhaltet nun den Gedanken der telepathischen Kontaktaufnahme mit der Erde, über den es zur Kommunikation und auch zur Einflussnahme kommen soll. Biorelativität besteht zunächst darin, dass ihr euch anhört, wie es um die Bedürfnisse und die Energie der Erde bestellt ist, aber zugleich müsst ihr sie auch für die Bedürfnisse der auf ihr lebenden Menschen gewinnen. Dabei ist zu bedenken, dass die Erde zwar ein Lebewesen ist, aber ein Lebewesen von anderer Art als ihr Menschen. Ein Planet besitzt beispielsweise kein Ego, und seine Energie ist weder menschlich noch tierisch, sondern die Energie eines Planeten. Die Erde ist nicht menschenähnlich, obwohl sie spirituelle Energie besitzt und man mit ihr kommunizieren kann. Die Erde hat einen Führer, nämlich Sanat Kumara, der als ihr planetarischer Logos bezeichnet wird. Ihm obliegt es, die Energie und die Funktionen der Erde im Auge zu behalten.

Biorelativität besteht darin, dass ihr Verbindungen knüpft, Kommunikationswege, über die ihr etwas über die Energie der Erde erfahrt (und möglichst in Wechselwirkung mit ihr tretet). Die Menschheit wird jetzt so mit der Erde zusammenarbeiten müssen, dass ein System der Nachhaltigkeit entstehen kann. Das Feedback-System, also der Austausch, hat schon gewisse Erfolge erbracht, ein besseres Gleichgewicht. Natürlich stößt das Gespräch mit der Erde auch irgendwo an seine Grenzen,

nämlich dann, wenn die Belastungen für die Erde zu hoch werden. Die Meere ertragen nur ein bestimmtes Maß an Verschmutzung, bevor dann die Regulation der Meeresbiosphäre über die Meeresströme nicht mehr ausreicht. Auch die Luftverschmutzung stößt irgendwann an die Grenze, von der an die Atmosphäre nicht mehr die für euch Menschen notwendigen Verhältnisse aufrechterhalten kann. Es besteht dann die Gefahr des Zusammenbruchs dieses Systems, gefolgt von Unregelmäßigkeiten und Anomalien, die kaum noch abzufangen sind. Das würden wir gern verhindern. Uns wäre es lieber, die Probleme könnten durch Veränderungen und Anpassungen gelöst werden.

Deshalb studieren wir sehr genau, wie die Erde funktioniert. Ein wichtiger Funktionszusammenhang ist das, was wir in Anlehnung an die chinesische Medizin als das Meridiansystem der Erde bezeichnen. Doch das ist wirklich nur eine Annäherung und kein direkter Vergleich, denn wir haben es eben mit einem Planeten und nicht mit dem menschlichen Körper zu tun. Wir haben hier noch kein für euch brauchbares Vokabular, sind aber dabei, es zu entwickeln. Wir sprechen also einstweilen von den Meridianen und Ley-Linien der Erde. Wir sprechen von Energiepunkten, die für den Erhalt des Kommunikationssystems extrem wichtig sind. Wir sagen euch, dass es wichtig ist, bestimmte Ley-Linien und Meridiane offen zu halten, weil sonst die gestauten Energien irgendwo ausbrechen und Unheil anrichten können. Der Vulkanausbruch des Eyjafjallajokull 2010 auf Island ist dafür ein Beispiel.

Biorelativität und »Adam-Relativität«

Die Frage ist aufgetaucht, ob man Biorelativität nicht auch zur Einflussnahme auf Menschen benutzen kann. Wir wäre es beispielsweise, wenn man die Führungsgestalten dieser Welt durch

Biorelativität zu einer neuen Haltung bewegen könnte, damit sie sich auf ihre Verantwortung für die Erde und ihre Bewohner, auf ihre Verantwortung für umweltschonendes und nachhaltiges Wirtschaften besinnen?

Das ist eine gute Idee. Für ihre Umsetzung müssen wir die Prinzipien der Biorelativität ein wenig abwandeln. Geben wir dem auch gleich einen neuen Namen, vielleicht »Adam-Relativität«, einfach weil Adam der Name des ersten Menschen ist und ihr im galaktischen Rat als Adam-Spezies bezeichnet werdet. Adam-Relativität wäre dann ein neues Feld und eine neue Energie, die auf Menschen und ihr Verhalten so einwirkt, dass ein Zusammenbruch der Biosphäre verhindert werden kann.

Hier liegen auch die Voraussetzungen ein wenig anders. Denkt allein an den riesigen Speicher der im Laufe eurer Evolution angesammelten Erbinformationen, an die lange Geschichte von genetischen Manipulationen, an die unterbewussten und unbewussten Prägungen, die ihr weiterhin auslebt. Im Übrigen hat eure wissenschaftlich-technische Entwicklung längst nicht die spirituelle Höhe, die notwendig wäre. Die spirituelle Entwicklung der Menschheit hat nicht mit der Technik mithalten können – die Technologie ist bei euch höher entwickelt als die Spiritualität.

Deshalb habt ihr Menschen die niedere Energie, die sich in Kriegen äußert, mit eurer Technik noch dunkler gemacht. Die wissenschaftliche Forschung leitet nicht etwa eine Gegenbewegung ein, sondern treibt die Technologie des Krieges in immer neue Höhen. Technischer Fortschritt hat nichts Nennenswertes für die Entschärfung von Konflikten erbracht. Es wird wohl mehr gekämpft und getötet als je zuvor. Man könnte argumentieren, die Anzahl der Kriege sei prozentual, also im Hinblick auf die geringere Gesamtbevölkerung in früheren Zeiten, annähernd gleich geblieben. Dann sieht es so aus, als wärt ihr einfach nur da, wo ihr auch früher schon wart, aber so ist es ja

nicht. Prozentual mag es das gleiche Bild sein wie immer, aber in den Auswirkungen hat sich alles um ein Vielfaches gesteigert. Die Verwüstungen, die heute angerichtet werden, sind mit nichts Früherem vergleichbar.

Aber zurück zur Adam-Relativität. Wir möchten euch unsere Gedanken zu diesem Thema anhand der Ölkatastrophe im Golf von Mexiko [zu der es zum Zeitpunkt dieses Vortrags gerade erst gekommen war] erläutern. Es handelt sich um eine Katastrophe von Menschenhand, also nicht um den Ausdruck eines Ungleichgewichts der Erde – zumindest bei oberflächlicher Betrachtung nicht. Da es sich um eine von Menschen ausgelöste Katastrophe handelt, müssen wir wohl über andere Arten der Intervention nachdenken. Biorelativität beruht ja auf Austausch mit der Erde und ihren Energien, aber hier geht es um die Auswirkungen menschlichen Verhaltens – wie in Tschernobyl, wie beim Einsatz von Atombomben, wie bei den höchst bedenklichen Experimenten mit Radiowellen in Alaska im Rahmen des HAARP (High Frequency Active Auroral Research Program).

Hier kann man mit einfacher Biorelativität nicht viel ausrichten, denn bei Menschen wirkt sie nicht, und die Erde versteht sie nicht. Wenn sich ein Orkan nähert, kann man ihn mit Biorelativitätsübungen zerstreuen und auf ein weniger zerstörerisches Maß bringen. Aber wie wollte man so etwas bei einer von Menschen ausgelösten Katastrophe wie Tschernobyl machen, wo letztlich der freie Wille des Menschen zu einer ungeheuren Freisetzung von Radioaktivität führte?

Auch die Ölkatastrophe im Golf von Mexiko sieht wie vom Menschen gemacht aus, aber sehen wir uns an, was sonst noch im Spiel sein könnte. Zunächst: Mit was für Kräften der Erde bekommen wir es zu tun, wenn es dem Menschen einfällt, in so tiefem Wasser zu bohren und der inneren Erde Energie abzuringen? Könnte es sein, dass da etwas aus dem Gleichgewicht ge-

bracht wird? Es gibt eine Denkungsart, die sofort antworten würde: »Also, da ist Öl, es spielt keine Rolle, wie tief. Wo Öl ist, ist es für den menschlichen Gebrauch da.« Aber unter anderen Gesichtspunkten, unter den Gesichtspunkten der Biorelativität, müsste man vielleicht fragen: »Gibt es vielleicht gute Gründe, diese Energie in der Erde zu lassen? Vielleicht muss diese Energie dort sein, um das innere Gleichgewicht der Erde zu wahren.« Das ist eine ganz andere Denkungsart. Anschließend wäre dann zu fragen: Wenn der Mensch sich diese Energie trotzdem anzueignen versucht, mit was für Kräften spielt er dann wohl? Wenn man durch die Förderung des Öls ein Ungleichgewicht schafft, was für Energien werden möglicherweise entfesselt?

Wir müssen uns auch fragen, was die Polarisierung auf der Erde möglicherweise mit den elektromagnetischen Veränderungen in der Erdatmosphäre zu tun haben. Bei elektromagnetischen Veränderungen können die Menschen manchmal nicht ganz klar denken. Es gibt zum Beispiel Zeiten eines eher erleuchteten Denkens und dann wieder Zeiten eines verdunkelten Denkens. Perioden der Klarheit mit großen wissenschaftlichen Entdeckungen und Fortschritten wechseln sich mit anderen ab, die dann als »finstere Zeiten« bezeichnet werden. Eben jetzt ist beides in der Energie der Erde vorhanden. Es gibt lange Abschnitte des aufgeklärten Denkens, in denen starke Energien der geistigen Klarheit wirken. Und es gibt die dunklen Energien; statt »dunkel« könnten wir auch »kontrahiert« sagen. Mit dieser dunklen Energie spreche ich Ereignisse wie Tschernobyl und diese Ölkatastrophe an. Wie mag es um die geistige Klarheit der Menschen bestellt sein, die diese Ölplattformen betreiben?

Ihr seht, ich stelle diese beiden Katastrophen auf eine Stufe. Für beide gilt, dass die Polarisierung und die kontrahierten Energien das klare Denken der Menschen beeinträchtigen, die solche hochkomplexen Einrichtungen betreiben. Sie neigen

dann zu Fehlern und falschen Einschätzungen. Vielleicht wurden auf der Ölplattform keine großen Fehler gemacht, aber wenn die beteiligten negativen Energien sehr stark sind, kann selbst ein kleiner Fehler verheerende Folgen haben.

Was zu lernen ist

Aufgrund ihres noch nie da gewesenen Ausmaßes lässt sich diese Ölkatastrophe mit der Atomkatastrophe von Tschernobyl vergleichen. Tatsächlich könnten die Auswirkungen auf die Erde sogar noch schlimmer sein, als sie nach Tschernobyl waren. Was hat die Menschheit aus dem Super-GAU von Tschernobyl gelernt? Wird die Nutzung der Kernkraft eingestellt? Sind die Sicherheitsbestimmungen entscheidend verschärft worden? Verfügen Menschen überhaupt über die Intelligenz und das Konzentrationsvermögen, die zum Betreiben solch gewaltiger Anlagen notwendig sind?

Und können wir davon ausgehen, dass Menschen angesichts der Polarisierungen und negativen Energien auf der Erde überhaupt so viel Können, Konzentration und Disziplin aufbringen, dass sie solche Anlagen künftig ohne große Gefährdung betreiben können? Die Antwort lautet Nein. Wenn es so weitergeht wie bisher, sind der nächste Atomunfall und die nächste Ölpest bereits abzusehen. Da mögen die Wissenschaftler noch so viele Fortschritte erzielen, das Grundproblem des Zusammenwirkens von Menschen und solchen komplexen Systemen lösen sie damit nicht. Menschen können sich nicht gegen den Einfluss der Energie abschirmen.

Bei der Ölplattform besteht das Problem aus mehreren Faktoren. Zunächst einmal haben sich die Menschen hier auf Meerestiefen und Energiemuster eingelassen, die ihr Wissen und Können überfordern. Hinzu kommen wie gesagt Veränderun-

gen des elektromagnetischen Felds der Erde, die dunkle Energien ins Spiel bringen und das klare Denkvermögen beeinträchtigen. Bedenkt auch, dass der Golf von Mexiko nicht weit von der Stelle des Untergangs von Atlantis entfernt ist. Dieses Ereignis ist im Gedächtnis der Erde verankert.

Es ist deshalb wichtig, dass Biorelativitätsenergie von höchster kosmischer Licht-Intensität in das Gebiet der Ölplattform gesendet wird. Die Lage muss sich hier einfach entspannen, sie muss eingegrenzt werden, und das wird nur gehen, wenn wir hier die höchsten kosmischen Energiequellen einbinden.

Für die folgende Übung möchten wir uns auf zwei Gesichtspunkte und Energien konzentrieren. Das ist zunächst die Energie des kosmischen Lichts, des undifferenzierten kosmischen Lichts, der höchsten Heilkraft, die wir in das Gebiet der Plattform herunterleiten können. Dann muss dieses höchste Licht aber auch die Menschen erreichen, die jetzt an der Bewältigung dieses schier unlösbar wirkenden Problems arbeiten. Wir wissen, dass Menschen Fehler machen. Wir möchten jetzt erreichen, dass die Lage unter Kontrolle gebracht wird. Wir möchten erreichen, dass der Ölstrom eingedämmt werden kann.

Meditation für die Ölplattform

Konzentriert euch zu Beginn auf den Fudschijama, der im arkturischen Baum des Lebens für das höchste undifferenzierte Licht steht, das wir von seinen Quellen, darunter die Zentralsonne, herunterleiten können. Konzentriert euch also so gut ihr könnt auf den Fudschijama und das kosmische Licht, das aus der fünften Dimension zu ihm gelangt. Visualisiert, wie ihr dieses Licht von dem ätherischen Kristall im Fudschijama in dieses Gebiet des Golfs von Mexiko leitet, etwa 50 Meilen vor der Küste von Louisiana. Richtet also jetzt zusammen mit mir

das kosmische Licht, das höchste undifferenzierte Licht, auf dieses Gebiet im Golf, damit die Bruchstelle geschlossen werden kann. Hier liegt etwas vor, das wie ein geplatztes Blutgefäß im Körper ist, ein von Menschen verursachter Blutsturz. Man kann ihn heilen. Wir meditieren jetzt und senden das Licht. Während dieser Zeit schweigen wir.

Verbindet euch mit dem höchsten kosmischen Licht, dem undifferenzierten fünfdimensionalen Licht aus der höchsten Quelle. Es ist erfüllt von Wissen und neuen Ideen. Es setzt sich über die in der dritten Dimension gültige Kausalität hinweg. Sendet dieses Licht jetzt zu den Menschen – den Arbeitern, Wissenschaftlern und Geologen –, die mit der Lösung des Problems befasst sind. Gehen wir jetzt in die Meditation zurück, um ihnen dieses Licht zu senden.

Im dritten Teil unserer Meditation senden wir allen Tieren und Pflanzen in diesem Gebiet Licht. Hier herrscht eigentlich eine hohe Biodiversität, aber ihr gehen jetzt die Kräfte aus. Es ist ein gewaltiges Trauma. Sendet dieses kosmische Licht jetzt in die Ökosysteme dieser Gegend, auch die Küstenregionen von Louisiana, Mississippi, Alabama und Florida. Die Ölpest ist hier so verheerend, das ganze Gebiet braucht dringend höheres Licht. Sendet es jetzt.

Ich positioniere jetzt das Sternenschiff Athena über diesem Gebiet, ich sende blaues Licht der höchsten Ordnung in diese Zone der Finsternis, damit die Verletzung geheilt und der Blutsturz beendet werden kann. Haltet das Licht in dieser kritischen Phase, in der sich das noch begrenzte Unheil zu einer weltweiten Katastrophe auszuweiten droht. Sendet es in das ganze Gebiet und in die drei angesprochenen Bereiche. Bedenkt die dort jetzt arbeitenden Menschen und alle Tiere und Pflanzen mit Licht. Zuletzt könnt ihr euch mir anschließen, und wir senden gemeinsam dieses laserartige Licht, um beim Verschließen der Wunde zu helfen.

Durch Adam-Relativität heilige Räume schaffen

Zum Schluss möchte ich noch etwas über Adam-Relativität sagen. Sie ist von den Prinzipien der Biorelativität abgeleitet, schließt aber auch den Baum des Lebens ein. Am Baum des Lebens ist abzulesen, dass das Heilige und das Weltliche im Gleichgewicht sein müssen. Durch Adam-Relativität setzen wir mit höherem Licht Gegengewichte für kontrahierte Zonen, unspirituelle Zonen, Kriegs- und Zerstörungsgebiete. Hier beziehen wir die Energien der Lichtstädte ein. Sehr bald werden wir eine Zeit und eine Energie schaffen, mit denen weitere zwölf Städte des Lichts aktiviert werden können. Wir freuen uns, dass diese Idee der Lichtstädte so begeistert aufgenommen wird. Wieder eine Nutzungsform der Energie heiliger Orte.

Diese Schaffung heiliger Räume durch Adam-Relativität wird zur Umorientierung des Menschheitsbewusstseins beitragen. Eine zweite Form der Adam-Relativität ist die Gedanken- und Energieprojektion: all den Menschen Energie senden, die hohe Entscheidungspositionen innehaben. Das ist ein bisschen knifflig, weil wir es dabei mit Ego-Energie zu tun haben. Die ist manchmal wie ein abgesperrter Wasserhahn. Wir müssen aber durchdringen. Wir umgeben den Raum, in dem sich diese hohen Verantwortungsträger aufhalten, durch Gedankenprojektion mit einem Energiefeld – wie eine Art Lichthof. Vergesst nicht, dass dieses Senden und Transformieren von Energie aus der Ferne wirklich etwas bewirken kann.

Senden wir noch einmal Licht an die Stelle im Golf von Mexiko, wo das Öl ausströmt. Mein Segen für alle Heiler der Erde.

22 POLARISIERUNG STÄRKT DAS BEWUSSTSEIN DER EINHEIT

*Juliano und die Arkturer, Erzengel Metatron,
Chief White Eagle*

In diesem Vortrag wird es um das Wesen der Polarisierung gehen. Ihr alle erlebt starke Polarisierungen auf der Erde, und jeder reagiert anders darauf. Ganz sicher fragt ihr euch aber alle, weshalb ihr in Zeiten extremer Polarisierung lebt und welchen Nutzen das für euch haben mag. Außerdem ist euch bekannt, dass viele es tatsächlich darauf angelegt haben, gerade in dieser Zeit auf der Erde zu sein. Aber jetzt fragt ihr euch ratlos, wie man eine solche Zeit wählen kann, um sich zu inkarnieren. Da schließt sich natürlich auch gleich die Frage an, wie der Aufstieg mit seinen Energien gerade in eine solche Zeit fallen kann. Ich werde auf diese Fragen eingehen, aber dazu müssen wir uns erst einmal ein Bild vom Wesen der Polarisierung machen.

Für die inkarnierte Seele sind Zeiten von starker Polarisierung ein Umfeld, in dem sie besonders viel lernen kann. Das erklärt, weshalb die Seele sich gerade in Zeiten des Umbruchs und der Polarisierung inkarnierten möchte. Die Lernchancen sind besonders hoch, und wenn ihr ehrlich seid, habt ihr in diesem Leben schon mehr über eure Emotionen erfahren und mehr neue Ideen in kürzester Zeit kennengelernt, als ihr euch je hättet träumen lassen.

Es ist aber auch eine frustrierende Zeit für euch, vielleicht eine Zeit der Schmerzen und der Entmutigung. Aus der Sicht des Egos ist dieses Maß an Polarisierung nicht gerade ein Ver-

gnügen. Aber die Seele erkennt eben die außergewöhnlichen Chancen. Bei jedem Einzelnen von euch ist die Seele begeistert von eurer Bereitschaft, in dieser Zeit auf diesen Planeten zu kommen, diese Art der Erd-Energie mitzuerleben und zu lernen. Teilweise lässt sich das anhand der Geschichte von Adam und Eva verstehen, die vom Abstieg aus der Einheit in die Dualität erzählt, vom Abstieg in die Polarisierung. Dualität und Polarisierung sind Bruder und Schwester.

Allerdings geht aus dieser Erzählung noch nicht klar hervor, worin der göttliche Plan bestand und besteht. Er sieht vor, dass alle Seelen, die evolvieren möchten und Evolution benötigen, Gelegenheit dazu bekommen sollen. Deshalb trifft die Seele die Wahl, sich in der Dualität zu inkarnieren und Polarisierung zu erleben. Da ist nicht etwa ein Fehler unterlaufen, da ist nicht von einer Frau die Rede, die aus irgendeinem Grund der Versuchung zu einer Sünde erlag. Es ist vielmehr der göttliche Wille und Plan, dass die Seele Dualität und Polarisierung erlebt, um sich entwickeln zu können.

Dualität als Lernchance

Seit dem Sommer des sehr stark polarisierten Jahrs 2011 zeichnet sich eine Periode zunehmender Harmonisierung und Einheit in vielen Ländern der Welt ab, und das verspricht, ein globaler Trend zu werden. Man muss aber klar sehen, dass dieser Trend zu einem Großteil auf die vorausgegangene extreme Zerrissenheit der Welt und die unliebsamen Folgen der übermäßigen Polarisierung zurückzuführen ist. Weil das auf allen Ebenen und weltweit so überdeutlich geworden ist, sehen jetzt viele Menschen, aber auch Regierungen und Führungspersönlichkeiten aller Bereiche zunehmend, dass man eine Position der Einheit anstreben muss, die im Interesse aller ist. Besonders

deutlich zeigt sich die Polarisierung bei den Veränderungen, die weltweit zu erkennen sind. Als ein Lebewesen reagiert die Erde insgesamt auf Klimaveränderungen und energetische Einflüsse, die vom Menschen ausgehen, und wenn sich auf einer Ebene ein Ungleichgewicht zeigt, bewirkt sie einen Pendelschlag in die Gegenrichtung. Sie versucht also gegenzusteuern und bemüht sich um ein neues Gleichgewicht.

Dualität und Polarisierung sind Kennzeichen der dritten Dimension, und zwar auf allen Ebenen, sei es ein Planet, ein Sonnensystem oder eine Galaxie. Die fünfte Dimension weist diese Polarisierung nicht auf, und es ist vollkommen verständlich, dass ihr euch auf die Erfahrung einer Dimensionalität freut, in der das Dasein nicht auf Dualität und Polarisierung beruht. Bedenkt aber auch, dass die Erfahrung von Dualität und Polarisierung in der dritten Dimension etwas Relatives ist, abhängig von der Höhe eures Bewusstseins und eurer Fähigkeit, Einheit zu erfahren.

Weshalb bezeichne ich die Polarisierung als Lernchance? Weil die Seele sie nutzen kann, um die Einheit zu verstehen. Einheit könnt ihr erst verstehen, wenn ihr Polarität und Dualität erlebt habt. Dazu müsst ihr aber nicht unbedingt auf die Dualität einsteigen – ich weiß, dass viele von euch genau damit ringen. Viele kämpfen auf politischem und wirtschaftlichem Gebiet und in anderen globalen Bereichen, um die Polarisierung zur positiven, spirituellen Seite zu verschieben und für mehr Ausgleich zu sorgen. Aber Polarisierung ist eigentlich der Antrieb der Spiritualität, die gerade wegen der starken Dualität an Kraft gewinnt. Heute leben mehr spirituelle Menschen auf der Welt als je zuvor, aber sie leben unter vielen Milliarden anderen Menschen und machen nur einen kleinen Prozentsatz aus.

Polarisierung birgt immer den Keim der Einheit. Wer kann eine neue Einheit herbeiführen? Was für eine Energie in der

Polarisierung, im Chaos, das diesem Planeten droht, kann Einheit und eine höhere Sicht der Dinge bewirken? Dieser Keim in der Dualität ist die spirituelle Energie, das spirituelle Licht der Sternensaat. Könnt ihr die Dinge so sehen und euch dann für die Seite der Einheit einsetzen? Ihr könnt es, wenn beide Seiten der Polarität in eurem Weltbild, eurer Energie, eurem Denken und in eurem Einsatz für das Licht präsent bleiben. Lasst euch also selbst nicht so weit polarisieren, dass ihr eine der beiden Seiten der Dualität, die positive oder die negative, vernachlässigt oder überseht.

Ich weiß, ihr mögt die negative Seite der Dualität nicht. Sie ist nicht spirituell ausgerichtet und widerspricht allem, was ihr für wahr und gut haltet – und sie schafft immer mehr Chaos. Aber sie wahrzunehmen verlangt ja nicht, dass ihr gemeinsame Sache mit ihr macht. Macht euch nur klar, dass alles, was sich auf diesem Planeten abspielt, letztlich Bestandteil der Einheit ist, Bestandteil eines Prozesses, der höhere Evolution und Bewusstheit hervorbringt und letztlich dem fünfdimensionalen Übergang dient, der eurer Erde bevorsteht.

Gehen wir noch einen Schritt weiter: Dualität und Polarisierung sind letztlich das, was euch in Richtung Aufstieg bewegt. Dualität und Polarisierung, richtig verstanden und genutzt, sind der Zugang zu eurem Aufstieg und zum Aufstieg der Erde. Dazu ist erforderlich, dass ihr in dieser Dualität zum Einheitsbewusstsein findet.

In beiden Dimensionen zu Hause

Wir haben euch mit dem arkturischen Baum des Lebens vertraut gemacht, der vom kabbalistischen Baum des Lebens abgeleitet ist. Wir haben ihn so erweitert, dass die fünfdimensionalen Aspekte des Aufstiegs mit berücksichtigt sind. Der

Ausgleich von Gewichten und Gegengewichten ist in diesem Diagramm wunderbar erfasst. Die Sphäre, die für das Licht und die Energie des Schimmerns steht, ist der perfekte Ausdruck für den Ausgleich von Dualität und Polarisierung.

Die Fähigkeit des Schimmerns braucht ihr, um euer höheres Gleichgewicht zu wahren. Diese Fähigkeit hat sehr direkt mit eurer mehrdimensionalen Präsenz zu tun. In eurer dreidimensionalen Präsenz erfahrt ihr eine Dualität von ganz eigener Art, nämlich eure fünfdimensionale Präsenz. Euer höheres Ich ist mit eurer fünfdimensionalen Präsenz verbunden, aber ihr habt auch ein Ego, das in der dritten Dimension zu Hause ist. Die vor euch liegende Aufgabe ist die Vereinigung eurer fünfdimensionalen Präsenz mit eurer dreidimensionalen Präsenz.

Das ist vor allem deshalb so schwierig, weil ihr durch Erziehung und Gewöhnung darauf geeicht seid, mindestens 90 Prozent eurer Zeit in der dritten Dimension zu verbringen. Aber die Energie der fünften Dimension durchbricht jetzt die dritte Dimension immer häufiger. Bisher war es so, als hinge ein dichter Vorhang oder Schleier zwischen den Dimensionen, der dafür sorgte, dass sie getrennt blieben. Jetzt jedoch nähert ihr euch einem energetischen Punkt, an dem das, was die Dimensionen getrennt hielt, durchlässig wird. Der Schleier hebt sich, die fünfdimensionale Energie wird zugänglich.

Nutzt die fünfdimensionale Energie als energetischen Rückhalt, um die Fähigkeit des Schimmerns aufzubauen und in beiden Dimensionen gleichzeitig tätig zu sein. Ihr habt bemerkt, dass euer gegenwärtiges Leben sehr viel Diesseitiges und scheinbar Unspirituelles von niederer Schwingung enthält. Lasst euch davon nicht über das hinwegtäuschen, was tatsächlich vorliegt, nämlich eure Mehrfachpräsenz, euer Dasein in verschiedenen Dimensionen.

Was lehren Dualität und Konflikt?

Stellt euch die Frage: »Was soll ich aus der Dualität und Polarisierung lernen?« Wirklich, fragt euch das. So schmerzlich es ist, dieses Geschehen zu verfolgen, es stehen auf der Erde immer noch große Lernschritte für euch an. Manche von euch haben diese Polarisierung bereits in anderen Inkarnationen erlebt. Manche waren auf anderen Planeten, die solche Polarisierungen durchmachten, und einige haben sogar Planeten an ihr zugrunde gehen sehen. Und jetzt seid ihr wieder auf einem Planeten, der an der Polarisierung scheitern könnte. Ihr müsst mit ansehen, wie unübersehbare schwere Fehler gemacht werden. Ihr seht Menschen, die in dieser Zeit des evolutionären Wandels genau die falsche Richtung einschlagen. Sie entfernen sich von der Einheit und klammern sich an ihre Machtposition. Sie möchten an ihrer Sicht der Dinge festhalten und hassen sogar andere, die in Richtung Einheit gehen möchten. Dann gibt es noch solche, die unter dem Deckmantel des Strebens nach Einheit ihre eigenen finsteren Absichten verfolgen. Es ist wirklich für alle Beteiligten eine schwierige Lektion.

Identifikation mit eurem fünfdimensionalen Körper erhebt euch über dieses Drama, sie bringt Energien ins Spiel und eröffnet Blickwinkel, die dem dreidimensionalen Körper verschlossen bleiben. Bedenkt, wie schwierig es sein kann, auf dieser Erde zu sein. Denkt an Menschen, die ihr kennt, die nichts mit Spiritualität und Aufstieg im Sinn haben. Sie können nichts mit neuen spirituellen Techniken anfangen, etwa mit dem Schimmern, das ihr erlernt. Überlegt einmal, wie schwer diese Umbruchphase der Erde für sie sein muss, so ohne spirituelle Techniken.

Die beschleunigte Polarisierung scheint noch schwierigere Zeiten anzukündigen, globale Veränderungen, Vulkanausbrüche, schwere Stürme und Erdbeben. Auch politisch und wirt-

schaftlich scheinen die Gegensätze stärker zu werden, das Konfliktpotenzial wird immer größer – es sieht so aus, als rückten die beiden Seiten immer weiter auseinander. Die Gefahr bewaffneter Auseinandersetzungen wächst. Ich sehe zwar keinen Atomkrieg kommen, aber die Konflikte werden wohl noch erheblich zunehmen. Irgendwann wird den Menschen allenthalben allmählich dämmern, dass es mit diesem Ausmaß an Aufruhr und Konflikt nicht weitergehen kann und es in jedermanns Interesse ist, einen Ausgleich anzustreben.

Die Menschen werden einander nicht unbedingt lieben, sie werden nicht wie Brüder und Schwestern sein. In naher Zukunft wird noch keine Menschheitsfamilie entstehen. Ihr wisst ja, wie schwer es ist, zu verzeihen, wenn man einander so viel Schmerz zugefügt hat. Doch ob ihr es glaubt oder nicht, es kommt der Zeitpunkt, an dem den feindlichen Lagern klar wird, dass nur die Zusammenarbeit mit der Gegenseite das Überleben sichert. Seht euch den jetzigen Zustand der tiefen Polarisierung an, und fragt euch einmal, was wohl noch geschehen muss, damit die Menschen erkennen, dass es in ihrem eigenen Interesse ist, mit der Gegenseite gemeinsame Sache zu machen. Richtig, die Dinge müssen sehr, sehr schlimm werden, damit es zu solch einer Zusammenarbeit kommen kann. Jetzt wisst ihr, wie viel Energie in der Polarisierung liegt.

Das Prinzip der Polarität ist am Baum des Lebens deutlich abzulesen. Es gehört als fester Bestandteil zur Beschreibung des Universums. Es gehört zur Beschreibung der dritten Dimension. Wir Arkturer wissen von zehn anderen Universen. In einigen von ihnen kam es zu großen Zusammenbrüchen, zu verheerenden Ausfällen der Dimensionalität. Universen befinden sich wie Planeten und Menschen auf unterschiedlichen Stufen der Evolution. Aber irgendwann kommt doch die Einheit. Deshalb bitte ich jetzt Erzengel Metatron, euch noch mehr über das Einheitsbewusstsein und seine Energie zu erzählen.

Vorher möchte ich aber noch einmal betonen, wie wichtig es für euch ist, eurem dreidimensionalen Körper fünfdimensionale Energie zuzuleiten, um die anstehenden Dinge tragen und überleben zu können und bei klarem Verstand zu bleiben. Behaltet euer fünfdimensionales Ich im Blick, und bewahrt euch die Fähigkeit des Schimmerns. Was ihr erlebt, gibt euch die Mittel für euren Aufstieg an die Hand, die Pforten und Lichtkorridore werden sich für euch und euresgleichen immer weiter öffnen. Die Polarisierung wird eure spirituellen Bemühungen beflügeln, und zugleich werdet ihr andere immer weiter in die Polarisierung gehen sehen. Die Energie der Polarisierung lässt aber zugleich das spirituelle Licht stärker hervortreten.

Beschleunigung in der Zone des freien Willens

Erzengel Metatron

Ihr hört es sicher gern, dass die spirituelle Arbeit immer intensiver und die spirituelle Energie immer dichter wird, sodass ihr bald zu einem großen Schritt eurer Entwicklung bereit sein werdet. Vielleicht ahnt ihr bereits, dass ihr dann in kurzer Zeit Dinge erreichen werdet, die normalerweise Jahre, wenn nicht ganze Leben in Anspruch nehmen. Wir nennen das Beschleunigung. Vor eurem Eintritt in diese dreidimensionale Welt der Dualität und Polarisierung wusstet ihr, was Beschleunigung ist. Die Gespräche, die ihr in der Zeit zwischen den Inkarnationen mit euren Führern und Lehrern geführt habt, machten euch klar, dass in dieser Zeit die Erde der Ort ist, der euch am meisten zu bieten hat. Die dritte Dimension ist eine Zone des freien Willens, und die liegt zwar in der Dimension der Dualität, aber sie ermöglicht eben auch Lernerfahrungen einer höheren und

intensiveren Art. Besinnt euch also immer wieder darauf, dass ihr die Codes des Aufstiegs entschlüsseln wollt. Sie liegen in euch. Mehr als alles andere benötigt ihr jetzt fünfdimensionale Energien für euren physischen, emotionalen und mentalen Körper. Hört also jetzt gut zu, und lasst euch von dem, was ihr hört, an die in euch liegenden Codes des Aufstiegs heranführen. [Singt:] *Kadosh, Kadosh, Kadosh, Adonai Zevaoth.* Mögen die Aufstiegs-Codes jetzt zugänglich bleiben.

Ich rufe jetzt das Omega-Licht auf euch alle herab, die diese Worte hören oder lesen. Projiziert auf den Bildschirm eures Geistes die Worte: »Mögen die Aufstiegs-Codes mir zugänglich sein.« Seht diese Worte vor euch leuchten. Versucht, den Bildschirm vor euer drittes Auge zu platzieren. Jetzt sende ich das heilige Omega-Licht. Das Omega-Licht scheint jetzt auf eure Affirmation. Es lässt euren Bildschirm aufleuchten. Lasst die Affirmation tief in euer Unterbewusstsein sinken. Wir versenken uns jetzt in eine kurze Meditation, bei der ihr das Licht weiter auf diese Affirmation in eurem Unterbewusstsein scheinen lasst.

Lasst das Adam-Licht in euch aktiv werden. Adam war es, der im fünfdimensionalen Garten Eden lebte, und seine Erfahrung ist jetzt in euren Genen. Er lebte in der Einheit und höheren Energie, die wir fünfte Dimension nennen, und seine Erfahrung ist in euren Genen auf euch übergegangen. Euch ist es gegeben, euch für das Adam Kadmon genannte unsterbliche Licht zu öffnen. Sein Energiefeld enthält die energetischen Muster des Lebensbaums. Auch ihr könnt in eurer Aura alle diese Energien zum Ausgleich bringen. Und wir haben zusammen mit den Arkturern den auf der Erde installierten zwölf ätherischen Kristallen eine entsprechende Energie mitgegeben. Sie ziehen immer mehr Menschen an, die heilende und ausgleichende Energien einbringen möchten. Die zwölf ätherischen Kristalle sind die Haupt-Energiepunkte,

die für die Verteilung des fünfdimensionalen heilenden Lichts auf der Erde sorgen.

Jetzt wird noch Chief White Eagle zu euch sprechen.

Höhere Weisheit

Chief White Eagle

Es wird Zeit, euren Verbindungspunkt zu reaktivieren. So bezeichnen wir eine Stelle in eurem Energiefeld, die als eine Art Mehrwegeventil zwischen den verschiedenen euch zugänglichen Wahrnehmungsfeldern fungiert. Dieser Verbindungspunkt muss durchlässiger werden, denn je leichter ihr Zugang zu euren Wahrnehmungsfeldern findet, desto mehr höhere Weisheit könnt ihr erfahren. Höhere Weisheit ist eben jetzt sehr notwendig, große Chiefs werden sprechen, und immer mehr Menschen werden für die Weisheit der Alten aufgeschlossen sein. Deshalb rufe ich euch auf, meine Brüder und Schwestern, euch auf die Lichter der Ahnen zu besinnen. Ich rufe euch auf, Kontakt zu den Großmüttern und Großvätern zu suchen. Verbindet euch mit den heiligen Großmüttern und Großvätern in allen heiligen Gegenden der Erde. Zusammen mit uns möchten sie die Erde in ein neues Gleichgewicht bringen.

Ja, es wird zu einem neuen Ausgleich auf der Erde kommen. Ihr seht die Anzeichen. Es gibt jetzt Städte des Lichts, es werden spirituelle Grundlagen geschaffen, und die Erde reagiert darauf. Die Sternenfamilien und aufgestiegenen Meister und Lehrer sind ebenfalls bereit zu helfen. Mich macht das alles sehr froh. Der galaktische Kachina kommt. Die Weiße Büffelfrau kommt. Die Zugänge öffnen sich eben jetzt für die spirituellen Größen der alten Zeit. Neue Korridore entstehen, durch die all die spirituellen Meister und Lehrer, die Mütter und Vä-

ter, die Großmütter und Großväter auf die Erde kommen und mit der dritten Dimension eins werden können.

Viele werden sich die Überzeugung zu eigen machen, dass die Erde lebendiger Geist ist. Die Fähigkeiten der aufgestiegenen Meister, auch die Lehren der Biorelativität, werden sich wachsender Wertschätzung erfreuen. Verzweiflung wird eine neue Bereitschaft hervorbringen, auch andere Standpunkte und Betrachtungsweisen gelten zu lassen. Ich sehe jetzt die Chance, dass der Geist der Erde Aufnahme im Bewusstsein der Sternensamen findet. Es begeistert mich, und es gibt allen in meiner Familie Auftrieb, allen Brüdern und Schwestern. Fürchtet euch also nicht, sondern geht den Weg, der vor euch liegt, als spirituelle Krieger. Manche denken vielleicht, dass der Erde große Heimsuchungen bevorstehen, eine Art Strafgericht, aber aus unserer Sicht ist dies eine Zeit, die das Gleichgewicht wiederherstellt und eine höhere Einheit hervorbringen wird. Für euch soll es nach unseren Vorstellungen letztlich auf die Einheit mit der fünften Dimension hinauslaufen.

23 MERIDIANE UND DIE HEILUNG DER ERDE

Juliano und die Arkturer, Helio-ah

Die Erde heilen – dieser Gedanke der 80er- und 90er-Jahre des vorigen Jahrhunderts wird neuerdings wieder aktuell. In der spirituellen Welt galt das Jahr 2011 als das Jahr der Erd-Heiler, das Jahr der Heilung der Erde. Ihr habt euch als Gruppe der Vierzig, als Sternensaat und Lichtwerker in dieser Zeit auf der Erde inkarniert, um euch als Heiler der Erde zu betätigen, und diese Widmung eures Lebens ist den aufgestiegenen Meistern, ist überall in der Galaxis wohlbekannt. So richtig ist diese Vorstellung eigentlich erst in den letzten Jahren ins Bewusstsein der Lichtwerker gedrungen. Es wird jetzt mehr und mehr auf den Einsatz eurer Heilkräfte ankommen, ihr müsst sichtbarer werden, und dazu wird sich auch Gelegenheit bieten.

Wichtig ist dazu, dass wir uns immer wieder den Meridianen der Erde zuwenden. Wir vergleichen sie wie erwähnt mit den Meridianen des menschlichen Körpers, wie sie aus der chinesischen Medizin bekannt sind. Schätzungen zufolge weist der menschliche Körper um die 3 000 Haupt- und Nebenmeridiane auf. Die Hauptmeridiane sind wohlbekannt und werden gern für die einleitende Grundbehandlung verwendet, aber manchmal müssen die Heilbemühungen sehr spezifisch werden, und hier bedient man sich dann der Nebenmeridiane. Sehen wir uns etwa das menschliche Ohr aus der Sicht der chinesischen Medizin an. Das Ohr stellt im Vergleich zum gesamten Körper ein recht kleines Hautareal dar, bietet aber einer er-

staunlichen Zahl von Punkten Platz. Es gibt sogar Ansätze in der chinesischen Medizin, die sich ganz auf das Ohr als Schaltstelle für Veränderungen im Energiesystem des Körpers konzentrieren.

Wie kann man die Meridiane der Erde behandeln?

Ich erwähne das nur, um euch an die Arbeit mit den Erd-Meridianen heranzuführen. Wenn ihr euch den gewaltigen Umfang der Erde anseht, wird euch vielleicht ein wenig bang vor dem Ausmaß der Meridiane, und ihr werdet euch fragen, wie man diese Strecken bewältigen kann, wenn man die Erde über die Meridiane behandeln möchte. Zudem verlaufen manche Meridiane auch noch durch die Meere. Hier lässt sich kaum konkret arbeiten, der Aufwand wäre einfach zu hoch. Und schließlich verlaufen die Meridiane auch noch durch Wüsten und Kriegsgebiete, wo man sich kaum als Lichtwerker betätigen kann.

Doch das sind keine unüberwindlichen Probleme. Sie bedeuten aber, dass wir bei der Heilung der Erde über die Meridiane ein wenig umdenken müssen. Wenn der menschliche Körper vielleicht 3 000 Haupt- und Nebenmeridiane aufweist, wie viele hat dann wohl die Erde? Sie sind nicht ohne Weiteres zu zählen, aber es ist bestimmt nicht zu hoch gegriffen, wenn wir 100 000 Meridiane annehmen. Selbst wenn ihr euch auf die Hauptmeridiane der Erde konzentrieren wolltet, würdet ihr feststellen, dass es sehr viele sind – und dann könnt ihr euch womöglich nicht einigen, wo man anfangen soll.

All das beruht jedenfalls auf der Annahme, dass die Erd-Meridiane irgendwie ähnlich funktionieren wie die des menschlichen Körpers. In der chinesischen Medizin gilt ja, dass die Meridiane frei durchgängig sein müssen, wenn der Mensch bei

guter Gesundheit sein soll. Sind Meridiane blockiert und gestaut, kommt es zu Krankheiten, und die Genesung leitet man durch die Auflösung solcher Stauungen ein. Dazu dienen, wie ihr wisst, Maßnahmen wie die Akupunktur oder Akupressur ganz bestimmter Gebiete.

Tatsächlich dient dieser Vergleich aber nur der Veranschaulichung. Mit den Energien der Erde verhält es sich nicht ganz genauso, aber ihr könnt so eine ungefähre Vorstellung bekommen. Werfen wir etwa einen Blick auf die großen Meeresströmungen, bei denen es sich ganz klar um Meridiane handelt. Störungen des Energieflusses durch Verschmutzung und Stauungen sollten hier sicherlich Anlass zur Sorge geben, insbesondere wenn es sich um Ölverschmutzungen handelt, die es ja auch vor der Golfkatastrophe schon gegeben hat und die sich mit den Meeresströmungen überallhin ausbreiten. Keine Frage, dass dieses Öl die Energieleitbahnen der Erde blockieren kann.

Der menschliche Körper ist stets bemüht, sich selbst zu heilen, und das gilt auch für die Erde. Die Erde ist ein Energiesystem, ein lebendiger Planeten-Geist. Sie verfügt über ein komplexes Feedback-System. Sie hat es vermocht, die Bedingungen für menschliches Leben zu schaffen. Es ist bekannt, dass die Erde ein bestimmtes Gleichgewicht wahren muss, damit Menschen auf ihr existieren können, und wir können davon ausgehen, dass die Erde als lebendiger Geist am Erhalt des menschlichen Lebens interessiert ist. Ihre Selbstregulationsmechanismen streben ständig dieses relativ schmale Band an klimatisch günstigen Bedingungen für menschliches Leben an. Das ist ein sehr komplexes Geschehen, mit dem unter anderem der Sauerstoff- und Stickstoffgehalt der Luft reguliert wird. Es gibt in der Galaxis viele bewohnte Planeten, deren Lebewesen sich in manchen Fällen auf einem weitaus niedrigeren Stand der Evolution befinden. Dass die Erde es in der Evolution schon so weit gebracht hat, räumt dem Blauen Juwel eine Son-

derstellung ein. Die Erde vermag mit ihrer hoch entwickelten Fähigkeit zur Selbstregulierung nicht nur einer ungeheuren Vielfalt von Lebewesen Lebensraum zu bieten, sondern ist auch für menschliches Leben geeignet. Das macht sie zu einem sehr hoch entwickelten Planeten.

Selbstregulation hat jedoch ihre Grenzen, und die vielen von Menschen geschaffenen Probleme auf der Erde zeigen diese Grenzen auf, jenseits derer die Erde den relativ schmalen Bereich des Gleichgewichtszustands nicht mehr aufrechterhalten kann. Wie weit haben wir es noch bis zu jener Unerträglichkeitsgrenze, von der an die Selbstregulierung der Erde versagen muss? Wie weit sind wir also noch von dem Punkt entfernt, von dem an die Erde ihre Biosphäre nicht mehr aufrechterhalten kann? Wann wird die Erde endgültig nicht mehr können und kippen? Hinter dieser Grenze kann Mutter Erde das Klima nicht mehr stabil halten. Deshalb laufen alle unsere Gespräche über Biorelativität darauf hinaus, dass sich die Erde in der Krise befindet. Sie ist dem Kollaps näher, als sich die meisten Menschen einzugestehen wagen. Sollte er eintreten, könnte die Erholung, die Wiederherstellung des Gleichgewichts, Jahrhunderte benötigen.

Erd-Heiler versuchen, die Reorganisationsprozesse zu verstehen. Sie möchten das Feedback-System der Erde stabilisieren und neu ausrichten, bevor die Verhältnisse katastrophal werden, und ihre Bemühungen werden den Kollaps der Biosphäre aufhalten. Sie behandeln die Erde, um ihre Selbstheilungs- und Selbstregulierungskräfte wieder aufzubauen. Einer der wichtigsten Ansätze ist dabei die Arbeit an den Meridianen der Erde. Kommen wir also jetzt zu der Frage, mit welchen ihr euch befassen solltet und wie die Akupunktur der Erde vor sich geht.

Meridiane und Energiepunkte der Erde

Wir sind durch unsere Nachforschungen auf ein neues Heilsystem für die Erde gestoßen. Bei der Akupunktur für den Menschen kann der Energiefluss in den Meridianen im ätherischen Energiefeld der Aura gesehen werden. Tatsächlich liegt hier sogar der Ursprung des Energieflusses. Er manifestiert sich im Körper, und man kann durch Berührung des Körpers die Meridianströme verfolgen.

Bei der Quantenheilung für den Menschen kommt es uns nun darauf an, den fünfdimensionalen Körper einzubeziehen, weil die höhere Akupunktur am ätherischen Körper ausgeführt wird. Wir Arkturer möchten euch helfen, fünfdimensionale Energie in euren dreidimensionalen Körper zu leiten. Dazu haben wir ganz bestimmte Übungen mit euch gemacht, unter anderem die des Schimmerns. Auch Energiearbeit vom Typ Akupunktur kann diesem Zweck dienen. Wir werden das ganz sicher weiterverfolgen, denn als Lichtwerker benötigt ihr in dieser Zeit fünfdimensionale Quantenheilung.

Sehen wir jetzt aber zu, was sich davon auf die energetische Heilung der Erde anwenden lässt. Wir arbeiten unter fünfdimensionalen Gesichtspunkten mit den Energien der Erde und haben zu dem Zweck die zwölf ätherischen Kristalle installiert. Sie sind die Quellen und Leitbahnen oder eben die neuen Meridiane für die fünfdimensionale neue Erde beziehungsweise für die Heilung der dreidimensionalen Erde. Eigentlich braucht ihr die alten Meridiane des Planeten nicht mehr zu kennen. Ich zeige euch jetzt einen direkteren und einfacheren Zugang zur Heilarbeit für die Erde auf. Darauf haben wir euch schon über die Jahre hin durch Ausrichtung eures Augenmerks auf die zwölf Kraftorte vorbereitet, an denen wir ätherische Kristalle installiert haben. Jetzt möchten wir euch den Gedanken unterbreiten, dass durch Verbindungen

zwischen diesen zwölf Kristallen neue Energiemeridiane geschaffen werden können.

Manche haben uns darauf aufmerksam gemacht, dass die zwölf ätherischen Kristalle nicht gleichmäßig auf der Erde verteilt sind und es wichtige Kraftorte gibt, die nicht berücksichtigt wurden. Darauf möchte ich antworten, dass wir holografisch arbeiten, und zwar mit ganz spezifischen holografischen Energien. Wir haben die Standorte unter dem Gesichtspunkt des Quantenzugangs zum gesamten Energiesystem der Erde gewählt. Bei der Akupunktur am menschlichen Körper geht ihr ja häufig von einem Punkt mit positivem Energiefluss aus und führt die Energie dann in die gestaute Zone. Man setzt mit anderen Worten nicht direkt da an, wo die Blockade sitzt. Da ist einfach keine Energie zu holen. Ihr geht in einem korrespondierenden Bereich von hoher Energie, die ihr dann in den gestauten Bereich leitet.

Der ätherische Kristall am Lago Puelo in Argentinien befindet sich an einem der reinsten Energiepunkte der Erde. Deshalb ist er ein großartiger Ausgangspunkt, wenn es darum geht, im Rahmen der Meridianbehandlung Energie in eine Ley-Linie zu schicken. Es ist ein uralter Ort, der nicht viel an menschlichem Fehlverhalten erlebt hat. Beispielsweise findet man am Lago Puelo kaum Umweltverschmutzung. Deshalb haben wir einen ätherischen Kristall vom arkturischen Kristalltempel in den Lago Puelo heruntergeladen. Auch die anderen Kristallstandorte sind von ähnlich reiner Energie. Ihre hohe Klarheit und Energie ließen unsere Wahl auf sie fallen. Es ging uns auch darum, für diese Orte einen dauerhaften Schutz zu schaffen. Sie werden aktiv bleiben, weil sie für viele Lichtwerker erreichbar sind und auch von ihnen besucht werden.

Mit eurer Hilfe können wir jetzt von diesen zwölf Punkten aus neue Energiebahnen legen. Nehmen wir an, ihr wolltet eine Energielinie vom Lago Puelo zum Bodensee legen. Ich rufe

euch auf, zu diesem Zweck einfach einen neuen fünfdimensionalen Meridian zu visualisieren, der den Lago Puelo mit dem Bodensee verbindet. Dieser Meridian interagiert mit den alten dreidimensionalen Meridianen der Erde. Ihr visualisiert einen machtvoll strömenden Energiekanal. Visualisieren wir jetzt noch eine weitere Verbindung, diesmal vom Bodensee nach Montserrat in Spanien. Wie zuvor erzeugt ihr durch Visualisation einen neuen Energiestrom. Und jetzt könnt ihr nach dem gleichen Verfahren eine Energielinie von Montserrat zum Fudschijama ziehen. Auf diese Art zieht ihr Verbindungslinien zwischen den Standorten aller zwölf ätherischen Kristalle.

Energie nach Jerusalem schicken

Aber es geht noch weiter. Nehmen wir an, ihr wolltet eine energetische Verbindung zwischen dem Lago Puelo und Jerusalem schaffen. In Jerusalem befindet sich kein ätherischer Kristall arkturischen Ursprungs, aber Jerusalem ist bekanntlich einer der höchsten spirituellen Kraftpunkte der Erde. Die vom Lago-Puelo-Kristall ausgehende Energie kann einen neuen Meridian schaffen, der fünfdimensionales Licht und fünfdimensionale Energie in die Gegend von Jerusalem leitet. Nehmen wir also an, wir wollten Jerusalem mit höherer Energie versorgen. Vor allem geht es uns um Frieden, um Ruhe, um einen fünfdimensionalen Ausgleich in Israel und Jerusalem. Visualisiert den Bodensee, den Fudschijama und eine Energieleitung vom Lago Puelo nach Jerusalem. Visualisiert den Verlauf dieser Energieleitung durch das ätherische Energiefeld der Erde.

Wie ihr wisst, wirkt Akupressur auf das ätherische Energiefeld des menschlichen Körpers, das etwa 20 Zentimeter über die Körperoberfläche hinausgeht. Visualisieren wir auch das Energiefeld der Erde so, etwas größer als der Planet selbst.

Das ätherische Energiefeld der Erde kann bis in eine Höhe von 100 Kilometern reichen, aber für den Zweck unserer Visualisation nehmen wir eine Höhe von eineinhalb bis zwei Kilometern an.

Sicher entsteht hier die Frage nach dem Verlauf der Linie über Land und Meer. Erinnert euch, dass nichts im Universum schneller ist als die Gedanken. Wenn ihr im ätherischen Raum eine Linie projiziert, geschieht das gedankenschnell, und die Linie nimmt von selbst den für sie besten Verlauf. Nehmen wir an, es gebe Stauungspunkte, an denen Licht und Energie nicht fließen, weil das Denken der Menschen in dieser Gegend Hindernisse schafft. Für diese blockierte Energie könnt ihr dann einen Ausgleich schaffen. Das ist ganz wichtig. Wir sagen nicht, dass die alten Linien plötzlich verschwinden und mit ihnen die alte Energie. Vielmehr werden neue fünfdimensionale Energiekanäle geschaffen, die in vielen Fällen einen Ausgleich für die vorhandenen Stauungen schaffen.

Wir sprechen über ein neues Zeitalter und die neue fünfdimensionale Erde. Neue Energiebahnen besitzen eine Quantenkraft, die stärker ist als vorhandene niedere Energien und deshalb neue Lichtfelder schaffen kann. Bis hierher haben wir von einer direkten Energieleitbahn nach Jerusalem gesprochen, und ich habe euch nahegelegt, vor allem die Kristalle im Lago Puelo, im Bodensee, in Montserrat und im Fudschijama einzusetzen. Ihr könnt euch aber auch mittels Gedankenprojektion zum nächstgelegenen Kristall versetzen und von dort aus eine neue Energieleitbahn nach Jerusalem einrichten. Bleibt ein paar Augenblicke bei diesem Gedanken.

Zwei wichtige Dinge kommen hier ins Spiel. Zunächst einmal lassen sich diese Energieleitbahnen ausbauen und stärker machen. Das kann so aussehen, dass ihr in Jerusalem eine Gruppe von Leuten habt, die diese Energiefrequenz empfangen können. Wenn man Energie sendet, muss natürlich am anderen

Ende jemand sein, der sie empfängt. So also kann die Energie in ihrer Wirkung gesteigert werden. Zweitens wäre es wunderbar, wenn ein paar von euch zum Senden der Energie am Lago Puelo zusammenkämen, zeitlich abgestimmt mit der Empfängergruppe in Jerusalem. Das würde der ganzen Sache mehr Nachdruck geben. Wir wissen natürlich, dass es nicht ganz einfach ist, so etwas zu organisieren, aber ihr seid Heiler der Erde, ihr wisst, was hier vor sich geht, ihr werdet die Dinge über das Jahr verteilt irgendwie auf die Beine stellen.

Es gibt noch weitere Gebiete, die so behandelt werden müssen, weil es dort große Energielecks im ätherischen Feld der Erde gibt – genau wie im Energiefeld des menschlichen Körpers. Manche von euch haben vielleicht schon mit Menschen gearbeitet, deren Aura oder Meridiane Löcher und Brüche aufwiesen, was zu schweren Störungen führte. Um ganz ehrlich zu sein, solche Defekte im Energiesystem der Erde gibt es fast überall. Manche sind vom Menschen verursacht, insbesondere durch Umweltverschmutzung und Verstrahlung, andere gehen von Energiequellen außerhalb des Sonnensystems aus, und einige haben schließlich auch mit hoher Sonnenaktivität zu tun. Eure Arbeit als Heiler der Erde besteht unter anderem darin, solche Löcher zu schließen – und das könnt ihr direkt visualisieren. Nehmt etwa den Irak und Afghanistan und diese ganze Region. Da wurde und wird mit enormem Kraftaufwand nicht viel Erfreuliches erreicht. Schon daran ist zu erkennen, dass da ein Energieloch sein muss und es dringend notwendig ist, dieses Loch zu schließen.

Unsere Jerusalem-Übung könnt ihr auch auf jedes andere Gebiet mit schweren Energielecks übertragen. Menschen neigen dazu, ein Leck erst einmal irgendwie stopfen zu wollen, und sie greifen hastig zu allen möglichen Notbehelfen. Auf einem Schiff ist das ganz natürlich, aber was, wenn das Leck einfach zu groß wird und die kopflosen Maßnahmen nichts

nützen? Das scheint für Menschen ganz schwer zu lernen zu sein, und deshalb schärfen wir euch immer wieder ein, dass die Interventionsenergie aus der fünften Dimension kommen muss. Die dritte Dimension liefert einfach nicht genug Energie, sie reicht nicht aus zur Heilung der Erde, sonst müssten ja inzwischen Erfolge zu sehen sein. Zur Heilung ist fünfdimensionaler Download erforderlich.

Sicher stellt sich euch die Frage, wer denn wohl in Afghanistan bereitsteht, um fünfdimensionale Energie zu empfangen. Vielleicht ist niemand da. Zur Heilung der Erde braucht ihr in solchen Fällen andere fünfdimensionale Ansätze. Deshalb möchte ich zum Schluss jetzt Helio-ah sprechen lassen. Sie wird euch etwas über den Iskalia-Spiegel erzählen.

Eine Heilkammer für die Erde

Helio-ah

Seid gesegnet, meine Freunde und Lichtwerker in den Gruppen der Vierzig überall auf der Welt, die sich dem Licht und dem Heilen verpflichtet fühlen. Wir freuen uns sehr, dass ihr jetzt schon so viele seid, die das holografische Heilen verstanden haben und es zur Heilung der Erde einsetzen möchten. Wir haben euch die holografische fünfdimensionale Heilkabine vorgestellt, die jetzt allen Sternensamen für ihre persönliche Heilung zur Verfügung steht. Diese kleinen persönlichen Kabinen sehen ungefähr wie Telefonzellen aus. Wenn ihr in der Kabine seid, seht ihr so etwas wie einen sehr hoch entwickelten Computer, der euch Bilder und Ereignisse eures gegenwärtigen und zukünftigen Lebens zeigen kann. Noch weiter entwickelte Modelle zeigen auch frühere Leben und sogar das Leben zwischen den Leben. Alle, die dazu bereits Gelegenheit hatten,

empfinden die holografische Heilkabine als außerordentlich nutzbringend.

Die holografische Heilkammer für die Erde ist ganz nach diesem Vorbild gestaltet, und damit seid ihr jetzt in der Lage, die Prinzipien des holografischen Heilens auch auf die Erde anzuwenden. In der persönlichen Heilkabine findet nur eine Person Platz und kann dort einen Drehknopf bedienen. Wenn ihr ihn nach links dreht, geht es in die Vergangenheit, und auf dem Bildschirm erscheinen Bilder der Vergangenheit. Beim Drehen nach rechts sind Bilder der Zukunft zu sehen. Zum holografischen Heilen könnt ihr euch Energie von eurem zukünftigen Ich ausleihen und auf euer jetziges Ich übertragen. In der Zukunft seid ihr alle aufgestiegene Meister. In der Zukunft seid ihr alle geheilt. Und die Energie und das Licht dieser Zukunft könnt ihr in die Gegenwart holen.

Es geht deshalb, weil die Vergangenheit, Gegenwart und Zukunft der linearen Zeit, an die ihr euch in der dritten Dimension haltet, letztlich Illusion sind. Tatsächlich sind eure Zukunft, Gegenwart und Vergangenheit ein interagierendes Ganzes und kreisförmig Geschlossenes. Ihr könnt euch mit jedem Teil dieses Kreises verbinden und diese Energie in eure Gegenwart holen. Eine dieser holografischen Heiltechniken besteht, wie ihr wisst, darin, durch visuelle Darstellung alte Traumen zu heilen. Die Bilder der Vergangenheit werden in positive Heilbilder umgewandelt. Ihr könnt beispielsweise eine Szene der Vergangenheit so umgestalten, dass ein Engel dazukommt und euch beisteht. So kann eine neue Harmonie entstehen. Dann wird das neue Bild per Download in euer Unterbewusstsein übertragen, sodass ihr dann wirklich das geheilte Bild der Vergangenheit in euch tragt.

Für die Heilung der Erde richten wir die Kammer ganz ähnlich ein. Stellt euch einen großen Saal vor, vielleicht ein Theater, einen großen Hörsaal oder ein Kino oder etwas noch viel

Größeres. Die holografische Heilkammer auf unserem Sternenschiff Athena besitzt einen kilometerbreiten Bildschirm; so etwas könnt ihr auf der Erde natürlich nicht nachbauen, aber kleinere Modelle von Kinogröße wären durchaus möglich.

Wir haben jedenfalls auch hier einen Wahlknopf, der uns mit einer Drehung nach rechts in die Zukunft führt. Da besteht dann die Möglichkeit, sich allerlei Katastrophenszenarien à la 2012 vorspielen zu lassen – Vulkanausbrüche, Umstürze, Tsunamis und so weiter. Aber solche Bilder würden sich dem Unterbewusstsein der Erde aufprägen, und das liegt nicht in unserer Absicht. Kreieren wir in der holografischen Heilkammer also lieber neue Bilder, die nicht diesen Voraussagen entsprechen. Von solchen Bildern wird eine umstimmende Wirkung auf die Zukunft ausgehen.

Erzeugen wir Bilder vom Heraufdämmern eines neuen Bewusstseins und neuen Gleichgewichts. Machen wir auf dem Bildschirm sichtbar, wie die Menschen klüger mit Polaritäten umgehen könnten. Zeigen wir, wie die Menschen die Umweltverschmutzung eindämmen, die Umwelt wiederbeleben und nukleare Lagerstätten aufräumen. Zeigen wir, wie die Energielöcher über dem Irak und Iran, über Afghanistan und sogar den USA geheilt und geschlossen werden. Solche Bilder könnten erzeugt und überall auf der Welt in Kinos gezeigt werden. Stellt es euch vor: Heiler der Erde schaffen solche Bilder und stellen sie den Filmtheatern zur Vorführung zur Verfügung. Millionen Menschen sehen diese Bilder. Stellt es euch vor, wie das wäre. Dann sind auf einmal viele Menschen da, die Anschluss an diese Energie finden und sie in die Gegenwart holen.

Liebe Freunde, dazu wäre noch so viel mehr zu sagen. Ich bin überglücklich, dass jetzt eure Heilkräfte für die Erde aktiviert werden. Es gibt so viel zu tun.

Zuletzt möchte ich noch kurz auf den Iskalia-Spiegel kommen. Die Hauptverbindungsstelle der Erde mit galaktischen

Quellen ist der Nordpol, sozusagen das Kronenchakra der Erde. Wenn ihr aufsteigt, ist das wie eine Art ätherische Reise zum Nordpol. Dort haben wir einen ätherischen Spiegel platziert, den Iskalia-Spiegel, der je nach den Erfordernissen seine Höhe variieren kann. Manchmal steht er etliche Kilometer über dem Nordpol, manchmal mehr in Erdnähe. Jedenfalls spiegelt er höheres galaktisches Licht zur Erde, insbesondere von der Zentralsonne. Er wirkt wie eine Art Hohlspiegel, der das Licht bündelt. Ihr könnt nun das Licht vom Iskalia-Spiegel in verschiedene Gebiete und zu den ätherischen Kristallen leiten, um deren Kraft zu erhöhen. Wir werden euch weiterhin anleiten und eure Erdheilungskräfte aufbauen. Viel Neues erwartet euch hier. Seid meiner Liebe versichert.

24 STABILISIERUNG DER ENERGIE NACH ERDBEBEN

Juliano und die Arkturer

Viele Veränderungen bahnen sich auf der Erde an, Verschiebungen politischer und geologischer Art. Bei unserer jetzt anschließenden Biorelativitätsübung konzentrieren wir uns auf energetische Stabilisierung und Licht für die Gegend von Christchurch in Neuseeland, wo es vor einiger Zeit zu diesem verheerenden Erdbeben kam. Zu diesem Zweck wollen wir uns mit dem Lake Taupo auf der Nordinsel verbinden, der einen unserer wunderschönen ätherischen Kristalle beherbergt, einen Kristall von großer Kraft.

Neuseeland ist insgesamt eine geologisch sehr aktive Zone, Mutter Erde sehr nah, der inneren Erde und damit den Ur-Energien, die mit der Evolution der Erdkruste und des Energiefelds der Erde zu tun haben. All das macht Neuseeland zu einem wichtigen Faktor für die geologische Evolution der gesamten Erde. Denkt auch daran, dass Neuseeland einige der saubersten Gewässer der Erde zu bieten hat, in denen viele Arten von Meeresgetier zu Hause sind.

Ein Dreieck der Kraft

Heute konzentrieren wir uns also direkt auf Christchurch. Ich rufe den Kristall am Lake Taupo auf der Nordinsel und lasse ihn aufsteigen. Wir lassen auch die Kristalle im australischen

Grose Valley und den Mount-Shasta-Kristall ein wenig höher steigen. Sie stehen jetzt alle zwei bis drei Kilometer über ihrer normalen Position. Der Lake-Taupo-Kristall steht zweieinhalb Kilometer über der Seeoberfläche, sodass Christchurch direkt mit seiner stabilisierenden und harmonisierenden Energie bestrahlt werden kann. Die beiden anderen Kristalle wirken im Hintergrund und stellen einen Teil der enormen Energie bereit, die der Lake-Taupo-Kristall jetzt abgibt.

Sendet jetzt mit der höchsten euch möglichen Arkanstärke Energien der Stabilisierung, der Harmonie und des göttlichen heilenden Lichts. Sendet es mit acht bis zehn Arkan von heilender Gedankenkraft von eurem dritten Auge direkt zum Lake-Taupo-Kristall. Jetzt. [Pause.] Das vom Kristall ausgehende Licht wird durch eure Gedankenkraft verstärkt und direkt ins Zentrum von Christchurch gesendet, unmittelbar auf den Platz, an dem der eingestürzte Turm der Kathedrale steht. Die Energie des Kristalls ist sehr stark. Sendet weiter Licht und Energie von hoher Arkanstärke aus eurem dritten Auge zum Lake-Taupo-Kristall.

Wenden wir uns jetzt dem Licht vom Mount Shasta zu. Wir senden ihm ebenfalls kurz Energie, und ihr spürt die zurückkommende Kraft. Die heilende Energie geht direkt vom Mount-Shasta-Kristall zum Lake-Taupo-Kristall und von dort aus mit verdoppelter Arkanstärke nach Christchurch. Und jetzt sendet heilende Gedanken von eurem dritten Auge aus zum Grose-Valley-Kristall in den Blue Mountains bei Sydney. Sie kommt dort mit zehn Arkan an und wird verstärkt an den Lake-Taupo-Kristall weitergeleitet, der sie wie zuvor ins Zentrum von Christchurch leitet. Das Licht tränkt gleichsam das Erdinnere unter der ganzen Stadt und stabilisiert den Boden für die Zukunft.

Das Licht hüllt auch die gesamte Stadt ein, und die Menschen spüren die erhebende, aufrichtende Energie. Sie haben nach der Katastrophe Mut und Stärke bewiesen, mit höchstem

Einsatz die Verletzten und Toten geborgen, die Überlebenden betreut. Vieles war aufzuräumen und neu zu bauen, und die Stadt musste wirtschaftlich wieder auf die Beine gebracht werden. Sie haben das alles so entschlossen und tatkräftig angepackt, wie es Kiwi-Tradition ist. So tragisch das Ereignis war, es schweißt das ganze Land zusammen und erneuert seine Kräfte. Noch einmal strahlt die Kraft von den beiden unterstützenden Kristallen zurück zum Lake Taupo und von da aus über die Inseln Neuseelands, insbesondere die Südinsel, um Christchurch noch weiter energetisch zu stabilisieren.

Sammelt euch noch einmal auf den Gedanken und das Licht. Ihr seid nicht nur mehrdimensional, sondern könnt auch in mehrere Richtungen gleichzeitig agieren: Euer drittes Auge sendet Licht zum Lake-Taupo-Kristall, aber zugleich auch zum Mount-Shasta-Kristall – und dieser Anteil wird dann ebenfalls zum Lake Taupo weitergeleitet. Dann könnt ihr, und zwar ebenfalls gleichzeitig, sogar noch den Grose-Valley-Kristall anpeilen, sodass eine mächtige Dreiecksverbindung von hochfrequentem Heillicht entsteht, das die gesamte Gegend von Christchurch, die Menschen und die Atmosphäre mit stabilisierendem Licht erfüllt – sogar für euch selbst fällt von diesem »Multitasking« mit dem dritten Auge etwas Erhebendes ab. Ihr sendet jetzt aktiv Heilenergien von hoher Arkanstärke. Wenn sich euer drittes Auge noch weiter öffnet, werdet ihr außerdem in der Lage sein, Licht durch euer Kronenchakra herunterzuladen.

Uralte Energieverbindungen

Ich befinde mich im Sternenschiff Athena über Christchurch. Wir wirken begütigend und tröstend auf alle ein, die bei diesem Beben ihr Leben lassen mussten, wir helfen den Seelen, ihren

Übergang zu einem guten Abschluss zu bringen. Auf diesen Inseln ist das Ahnen-Bewusstsein noch stark, und der große heilende Geist der Großmütter und Großväter wirkt hier.

Ich richte das Licht aus und verbinde mich jetzt telepathisch mit jedem Einzelnen von euch bei eurer Biorelativitätsarbeit und mit eurem Wunsch, heilendes Licht und Harmonie an diesen Ort zu senden. Das Beben hat nicht nur Zerstörung angerichtet, sondern auch eine große Öffnung für höherdimensionales Licht geschaffen. Das ist das Schöne an diesem tragischen Ereignis. Das höhere Licht umspielt jetzt dieses ganze Land, nicht nur Christchurch und die Südinsel, sondern auch die Nordinsel.

Wendet euch jetzt wieder Lake Taupo auf der Nordinsel zu. Das Kristalllicht ist jetzt nicht mehr präzise gebündelt, sondern strahlt in alle Richtungen und schafft Zugänge für höheres spirituelles Licht – eine wunderbare Erfahrung für alle Beteiligten. Das heilende Licht verhilft nicht nur Christchurch und der ganzen Südinsel zu neuer Stabilität, sondern kommt auch euch bei dieser internationalen heilenden Biorelativitätsübung zugute.

Ihr spürt die Kraft eures dritten Auges, diese Fähigkeit, eure Heilkräfte und heilenden Gedanken zu verstärken. Ihr fühlt euch den ursprünglichen Erd-Energien verbunden, die in Neuseeland wirken. Es sind tiefe, uralte Energien, Abermillionen Jahre alt. Wir tragen dazu bei, diese Energien von der Quantenebene her zu beruhigen.

Ein goldener Lichthof

Ich sende jetzt außerdem höheres heilendes Omega-Licht in den Lake-Taupo-Kristall, und es entsteht das, was ich in Anlehnung an die Radartechnik »Rückstreuung« nenne. Die vom Lake-Taupo-Kristall abgestrahlten Heilenergien sind so stark,

dass ihre Rückstreuung die Kristalle im Mount Shasta und im Grose Valley erreicht, von wo aus sie auch zu euch zurückgestreut werden. Haltet diesen großen Strom der Lichtverbindungen aufrecht. Auf diese Art werdet ihr die Kraft eurer heilenden Gedanken von zehn auf 15 Arkan steigern können.

Christchurch ist jetzt in einen goldenen Lichthof gehüllt, vielleicht berichten die Bewohner sogar von einem goldenen Ring um die gerade untergehende Sonne. Das sind die Nachwirkungen unserer Lichtverstärkung in diesem Teil der Welt. Visualisiert diesen herrlichen Sonnenuntergang mit seinem goldenen Hof und den Lichtringen am dunkler werdenden Himmel. Es handelt sich um Nachwirkungen des heilenden Lichts, das wir dorthin gesendet haben.

Ich werde die drei Kristalle noch für die nächsten 36 Stunden in ihrer erhöhten Stellung lassen, damit sie diese Gegend weiter bestrahlen können. Ihr könnt euch merken, dass es bei solchen Übungen immer gut ist, eine Dreiergruppe von Kristallen einzuschalten, damit sie ein Kräftedreieck bilden können, wie wir es heute erlebt haben.

25 UMWELTSCHÄDEN HEILEN

Juliano und die Arkturer, Chief White Eagle,
Weiße Büffelfrau, Erzengel Metatron

Der Zustand der Umwelt und der Biosphäre hat etwas mit dem Wirken der Menschen auf der Erde zu tun. Die Menschheit beeinflusst das gesamte Leben auf diesem Planeten. Nie zuvor hat eine Spezies so viel Macht über das Leben und Sterben ganzer Arten gehabt, alle Pflanzenarten, alle Tierarten sind davon betroffen, Säugetiere ebenso wie Vögel, Fische und Insekten.

Nach der Katastrophe in Japan, und hier meine ich vor allem die nukleare Katastrophe, steht uns sehr deutlich vor Augen, dass der Mensch das Leben und die Biosphäre ernsthaft schädigen kann. Wichtiger als alles andere ist jetzt, dass wir die Kräfte der Biorelativität einsetzen, um alle Energien, alle spirituellen Kräfte und Gedankenkräfte der Sternensamen zu bündeln, sodass sich die Verhältnisse im Kernkraftwerk stabilisieren können und keine weitere Radioaktivität austritt. Nach unseren Erkenntnissen kann radioaktive Strahlung einen Riss, eine Spaltung der dritten Dimension bewirken. Die Aura der Erde wird dann so undicht, dass die Lebensenergie der dritten Dimension abfließt. Das muss dringend behoben werden. Die Lecks müssen abgedichtet werden, damit die Lebenskraft und damit die Lebensfähigkeit der dritten Dimension erhalten bleibt.

Ich rufe jetzt den ätherischen Kristall des Fudschijama und die übrigen elf Kristalle auf, eine Position hoch über ihren Standorten in der Erde einzunehmen. Ihr alle seid aufgefordert, starke und kühlende Gedanken in Richtung der Reaktoren zu

senden, sodass die noch aktiven Kernkräfte auf niedrigem Niveau bleiben. Macht euch bitte klar, wie entscheidend wichtig das ist, denn die nuklearen Auswirkungen des Unglücks sind weitaus schlimmer als die übrigen vom Beben und dem Tsunami angerichteten Verwüstungen.

Hier gilt es zu verstehen, dass menschliches Handeln gewöhnliche Naturkatastrophen um ein Vielfaches verschlimmern kann. Sendet also den havarierten Reaktoren kühlende, heilende und beruhigende Gedanken. Sendet die Gedanken zum Fudschijama-Kristall, der sie verstärken wird. Ich beziehe den fünfdimensionalen arkturischen Kristall über dem Kristallsee und schließlich den Mount-Shasta-Kristall ein, sodass ihr die Kraft dieser drei Kristalle für euer mehrdimensionales Denken nutzen könnt, um dafür zu sorgen, dass die Reaktoren von Fukushima dauerhaft kontrollierbar bleiben.

Ich schicke außerdem Omega-Licht in den Fudschijama-Kristall, um die Arkanstärke eurer Gedanken zu erhöhen. Das ist eine besondere fünfdimensionale Schwingung, die nicht an die Gesetze der dreidimensionalen Logik gebunden ist. Immer wenn ihr etwas von unaufhaltsamen Folgen hört, von Dingen, bei denen man »nichts machen kann«, müsst ihr euch in Erinnerung rufen, dass es sich um dreidimensionales Denken handelt. Das Omega-Licht, das ich jetzt in den Fudschijama sende, ist nicht an die Gesetze und Grenzen der Dreidimensionalität gebunden und lässt Dinge zu, die ihr als Wunder bezeichnen würdet.

Ich rufe das heilende Quantenlicht. Omega-Licht wird über den Fudschijama-Kristall in alle von der Katastrophe betroffenen Teile Japans gesendet. Der ätherische Kristall im Lago Puelo sendet heilendes Licht zum Fudschijama-Kristall und zu allen übrigen Kristallen, die jetzt einen Verbund von unwiderstehlicher Kraft bilden. Ich bin jetzt in unserem Sternenschiff Athena direkt über den Reaktoren, und wir senden allen Men-

schen, die nach wie vor an der Bewältigung der technischen Probleme arbeiten, heilendes Quantenlicht. Wir gehen jetzt in tiefe Meditation und senden dabei weiterhin heilendes Quantenlicht und Omega-Licht. Die Gesetze der dritten Dimension stellen hier kein Hindernis dar, die ganze Region wird von der Intervention des Göttlichen erfasst und erlebt das göttliche Wunder des heilenden Lichts. Haltet diese heilende Energie aufrecht, ihr macht das sehr gut.

Jetzt wird Chief White Eagle in diesen Heilkreis der Biorelativität eintreten.

Wie uraltes Wissen nutzbar gemacht wird

Chief White Eagle

Uns alle bewegt der Wunsch, dafür sorgen zu können, dass die gefährliche Lage in Japan kontrollierbar bleibt. Die Großvater- und Großmuttergeister, die Geister des Fudschijama, schließen sich uns an, und wir bilden einen großen ätherischen Kreis über dem nordöstlichen Japan. Wir setzen unsere Heilkräfte ein, um die Erd-Energien dort zu beruhigen. Ich werde dazu jetzt ein Gebet sprechen.

Vater und Mutter, Schöpfer und Schöpferin von allem, wir haben uns hier versammelt, weil wir um ein göttliches Einschreiten der höchsten Art bitten möchten, damit in der Atomanlage von Fukushima weiterhin alles beherrschbar bleibt und sich ein neues Gleichgewicht, eine neue Harmonie bilden kann. Mögen die Kenntnisse und Fähigkeiten aller an den Arbeiten Beteiligten ausreichen, zum Besten Japans und der ganzen Welt. Wir wissen um die Gefahren der Kernkraft, aber wir kennen auch die großen Fähigkeiten der Alten und die Selbstheilungskräfte der Erde. Wir rufen die höheren Kräfte der

göttlichen Weisheit. Wir rufen den Bodensee-Kristall mit seiner Weisheit und den göttlichen Kräften der höheren Erkenntnis. Wir rufen Lake Moraine in Kanada, dieses Zentrum großen Wissens und großer Vernunft, und wir senden die Energien dieser beiden Kristalle zum Fudschijama, der die göttliche Weisheit und Erkenntnis direkt an alle weiterleiten kann, die an der Lösung der schwierigen Probleme mitarbeiten. Mutter Erde, wir werden das große Licht der Biorelativität über Japan aufrechterhalten, damit es die tragische Katastrophe überwinden kann.

Verkennt die Lage nicht, dies ist eine Zeit großer Gefahren für den gesamten Planeten. Weiße Büffelfrau ist jetzt hier und möchte euch dazu noch etwas sagen.

Schamanenlicht

Weiße Büffelfrau

Ihr alle, die ihr die Erde liebt, versteht es immer besser, die Kräfte vieler großer Lehrer, Meister und Geist-Führer in eure Arbeit einzubeziehen. In dieser gefährlichen Zeit helfen wir euch, die energetischen Verhältnisse in Japan wieder zu normalisieren, denn wenn unsere geliebte Erde wieder ins Gleichgewicht kommen soll, ist es unbedingt notwendig, solche nuklearen Unfälle besser zu beherrschen.

Ich sende jetzt weißes Büffel-Licht direkt in die betroffenen Gebiete Japans. In diesem weißen Büffel-Licht liegt eine besondere Heilkraft. Visualisiert jetzt einen weißen Büffel im Äther über Japan. Er sendet ein Licht aus, das der Erde hilft, ihr Gleichgewicht wiederzufinden. Auch die Erd-Energien sind wichtig, wenn es Probleme der Radioaktivität zu beherrschen gilt. Visualisieren wir also jetzt in unserer Meditation den wei-

ßen Büffel und sein Energiefeld über dem nordöstlichen Japan. [Lange Pause.] Der weiße Büffel taucht die ganze Gegend in heilendes weißes Licht und richtet beruhigende Energien direkt auf die Reaktoren. Beruhigende Energie erfüllt die Gegend mit weißem Büffel-Licht.

Ich sende dieses weiße Licht, um den Riss in der ätherischen Schutzhülle der Erde zu schließen, der durch die Katastrophe von Fukushima entstanden ist. So möchten wir die Biosphäre intakt halten, damit sie keine zu großen Energieverluste erleidet. Alle zum Heilen Berufenen schließen sich an und senden ihre heilenden Energien. Schamanen und Angehörige indigener Völker hören den Ruf und senden ebenfalls heilende Gedanken. Immer mehr von euch wissen, dass die Weiße Büffelfrau eine der Heilkräfte von Mutter Erde ist, und es macht mich froh, zu wissen, dass ihr euch uns anschließt. Die Ankunft des weißen Büffels bedeutet eigentlich, dass euch ein neues heilendes Licht zur Verfügung steht, das ihr nutzen könnt, um auf diesem schönen Planeten Gleichgewicht und Harmonie wiederherzustellen.

Jetzt möchte Erzengel Metatron noch ein paar Worte sagen.

Eine heilende Schwingung

Erzengel Metatron

Auch ich sende heilendes Licht nach Japan und dazu die heilige Energie des Gebets *El Na Refa Na La*. Sprecht innerlich diese Worte mit mir und hört sie. Sie senden eine heilende Schwingung in dieses Gebiet um das Atomkraftwerk mit seinen dissonanten Schwingungen. Bleibt bei der Schwingung der Worte, wir müssen in dieser Gegend die harmonische Schwingung wiederherstellen.

Es wird gelingen, diese Sache unter Kontrolle zu bringen und die Schäden so gering wie möglich zu halten. Die Biosphäre wird sich selbst heilen können. Viele Führer und Lehrer haben die Situation im Auge und werden auch die Genesung begleiten.

Ich übergebe wieder an Juliano.

Alle Kräfte bündeln

Juliano

Die ätherischen Kristalle werden weiterhin Energie und Licht senden. Nutzt ihre Kraft, nutzt die Kristalle, den weißen Büffel und das Omega-Licht. Ich aktiviere jetzt noch den Lichtring des Aufstiegs über Japan, um die heilenden Gedanken und Energien der aufgestiegenen Meister und der auf der Erde verkörperten Heiler des Planeten zu verstärken. Damit leiten wir nun das Maximum an Energie und spirituellem Licht, das göttliche Licht der telepathischen Heilung, das Omega-Licht, das Licht der Quantenheilung und das Licht der Erkenntnis dieser ganzen Gegend und allen mit den Problemen Befassten zu. Möge ihre Arbeit schnell eine Lösung herbeiführen, schneller sogar, als nach allem Dafürhalten zu erwarten wäre. Wir setzen für die Lösung fünfdimensionales Licht ein. Sendet eure Gedanken weiterhin zum Fudschijama-Kristall und behaltet alle Übungen im Sinn.

26 WIE MAN FÜNFDIMENSIONALE ENERGIE ANZIEHT

Juliano und die Arkturer, Tomar

Sehen wir uns einmal an, wie ihr fünfdimensionale Energie und fünfdimensionales Licht für euch selbst und für die Erde anziehen könnt. Der Hauptzweck unserer gemeinsamen Arbeit besteht in der Ausrichtung auf die fünfte Dimension, und das hat einen persönlichen und einen planetarischen Anteil. Wir betonen ja immer wieder, dass die Energien der dritten Dimension beschleunigt werden müssen. Es muss eine Anziehungskraft geschaffen werden, mit der die fünfte Dimension in die dritte geholt werden kann. Dann ist es möglich, fünfdimensionale Energie in die dritte Dimension herunterzuladen.

Das geschieht zunächst als Download für persönliche Zwecke, und so möchte ich erst einmal darüber sprechen, wie ihr fünfdimensionale Energie in euer persönliches Leben leiten könnt. Danach erörtern wir das entsprechende Vorgehen für die Erde. Dann bleibt noch zu besprechen, wie die Aufstiegsleiter in Australien zu aktivieren ist, und zuletzt befassen wir uns mit der neuen Lichtstadt Nelson Bay nördlich von Sydney bei Newcastle. Aktivierung der Aufstiegsleitern und Lichtstädte, das ist es, was wir brauchen, um fünfdimensionales Licht zur Erde zu lenken.

Den Körper an die Veränderungen auf der Erde anpassen

Viele von euch wüssten gern, wie sie ihr Leben verbessern können. Allen ist offenbar klar, dass es immer schwieriger wird, auf diesem Planeten zu leben. Globale Veränderungen betreffen euch alle, unabhängig vom Wohnort. Oft wird gefragt, wo man denn am sichersten ist, aber auf dieser Erde gibt es letztlich keinen Schutz, und man wird kaum einen Ort finden, der von den Veränderungen unberührt bleibt. Die Veränderungen werden euer Leben zweifellos schwieriger machen, aber wenn ihr zugleich Zugriff auf diese fünfdimensionale spirituelle Technologie habt, kommt ihr ganz sicher besser zurecht und könnt euch anpassen.

Das betrifft naturgemäß zunächst den physischen Körper. Wenn ihr euch die globalen Veränderungen anseht, ist eigentlich klar, dass euer Immunsystem Unterstützung braucht, und die kann es durch fünfdimensionale Energie bekommen. Dazu solltet ihr im Einzelnen wissen, wie das Immunsystem intakt gehalten und für die anstehenden Veränderungen modifiziert werden kann. In erster Linie geschieht das durch Energiearbeit und Schwingungsmedizin, zwei fünfdimensionale Ansätze zur Unterstützung des Körpers. In vielen Fällen bringt das für die Gesundheit des Körpers mehr als die herkömmliche westliche Medizin.

Die Aura des Körpers ist ganz wichtig für den Anschluss an Quellen fünfdimensionaler Energie. Dazu müsst ihr euch selbst noch deutlicher als bisher als schwingende Energie wahrnehmen. Dazu ist die Vorstellung der Aura oder des kosmischen Eis besonders nützlich. Ihr müsst also mit eurer Aura arbeiten, mit ihrem Pulsieren, das erschließt euch den Zugang zur fünften Dimension.

Betrachten wir das Pulsieren eurer Aura neben dem Puls des Körpers. Wenn der körperliche Puls zu stark oder zu schnell

wird, kann das auf gesundheitliche Probleme hindeuten. Ein hoher Puls der Aura kann dagegen anzeigen, dass ihr euch dem fünfdimensionalen Licht und der fünfdimensionalen Energie annähert. Wir haben ja sogar bei unserer Übung des Schimmerns das Pulsen des Umrisses eurer Aura als einleitenden Schritt der Interaktion mit der fünften Dimension geübt. Wenn ihr Menschen begegnet, die an Energiemangel leiden, wisst ihr, dass ihre Aura zu langsam pulsiert. Ihr müsst euch dann davor schützen, dass dieser niedrige Puls auf eure Aura übergreift, sonst kann es zu spirituellen Problemen kommen. Unsere gemeinsame Arbeit verhilft bereits vielen von euch zu diesem Schutz.

Über den emotionalen Körper fünfdimensionale Energie empfangen

Die zweite Möglichkeit, fünfdimensionale Energie in euer Leben zu holen, liegt in eurem emotionalen Körper. Der emotionale Körper muss für den Empfang fünfdimensionaler Energie aktiviert werden. Ihr besitzt viele neue Energietechniken zur Heilung des emotionalen Körpers. Auf dem Gebiet der spirituellen Psychologie wurden Fortschritte erzielt, die euch erlauben, alte Anteile des Ichs abzulegen und euer Ich mit höheren Energien kompatibel zu machen. Die hier erzielten Fortschritte sind wirklich großartig. Ein neuerer Ansatz der emotionalen Heilung dreht sich um das Bewusstsein früherer Leben und euren derzeitigen Seelenauftrag. Ihr seid sogar hier, um den Umgang mit Emotionen zu erlernen, da die Erde ein einzigartiges Umfeld für emotionale Erfahrung bietet.

Bei dieser Arbeit müsst ihr euch vor allem auf die fünfdimensionale emotionale Perspektive konzentrieren. Das beinhaltet den Umgang mit höheren Schwingungen wie Liebe,

Mitgefühl, Verständnis und Bejahung. Es ist in dieser Zeit nicht ganz einfach, höhere Emotionen zu erfahren, wenn ihr ringsum Zerstörung, Leid, Schmerz und irrationales Handeln seht. Niedere dreidimensionale Gefühle wie Neid, Wut, Ärger und so weiter wollt ihr nicht mehr, aber wie könnt ihr bei den höheren Regungen bleiben? Nun, ihr könnt euch mit eurem höheren Ich in der fünften Dimension verbinden. Die höheren Anteile eurer selbst sind dort bereits vorhanden, und sie können euch die fünfdimensionale Perspektive vermitteln.

Worin besteht die? Was ihr auf der Erde seht, ist ein planetarisches, aber auch ein galaktisches Drama. Auf der Erde mischen sich sehr verschiedenartige genetische Anlagen, Rassen, Energien und Muster. Diese Mixtur enthält auch Überreste früherer Zivilisationen, deren Angehörige zur Erde kamen und deren Anlagen jetzt noch in eurem genetischen Erbgut und in eurem Körperbau wirksam sind. Auch die unendlich vielen Religionen, Sprachen und Rassen auf der Erde sind Ausdruck dieses galaktischen Dramas. Damit stellt sich auch die Frage des persönlichen und des kosmischen Karmas. Viele Konflikte gehen über das hinaus, was ihr an Aktionen und Reaktionen auf der Erde verfolgen könnt. Man findet einfach keinen zureichenden Grund für das Ausmaß dessen, was hier vielfach an Leid und Zerstörung angerichtet wird.

Solche Probleme nehmen den emotionalen Körper so stark in Anspruch, dass selbst Heilbemühungen mit höheren Schwingungen nicht viel ausrichten. Wenn ihr nicht in niederen Regungen wie Angst und Zorn steckenbleiben wollt, braucht ihr eine andere Sicht der Dinge. Die Lösung besteht darin, dass ihr eine gewisse Distanz einnehmt, die euch aber nicht daran hindert, zu fühlen und euch zu engagieren. Ihr seht die derzeit auf der Erde vorherrschenden destruktiven Züge zwar nicht gern, aber ihr macht euch außerdem klar, dass es sich um ein Drama handelt, das ihr verfolgen müsst, weil ihr zu aufgestiegenen

Meistern ausgebildet werdet. Was ihr hier lernt, wird euch nützen, wenn ihr einmal andere Planetensysteme und ganz andere Regionen aufsucht. Es ist eine wertvolle Erfahrung, aber seht zu, dass ihr die höhere Schwingungsenergie beibehaltet.

Befasst euch deshalb vor allem mit der Herzenergie. Haltet das Herzchakra offen und frei, so habt ihr immer Zugang zu höheren Meistern, die Experten für Herzenergie sind. Angst ist das große Problem hinter so vielen emotionalen und spirituellen Störungen und Leiden auf der Erde. Die Menschen fühlen sich allein und isoliert. Dagegen hilft die Arbeit mit der Herzenergie, sie führt zur Erkenntnis größerer Zusammenhänge. Die Menschen brauchen die Erfahrung einer höheren Emotionalität.

Der spirituelle Körper und die fünfte Dimension

Schließlich müssen wir noch betrachten, wie der spirituelle Körper sich mit der fünften Dimension verbinden kann, um fünfdimensionale Energie anzuziehen. Hier kommt das ins Spiel, was wir mehrdimensionale Präsenz nennen. Menschen sind mehrdimensional. Ihr führt eine parallele Existenz in der fünften Dimension und könnt euch spirituell mit diesem fünfdimensionalen Körper verbinden. Ihr projiziert euch und knüpft die Verbindung und seid dann in der Lage, fünfdimensionale Energie in euren dreidimensionalen Körper zu leiten. Das ist für die Menschheit ein großer Schritt der Evolution.

Wir sagen ja immer wieder, dass die Menschheit an einem evolutionären Wendepunkt steht und jetzt die nächste Stufe erreichen muss. Eine Kerngruppe muss vorangehen und so dafür sorgen, dass die ganze Menschheit folgen kann. Ihr kennt sicher das, was als »Phänomen des 100. Affen« bezeichnet wird. Es wurde bei Affen auf einer Insel festgestellt, denen man eine

neue Verhaltensweise beibrachte. Nachdem der 100. Affe das neue Verhalten erlernt hatte, fiel dieser Lernschritt weiteren Affen plötzlich ganz leicht, sogar an anderen Orten. Deshalb muss es für die Menschheit solch eine Kerngruppe von spirituell Erwachten geben.

Es ist für uns nicht zu übersehen, dass der wissenschaftliche Fortschritt die spirituelle Entwicklung hinter sich gelassen hat. Um die Menschheit in ihrer spirituellen Entwicklung zu fördern, haben wir ein neues spirituelles Paradigma mit dem Namen »heiliges Dreieck« eingeführt. Es vereinigt das galaktische Denken mit dem mystischen Denken und dem Denken der Naturvölker. Dieser Zusammenschluss ermöglicht uns eine neue Sicht der Dinge, und die wiederum gewinnt man durch die Unterstützung höherdimensionaler Wesen. Die Religionen der Erde bieten einen reichen Schatz an mystischen Lehren, die vielfach aus galaktischen Quellen stammen. Alle Religionen der Erde haben Verbindung zu galaktischen Energien, und alle Propheten standen mit höherdimensionalen Wesen in Verbindung. Ein weiteres Kernelement dieses neuen Paradigmas besteht in der tiefen Verbundenheit der indigenen Völker mit der Erde.

Das alles hängt ganz direkt mit unserer Arbeit für die Erde zusammen. Eure Aufgabe als Heiler der Erde besteht darin, euch und den Planeten über die von arkturischen Lichtwerkern betreuten Städte des Lichts mit der fünften Dimension zu verbinden. Gegenwärtig bestehen 42 Lichtstädte, die in dieses arkturische Projekt eingebunden sind. Weitere Anteile dieses Projekts sind die ätherischen Kristalle und die Aufstiegsleitern, die wir überall auf der Erde errichten. Es gibt mit anderen Worten eine Technologie zur Heilung der Erde, mit der fünfdimensionale Energien angezogen und bewahrt werden können. Euch fällt als arkturischen Sternensamen und als Heilern der Erde die Aufgabe zu, euch dieser Technik zu bedienen. Dazu habt ihr euch jetzt und hier inkarniert.

Macht euch jetzt eure Aura bewusst, die wie ein kosmisches Ei geformt ist. Die äußere, geschlossene Schicht eurer Aura ist von tiefem Blau. Sie pulsiert im Rhythmus eures Energiefelds. Ihr könnt die Pulsenergie eurer Aura erhöhen. Hört euch die Töne an, die ich euch durch den Channel sende. Sie sind von zunehmender Frequenz, und ihr werdet sehen, dass ihr den Puls eurer Aura entsprechend erhöhen könnt. [Schneller werdende Tonfolge.] Spürt ihr den höheren Puls eurer Aura? Während das geschieht, öffnen sich euer spiritueller, mentaler, emotionaler und physischer Körper für die Aufnahme fünfdimensionaler Energie. Und genau das ist euer Auftrag: fünfdimensionale Energie für die Erde.

Die vierte Aufstiegsleiter

Eine Kerngruppe von Menschen mit fünfdimensionalem Bewusstsein ist wichtig für den evolutionären Wandel der gesamten Adam-Spezies. Es muss auch ein Kernbestand an Lichtstädten auf der Erde geschaffen und aktiviert werden, und schließlich muss auch eine Mindestzahl an Aufstiegsleitern installiert sein. Zwölf ätherische Kristalle sind bereits heruntergeladen. Mehr und mehr Menschen engagieren sich, wodurch der spirituelle Lichtquotient der Erde, ihre Energie, gesteigert wird. All das erleichtert den Download fünfdimensionaler Energien zur Erde. Das ist eine eurer Aufgaben: die Anziehungskraft der Erde für höhere Energien zu steigern. Die Aura der Erde muss in Resonanz mit der fünften Dimension sein, wenn es zu einem Austausch kommen soll.

Wie könnt ihr nun den Puls der Erde anheben? Wie könnt ihr die Erde schimmern? Ich freue mich, dass wir jetzt Nelson Bay nördlich von Sydney als Lichtstadt aktiviert haben. Den Lichtwerkern dort ist es gelungen, ein Schwingungsfeld um die

Ortschaft zu erzeugen und an Schlüsselpunkten Kristalle zu platzieren. Sie stehen bereit, um das Energiefeld aufrechtzuerhalten und dafür zu sorgen, dass nur Gedankenwellen von hoher Energie in die Arbeit einfließen. Stellt euch diese schöne Gegend vor, vielleicht könnt ihr sie visualisieren. Ich sehe unter der ganzen Lichtstadt einen großen ätherischen Korb aus Licht. Ich habe den Lichtkorb und die ätherische Energie von Nelson Bay so ausgerichtet, dass eine Verbindung zur fünften Dimension und zu anderen Lichtstädten auf der Erde und in der ganzen Galaxis entsteht. Bleiben wir in dieser Vision von Nelson Bay als der neuen Lichtstadt der Erde.

Diese Lichtstadt ist von großer Schönheit und darüber hinaus Standort der nächsten Aufstiegsleiter. Sie steht auf einer herrlichen Erhebung, die Tomaree Point genannt wird. Der Channel ist kürzlich zusammen mit Gudrun, seiner Frau, und mit Caroline aus der australischen Gruppe der Vierzig dort gewesen. Ihnen war sofort klar, dass es sich um einen heiligen Ort mit Links zu den uralten Energien des Pazifiks handelt – Delfine, Wale und ursprünglich klare Erd-Energie. Wir haben alles für die vierte Aufstiegsleiter am Tomaree Point vorbereitet.

Tomar, unser arkturischer Führer und Freund, hat den Download dieser Aufstiegsleiter geleitet und beaufsichtigt. Er möchte jetzt kurz das Wort ergreifen.

Die Aktivierung der neuen Leiter am Tomaree Point

Tomar

Ich bin sehr angetan von eurer spirituellen Energie und allem, was ihr für den Anschluss eurer schönen Erde an die fünfte Dimension leistet. Es ist wirklich anrührend, euer Engagement zu beobachten. Wir auf Arktur lieben euren Planeten. Wir sind

als planetarische Heiler ausgebildet. Euer Interesse an uns besteht sicher zum Teil darin, dass ihr mehr über dieses planetarische Heilen wissen möchtet. Könnt ihr euch ein neues Unterrichtsfach »planetarisches Heilen« an euren Schulen vorstellen? Es wird kommen.

Ich fühle mich Tomaree Point und Nelson Bay besonders verbunden, weil es von jeher ein Ort tiefer Verbundenheit mit den Tieren, mit dem Meer und mit den Aborigines ist. Tomaree ist sogar ein Wort aus deren Sprache. Die Aborigines haben vor langer Zeit Verbindung zu den Arkturern aufgenommen, und ich hatte mit ihnen zu tun. In ihrer Traumzeit haben sie sich ihren Sternenbrüdern und Sternenschwestern angeschlossen. Tomaree Point war der Ort ihrer Sternenschau und ihrer Kontaktaufnahme mit den Arkturern. Dort oben empfingen sie Visionen und Botschaften von ihren Brüdern und Schwestern in den Sternen.

Zusammen mit Juliano richte ich das Sternenschiff Athena über der Stelle aus und aktiviere Tomaree Point. Ich lege einen Lichtkorridor. Alle dort Anwesenden sehen jetzt vielleicht einen blauen Lichtstrahl über Tomaree Point, ein strahlend blauweißes Lichtband. Das ist der fünfdimensionale Lichtkorridor, den ich gerade schaffe. Die Lichtwerker vor Ort stehen bereit, während ich den Download der Aufstiegsleiter vorbereite. Sie werden eine neue Verbundenheit spüren, einen neuen Zugang zur fünften Dimension. Ich senke jetzt die vierte Aufstiegsleiter auf Tomaree Point herab.

Es wird jetzt sehr lebendig unter den ursprünglichen Aborigines-Geistern hier, die Großmütter und Großväter sehen sich zur Kenntnis genommen und sind sehr froh darüber und über das zunehmende Bewusstsein für das Heilige. Die Aufstiegsleiter ist nun an Ort und Stelle. Es werden von jetzt an manchmal interdimensionale Schiffe hier zu sehen sein, denn diese Leiter schafft Verbindungen zur fünften Dimension und anderen Di-

mensionen sowie ihren Bewohnern. Höherdimensionale Wesen und aufgestiegene Meister werden Nelson Bay aufsuchen.

Tomaree Point ist eigentlich ein Vorort von Nelson Bay, aber wir betrachten diese ganze Gegend als Lichtstadt der Erde. Alle, die in Australien an diesem Ort arbeiten, mögen die Gegend von Nelson Bay als Stadt des Lichts betrachten und Tomaree Point als Standort der vierten Aufstiegsleiter. Da die Leiter jetzt installiert ist, fordere ich euch alle auf, euch visuell mit Tomaree Point zu verbinden und euren Segen zu senden.

Und jetzt sendet auch den übrigen Aufstiegsleitern Segen: auf dem Fudschijama, in Sedona am Bell Rock und über dem Felsendom in Jerusalem. Macht euch klar, dass die vier Leitern miteinander verbunden sind. Es sind interaktive magnetische Links, Bestandteile der großen Anziehungskraft, die den spirituellen Lichtquotienten der Erde und ihre magnetische Anziehungskraft erhöht. Dadurch kann die Erde jetzt mehr fünfdimensionale Energie anziehen und halten.

Ihr seid dabei, euren persönlichen Aufstieg vorzubereiten. Ihr leitet auch den Aufstieg der Erde ein. Ich habe bereits den Aufstieg anderer Planeten verfolgt und kann euch sagen, dass es eine tiefe, überwältigende Freude ist, auf einem Planeten zu sein, der gerade aufsteigt, und dabei mithelfen zu können.

27 SEELENEVOLUTION UND SUPERMIND

Juliano und die Arkturer

Heute wollen wir über die Reise der Seele sprechen. Wie kommt die Seele auf die Erde? Die erste interessante Feststellung besteht darin, dass ihr beim Eintritt in den Geburtskanal alle Erinnerungen an frühere Leben, aber auch alles, was ihr vor eurer Inkarnation mit euren Lehrern und Führern besprochen habt, verliert. Und das ist wirklich gut zu wissen. Man sollte ja denken, dass es eigentlich nützlich wäre, solche Erinnerungen und darüber hinaus das Wissen von dem, was euch im Leben erwartet, zu behalten. Doch so wichtig das alles ist, die Erinnerungen gehen euch vollkommen verloren.

Es heißt, dass euer Meister euch unmittelbar vor dem Eintritt in den Geburtskanal an der Stirn berührt, an der Stelle des dritten Auges. Damit werden die Erinnerungen gelöscht. Aber »gelöscht« ist eigentlich nicht ganz richtig, denn die Erinnerungen werden in einem besonderen Teil des Superhirns gespeichert, in dem, was wir Supermind nennen. Im Supermind bleiben die Erinnerungen und die Energie erhalten und zugänglich. Aber der Erinnerungsverlust ist nur durch bestimmte Methoden, durch bestimmte spirituelle Übungen aufzuheben. Euer Bewusstsein hat viele Schichten und Ebenen.

Euer Geist hat einen Erdanteil, der vielfach Ego genannt wird. Ein anderer Anteil ist der Supermind, der Zugriff auf eine gewaltige Fülle an Informationen hat: über eure Seele, über frühere und zukünftige Leben, über die Dimensionen und

vieles mehr. Der Supermind weiß auch, wie ihr euch mit dem Licht des Schöpfers und den höchsten Anteilen eurer Seele verbindet.

Die Zone des freien Willens

Der Supermind weiß alles über eure Seele. Während der Geburt reißt euer Kontakt zum Supermind ab, und ihr könnt ihn dann nicht ohne Weiteres wieder knüpfen. Das müsst ihr im Leben ganz neu lernen. Leider stehen Lehren der Wiederanknüpfung an den Supermind und seinen ungeheuren Wissensschatz derzeit nicht hoch im Kurs in der Welt, ganz im Gegenteil. Die gegenwärtig vorherrschende Kultur fühlt sich so aufgeklärt, dass sie mehr oder weniger alles Übersinnliche und Spirituelle als Hokuspokus abtut. An dieser Haltung zeigt sich der generelle Rückstand der spirituellen Entwicklung auf der Erde. Natürlich gibt es auch Ausnahmen, zum Beispiel bei sogenannten primitiven Völkern.

Merkt euch einfach, dass eure Erinnerungen an frühere Leben während der Geburt an einer besonderen Stelle des Superminds verstaut werden. Auch die Sprachfähigkeiten früherer Leben werden vergessen, ebenso wie höhere geistige Fähigkeiten, über die ihr vor der Inkarnation auf der Erde verfügt habt. So tretet ihr also als ein unbeschriebenes Blatt in dieses Leben, und genau das ist notwendig für die Entwicklung eurer Seele. Dafür gibt es ein paar wichtige Gründe. Wir wissen alle, dass es wichtig ist, das Wissen über die Seele zurückzugewinnen, aber ihr tretet vor allem deshalb als unbeschriebenes Blatt in dieses Leben, weil es dann ein energetischer Neubeginn ist. Dieses neue Leben in der dritten Dimension ist eigentlich ein Geschenk, denn es dient der Entwicklung eurer Seele. Wir wissen, dass die Seele eine Evolution durchläuft, und die Erfah-

rung der dritten Dimension ist ein wichtiges Stadium dieser Evolution.

Die Bedeutung der Inkarnation im Erfahrungsraum der dritten Dimension liegt vor allem darin, dass die Erde eine Zone des freien Willens ist. Die Bedeutung, die die Erde als Zone des freien Willens für die Evolution hat, kann nicht hoch genug veranschlagt werden. Sicher, in einer Zone des freien Willens begegnet ihr vielen Problemen, doch gerade das ist wichtig für die hier anstehenden Lektionen der Seele.

Deswegen stehen so viele Seelen buchstäblich Schlange, um in dieser Zone des freien Willens geboren zu werden. Sie sehen die Leiden, die auf der Erde zu erwarten sind, und trotzdem drängen sie dorthin. Sie kennen die Probleme, aber sie betrachten sie von einer höheren Warte aus, nämlich aus der Sicht des Superminds. Sie wissen, dass eine Zone des freien Willens der Seele enorme Entwicklungschancen eröffnet. Könnt ihr euch vorstellen, dass solche Seelen darauf brennen, in ärmeren Gegenden der Welt geboren zu werden, wo sie womöglich Armut leiden und frühzeitig sterben? Sie wissen einfach, dass die dritte Dimension für die Seele von höchstem Nutzen ist. Deshalb sind Seelen ganz erpicht darauf, sich hier zu inkarnieren, selbst wenn sie wissen, dass sie vielleicht nur ein paar Monate hier sein werden.

Freiheit und Vorherbestimmung

Wir müssen das mit dem freien Willen noch näher betrachten, schließlich hat es ja ganz direkt mit dem Verlust des Kontakts zu euren Seelenmeistern und eurer Erinnerung an frühere Leben während der Geburt zu tun. In höheren Zivilisationen wie der arkturischen beginnen wir früh mit dem Erinnern früherer Leben und der Gespräche mit den Seelenführern. Aber auf

Arktur ist eben vieles anders als bei euch, und viele von euch müssen erst 50 oder mehr Jahre alt werden, bis der Prozess des Erinnerns anfangen kann – er findet also in dem Teil eures Lebens statt, den ihr als das letzte Drittel betrachtet. Aber müsst ihr wirklich so lange warten, bis ihr zum Allerwichtigsten im Leben kommen könnt?

Bei uns wird auch möglichst früh der Zugang zu früheren und künftigen Leben wieder eröffnet. Ihr habt bereits Bekanntschaft mit unserer holografischen Heilkabine gemacht, und das ist ein Beispiel für die Art unseres Vorgehens, was den Umgang mit Vergangenheit und Zukunft, mit dem Leben zwischen den Leben und mit Gesprächen zwischen euch und euren Führern und Lehrern angeht. Wir berücksichtigen bei allem, was wir unternehmen, die Zukunft und die Vergangenheit, weil wir wissen, dass beide in die Gegenwart hineinwirken.

Aber die Gegenwart beeinflusst eben auch die Zukunft, und da ist es für euch wichtig zu wissen, was für ein Karma ihr mit eurem gegenwärtigen Handeln erzeugt. Hier kommt die Bedeutung unserer Arbeit mit der holografischen Kabine ins Spiel, und wenn ihr euch die derzeitigen Veränderungen auf der Erde anseht, muss man sicher sagen, dass es sehr gut wäre zu wissen, welche Auswirkungen das gegenwärtige Handeln auf die Zukunft des Planeten haben wird.

Im Zusammenhang mit künftigen Ereignissen stellt sich immer auch die Frage nach Freiheit und Bestimmung, und diese Diskussion haben eure Philosophen ja ausgiebig geführt. Wenn etwas vorherbestimmt ist, hat man darin keine Wahl mehr, alles steht bereits im Vorhinein fest. Geringe Bewusstheit weiß nichts vom Einfluss früherer Leben und tut sich schwer, Seelenlektionen zu integrieren. Ein Bewusstsein dieser Art ist eher geneigt, die Dinge als vorherbestimmt anzusehen, ihm kommt es so vor, als sei alles bereits in die Wege geleitet und nehme einen zwangsläufigen Verlauf.

Die Dinge als vorherbestimmt zu sehen ist nicht ganz falsch, bedenkt nur, was ihr über eure früheren Leben herausgefunden habt. Ihr alle habt holografische Bilder eures jetzigen Lebens gezeigt bekommen. Ihr habt gesehen, was für Eltern ihr bekommen, was für Freunde ihr haben und was für eine Arbeit ihr verrichten werdet. Ihr habt sogar gesehen, wie ihr sterben werdet. Und ihr habt erfahren, was ihr in diesem Leben zu lernen habt. Eure Führer und Lehrer haben das alles vor eurer Inkarnation mit euch erörtert, und ihr wart mit dem geplanten Verlauf einverstanden.

Von dorther sieht es so aus, als wäre alles in euren Leben festgelegt. Aus der Sicht des Superminds geht es um notwendige Erfahrungen und um Probleme, die im Zuge eurer Entwicklung gelöst werden müssen. Der Supermind ist frei von Emotionen wie Traurigkeit über Verlust, auch der Tod ist für ihn kein wesentlicher Gesichtspunkt. Er sieht sich das alles nur an und reagiert nicht emotional auf den Lauf der Dinge. Das ist für manche schwer zu verstehen, und sie fragen: »Weshalb sollte ich mich für so etwas Unangenehmes entschieden haben? Wie könnte ich auf den Gedanken kommen, mir Eltern zu suchen, die mich schlecht behandeln? Und wie könnte ich mir diese Krankheit gewählt haben?« Solche Dinge lassen sich dem gewöhnlichen Geist schlecht erklären, er kann sie einfach nicht so sehen, wie sie der Supermind sieht.

Bewusstsein ist stärker als Vorherbestimmung

Vorherbestimmtes ist aber nicht absolut bindend, es gibt ein Gegenmittel. Schwieriges und Schmerzliches, das einem bestimmt zu sein scheint, muss nicht unbedingt gar so tragisch eintreten, wie es angelegt war. Eigentlich gibt es zwei oder drei Gegenmittel, aber das wichtigste ist Bewusstheit, und gerade

auf diesem Gebiet sind im 20. und 21. Jahrhundert große Fort-schritte erzielt worden. Unter Bewusstheit verstehen wir ein Wissen um die seelischen Vorgänge und das Karmagesetz, aber auch eine Vorstellung davon, wie sich die Dinge für euch so gefügt haben, dass ihr jetzt gerade diese Erfahrungen macht und gerade diesen Beschränkungen unterworfen seid.

Bewusstheit hebt das Vorherbestimmte in gewissem Umfang auf. Sie gibt den Antrieb für die Kontaktaufnahme mit dem Supermind. Immer wenn euch diese Kontaktaufnahme gelingt, werden euch Energien zugänglich, die Möglichkeiten jenseits der dreidimensionalen Logik eröffnen. Ihr könnt dann anders mit eurem Karma umgehen, ihr könnt es sogar ganz transzendieren. Der Supermind bietet neue Ansätze zum Bei-spiel zur Überwindung von Krankheiten, aber auch der Neu-orientierung der Erde durch Bewusstheit.

Bewusstheit unterscheidet euch Menschen, die Adam-Spezi-es, von allen anderen Lebewesen auf der Erde. Ich spreche nicht von einem selbstbezogenen Ich-Bewusstsein. Ihr könnt euch des Superminds und seiner Beziehung zur Seele bewusst werden. Von dieser Bewusstheit her könnt ihr euer früheres und künftiges Karma abwandeln. Die Arbeit an altem Karma in der holografischen Heilkabine ist außerordentlich wirksam. Hier könnt ihr die Energien früherer Misshandlungen oder ei-genen Fehlverhaltens transformieren. Das wird euer Karma sehr günstig beeinflussen.

Noch etwas zur holografischen Heilkabine. Bei eurer holo-grafischen Heilarbeit mit uns wollen viele sofort zurück zu der Stelle, an der es zu ihrem großen Trauma kam. Sie wollen die Bilder mit unserer Technologie korrigieren und damit auch die Probleme, zu denen es aufgrund der Schmerzen und Leiden kam. Ich habe durch diesen Channel immer wieder mit Men-schen gearbeitet, die schwer traumatisiert waren, die wirklich Schaden gelitten haben oder sogar aus religiösen Gründen ge-

tötet wurden. Aber wir wissen auch, dass so gut wie alle jetzt lebenden Menschen schon irgendwann an Kriegen teilgenommen haben, und ich habe in der Zusammenarbeit mit diesem Channel noch nicht erlebt, dass jemand sagte, er oder sie möchte das anderen angetane Unrecht korrigieren.

Da gibt es allerdings eine ganz wichtige Ausnahme. Manche von euch sind in Atlantis und anderswo Wissenschaftler oder hohe Verantwortungsträger gewesen, und einige haben große Leiden auf sich gezogen, weil sie ihre Intelligenz und ihre Fähigkeiten für Dinge einsetzten, die schließlich zum Untergang der Zivilisation führten und vielen Menschen den Tod brachten. Es gibt ein paar, die vorgetreten sind und mit uns zusammengearbeitet haben, um diese Energien zu bereinigen.

Wer also zur holografischen Aufarbeitung der Vergangenheit und früherer Leben bereit ist, sollte gewillt sein, zu seinen eigenen karmisch wirksamen Taten zurückzugehen. Der Heilprozess hat dann etwas vom Ausstieg aus der Alkoholsucht. Wenn den Leuten bewusst wird, dass sie ernsthaft etwas ändern müssen – und das heißt immer auch, dass sie merken, wie sehr sie anderen schaden –, haben sie den Impuls, sich zu entschuldigen und den anderen zu sagen, wie leid es ihnen tut. Das ist ganz wichtig für ihre Genesung, denn es zeigt, dass sie bewusster geworden sind. Jetzt möchten sie diese Energie überwinden und das Karma löschen.

Sagt euch, dass ihr euer Karma wirklich in diesem Leben löschen könnt. Auch das ist übrigens ein Grund für den Drang vieler Seelen, sich auf der Erde zu inkarnieren. Hier besteht die Chance, altes Karma aufzuarbeiten. Niemand, der sich um Annäherung an seinen Supermind bemüht, möchte noch Karma auf der Seele haben, das ihn zu einer weiteren Geburt in der dritten Dimension zwingen würde. Hier und jetzt auf der Erde ist Bewusstwerdung möglich. Und Bewusstheit ist das, was euer Karma ausheben kann.

Aufstieg

Eine zweite Kraft, mit der sich Vorherbestimmtes überwinden lässt, ist der Aufstieg. Der Aufstieg beendet die Notwendigkeit, altes Karma aufzuarbeiten. Auch die mit dem Aufstieg verbundene Gnade bereinigt altes Karma. Auf dem Weg, den euer Sonnensystem durch die Galaxis nimmt, gibt es bestimmte Abschnitte, auf denen die Energie der Gnade stärker und leichter zugänglich wird. Wenn sich die Seele auf einem Planeten in dieser Position inkarniert, kann sie große Fortschritte machen und gewaltige karmische Altlasten loswerden. Ihr lebt jetzt in einer solchen Phase auf der Erde, in der die Gnade eure Erfahrung werden kann. Es ist eine besonders günstige Zeit für die Evolution der Seele.

Das wusste eure Seele, als sie auf die Erde kam. Sie wusste um ihre große Chance auf zwei Gebieten. Das eine ist die zunehmende Bewusstheit, eine Freisetzung spiritueller Energie auf der Erde. Ebenso wichtig oder noch wichtiger ist aber das Wissen der Seele, dass sie gerade jetzt die unausdenkliche Gnade des Aufstiegs erleben kann. Aufstieg beinhaltet, dass alles irdische Karma bereinigt ist.

Aber was bedeutet eigentlich »Evolution der Seele«? Es ist sehr schwierig, mit den Mitteln der dritten Dimension darüber zu sprechen. Die Seele ist, wie ihr zutreffend annehmt, ihrer Natur nach vollkommen und ewig. Weshalb muss sie sich dann noch entwickeln? In der fünften Dimension ist Evolution, wie ihr sie in der dritten Dimension kennt, nicht vorhanden – sie würde ja voraussetzen, dass etwas noch nicht vollkommen ist. Ich kann euch das nicht logisch auseinanderlegen, sondern es nur ein wenig mit Worten umspielen, um euch einen Eindruck zu vermitteln. Klar ist jedenfalls, dass die Seele Erfahrungen einer bestimmten Art braucht. Die Seele lernt viele verschiedene Ebenen kennen, oft sogar verschiedene Planeten. Es gibt

Seelen, die nur auf einem einzigen Planeten waren, der Erde, aber bei euch hier in dieser Gruppe ist es so, dass die Seele schon auf vielen Planeten war. Durch diesen Channel habe ich schon mit vielen von euch gesprochen und weiß deshalb, dass die meisten schon auf etlichen anderen Planeten gelebt haben. Sobald ihr Zugang zum Supermind habt, werdet ihr wissen, wie viele verschiedene Erfahrungen ihr bereits gemacht habt.

Einige von euch haben dreidimensionale Leben auf anderen dreidimensionalen Planeten absolviert. Ein paar von euch, mit denen ich gearbeitet habe, waren auf Planeten, die untergingen, oder sie waren in Atlantis und haben ganze Zivilisationen untergehen sehen. Sie haben Planeten scheitern sehen, die energetisch ungefähr da standen, wo die Erde jetzt steht. Für sie sehen die derzeitigen Verhältnisse irgendwie bekannt aus – beklemmend bekannt, muss man wohl sagen. Was derzeit auf der Erde vorgeht, ist traumatisch und emotional sehr belastend für euch. Traumatisch ist ja nicht nur das, was ihr jetzt und hier seht, traumatisch sind vor allem die Erinnerungen, die dadurch wachgerufen werden.

Die Seele möchte Karma aufarbeiten und bereinigen. Sie möchte es einfach fallen lassen oder lösen, und dazu habt ihr hier eine großartige Chance. Ich kann es verstehen, wenn ihr fragt: »Juliano, wie kann mein Hiersein auf der Erde meine Entwicklung fördern, gerade in dieser Zeit, in der so vieles zerstört wird?« Auch da ist die Antwort schwierig und klingt in der dritten Dimension nicht ganz logisch. Nun, in der dritten Dimension geschieht so manches, was nicht ganz nachvollziehbar ist. Vieles lässt sich nicht logisch erklären, und wir müssen es dem überlassen, was ich »kosmisches Karma« nenne. Ich will es mit einer dreidimensionalen Erklärung versuchen, die zwar nicht alles richtig wiedergibt, aber euch wenigstens die Richtung andeutet.

Der Segen des Nichtwissens

Besonders schwierig und besonders wichtig ist es für euch alle, zu lernen, dass immer Verbindung zum Schöpferlicht und Einheit mit dem Schöpferlicht besteht und dass die Seele jederzeit mit dem Supermind verbunden ist. Eure Aufgabe ist es, Zugang zu eurem Supermind zu finden, und ihr bekommt alle »Werkzeuge«, die ihr dafür braucht. Diese Aufgabe bleibt immer bestehen, auch in Zeiten der Krise. Zweitens müsst ihr lernen, dass Karma transzendiert werden kann. In allen euren Leben habt ihr mit euren Taten Karma geschaffen. Vielleicht habt ihr in einem Leben Menschen misshandelt und seid in einem anderen selbst Opfer gewesen. Manch einer mag in 50 seiner Leben Soldat gewesen sein. Müsst ihr dann 50 Leben lang Sklaven oder in irgendeinem anderen Sinne Opfer sein? Nein, das müsst ihr nicht.

Die Seele kann lernen, wie selbst große Anhäufungen von Karma zu überwinden sind. Um nur ein Beispiel zu geben, möchte ich die großartigen Heiler anführen, die jetzt auf der Erde leben. Ich meine damit natürlich nicht nur die Mediziner herkömmlicher Art, die vielfach ihr Bestes geben und durchaus Achtung verdienen; ich meine vor allem spirituelle Heiler, Geist-Heiler. Solch ein Heiler kann vielleicht in einem einzigen Leben tausend Menschen heilen. Versucht euch vorzustellen, wie viel Karma er damit abtragen kann, und dann stellt euch vor, was er vielleicht in früheren Leben auf der Erde und anderswo an Karma angehäuft hat, das jetzt bereinigt werden muss. Für die Seele ist die Möglichkeit, 1000 Menschen zu heilen, eine fantastische Chance. Sicher lohnt es sich aus der Sicht des Superminds, dafür zur Erde zu kommen, selbst wenn man berücksichtigt, wie viel Leid einen hier möglicherweise erwartet.

Da schließt ihr vielleicht gleich die Frage an: »Weshalb sollte ich hierherkommen, um zu leiden? Ist das ein Karma, das

mir blüht, weil ich irgendetwas Schlechtes getan habe?« Die Antwort ist wieder nicht ganz einfach und wohl auch nicht ganz einleuchtend. Jedes Leben birgt gewisse Risiken. Ihr trefft euch mit euren Lehrern und Führern, um vor dem Eintritt in ein Leben einer Art Vorschau zu bekommen. Da werden natürlich nicht alle Szenen einzeln behandelt, sondern ihr bekommt telepathisch einen Überblick vermittelt. Ihr seht so etwas wie die Anlagen all dessen, was nach dem derzeitigen Kenntnisstand passieren könnte – aber es ist eben nicht alles bis ins Letzte bekannt. Das macht euch bitte ganz klar. Wären alle Voraussetzungen bis ins Kleinste bekannt, müsste man tatsächlich sagen, dass alles vorherbestimmt ist.

Aber es gibt eben auch das Nichtwissen. Wir sehen etwas Vergleichbares in der Quantenphysik, wo man für die Geschehnisse auf der subatomaren Ebene etwas entdeckt hat, das als Unschärfe bezeichnet wird. Heisenbergs Unschärferelation besagt, einfach ausgedrückt, dass es auf der subatomaren Ebene nicht immer möglich ist, das Verhalten von Teilchen genau zu bestimmen. Unter bestimmten Bedingungen kann man nur entweder den Ort oder die Geschwindigkeit eines Teilchens bestimmen, aber nicht beides zusammen. Das steht im Widerspruch zu Newtons Bewegungsgesetzen, nach denen alles geordnet und genau bestimmbar zu sein hat.

Ich erwähne das, weil die beschriebene Vorschau auf euer Leben in einem ähnlichen Sinne »unscharf« ist. Ihr erfahrt etwas über den zu erwartenden generellen Verlauf eures Lebens, aber manches bleibt ungewiss und unvorhersehbar. Die Vorschau orientiert sich am Kenntnisstand, und der ist nie hundertprozentig. Manchmal werden wir Arkturer gefragt: »Kennt ihr von der fünften Dimension aus nicht *alles*, was passieren wird?« Nein, das Unschärfeprinzip existiert in allen Dimensionen. Der Schöpfer und seine Schöpfung, so geht es schon aus der Kabbala hervor, sind nicht vollkommen und restlos zu erkennen.

Jede Inkarnation auf einem Planeten, meine Freunde, bietet eine einzigartige Chance, wieder eine Seite des Schöpfers zu erkennen, doch das kommt nie an ein Ende, der Schöpfer ist nicht ganz zu erkennen. Und da das so ist, leuchtet es sicher ein, dass nicht absolut alles über eine anstehende Inkarnation auf der Erde bekannt sein kann. Wenn ihr euch also für eine bestimmte Inkarnation entscheidet, ist das Unverhoffte damit nicht ausgeschlossen. Das Unverhoffte kann sich als leidvoll erweisen, als wäre es eine Strafe, aber es handelt sich beispielsweise bei Krankheiten längst nicht immer um Strafen. Manchmal ist Krankheit einfach den Preis, den ihr für die Chance bezahlt, in dieser Zeit auf der Erde inkarniert zu sein.

Es ist allgemein bekannt, dass die Inkarnation auf der Erde mit ihrer Schwerfälligkeit und Dichte einiges an Unsicherheit mit sich bringt. Inkarnationen auf Arktur oder den Plejaden sind einfacher. Dort könnt ihr euch darauf verlassen, dass euer Karma weniger mit Unwägbarkeiten belastet ist. Man muss weniger mit unliebsamen Überraschungen rechnen. Auf der Erde kommt insbesondere in dieser Zeit vieles überraschend, einfach weil so viele Variablen beteiligt sind. Hier gilt es, euer Immunsystem sowie euer Unterbewusstsein und euer Überbewusstsein sehr genau im Auge zu haben. Man kann jetzt unverhofft Energien auf sich ziehen, die zu anderen Zeiten einfach von einem abprallen würden. Die Gewinnchancen sind hoch, aber leider auch die Risiken in der Form unberechenbarer Variablen.

Heilung der Erde durch den Supermind

Durch Meditation könnt ihr manche der Unannehmlichkeiten, denen ihr ausgesetzt seid, abmildern. Immer wenn ihr euch mit eurem Supermind verbindet, geht ihr mit fünfdimensionaler

Energie um. Mit fünfdimensionalen Energien lässt sich sehr viel erreichen, es ist die Energie der Gnade, die euch viele Wege öffnet.

Ich möchte jetzt eine kurze Meditation mit euch machen, in der wir euch auffordern werden, euch mit eurem Supermind, dem allwissenden Geist, zu verbinden. Ich rufe das Omega-Licht, möge es euch allen zur Kontaktaufnahme mit eurem Supermind verhelfen. Wir versenken uns jetzt in die Stille. Wenn der Kontakt zu eurem Supermind hergestellt ist, könnt ihr darum bitten, Zugang zu euren früheren Leben und Erfahrungen, zur Geburt in diesem Leben und zu den Gesprächen mit euren Führern und Lehrern zu erhalten. Die Informationen werden euch zugeleitet, lasst es geschehen.

Öffnet euch für das wunderbare Bewusstsein eurer Seele und ihrer früheren und zukünftigen Erfahrungen an anderen Orten, in anderen Inkarnationen und auf anderen Planeten. Möge euch die Gnade des Erkennens zuteilwerden, durch das ihr euer Tun auf der Erde sorgfältig erwägen könnt, damit sich karmische Verstrickungen lösen können und ihr in eine gute Ausgangsposition für den Aufstieg kommt. Gnade werdet ihr alle benötigen, und sie steht euch offen. Nehmt sie an, wendet sie an. Sie wird euch über manche der Dinge hinweghelfen, die euch vorherbestimmt erscheinen, als wäre nichts an ihnen zu ändern. Wenn ihr mit eurem Supermind verbunden seid, sind die Heilmöglichkeiten schier unerschöpflich.

Sprechen wir zum Abschluss noch einmal kurz über die Heilung der Erde und den Geist der Erde. Auch die Erde hat einen Supermind. Und das liegt eigentlich auf der Hand. Wenn ein Planet höheres Leben beherbergt, in diesem Fall die Menschheit, muss er selbst höheres Leben und einen Supermind besitzen, einen planetarischen Supermind. Es kann dann sein, dass etwas so zufällig Wirkendes wie ein Asteroideneinschlag, der starke Zerstörungen anrichtet, etwas mit dem

Supermind der Erde zu tun hat, die sich manchmal ein »klärendes Unwetter« wünscht.

Wir sind bei unserer Biorelativitätsarbeit an den Punkt gelangt, wo es zu einem Austausch mit dem Geist der Erde kommen kann. Zu diesem Zweck werden wir noch weitere Lichtstädte aktivieren, denn sie eröffnen den direkten Zugang zum Supermind der Erde. So viel Kraft liegt in diesen Städten des Lichts. Die Verbindung der Lichtstädte zum Supermind der Erde setzt Omega-Licht frei, Quantenlicht, das euch viele unlösbar erscheinende Schwierigkeiten doch zu bewältigen erlaubt – denkt nur an die Katastrophe von Fukushima. Der Supermind der Erde kann Lösungen liefern, die wirklich funktionieren.

Ich sende euch heilendes Licht, ich sende euch Omega-Licht. Ihr alle werdet jetzt leichter Zugang zu eurem Supermind finden. Ich kenne den Supermind jedes Einzelnen von euch seit dem Beginn unserer Zusammenarbeit an diesem Projekt. Wir werden manchmal gefragt: »Weshalb geben sich Arkturer und andere fünfdimensionale Wesen mit der Erde ab? Ist sie nicht von niederer Schwingung? Weshalb sollten Arkturer und andere höhere Wesen an etwas so Klobigem interessiert sein?« Die Antwort ist einfach: Wir sehen euch *ganz*, wir sind an eurem Supermind interessiert. Auf der Ebene nämlich sind wir alle Brüder und Schwestern.

28 JERUSALEM UND DER RING DES AUFSTIEGS

Juliano und die Arkturer, Erzengel Metatron, Chief White Eagle

Bei Biorelativitätsübungen ist es eine gute Sache, die ganze Erde im Blick zu haben. Denkt an das Ganze, denkt an die vielen Interaktionen, die eben jetzt darin stattfinden. Vielleicht könnt ihr euch als Sternensamen eine Vorstellung von der unglaublichen Vielschichtigkeit jedes Augenblicks machen. Sollte allerdings jemand sämtliche Systeme mit allen ihren Interaktionen erfassen wollen, würde sich das als unmöglich erweisen.

Ihr seht beispielsweise Polarisierung und Unsicherheit in der Wirtschaft, politische Konflikte und Klimaänderungen. Ihr verfolgt Vulkanausbrüche, die Entwicklung der Meere, die Windverhältnisse, die Dürren. Vieles lässt sich beobachten, aber vergleichen wir die Erde einmal mit eurem Körper. Wissenschaftlich erwiesen ist, dass mindestens 90 Prozent eures Nervensystems autonom, also ohne bewusste Steuerung arbeiten. Mit anderen Worten, das meiste dessen, was jetzt gerade in eurem Körper vor sich geht, ist euch nicht bewusst. Und das gilt nicht nur für relative schlichte Dinge wie die Verdauung, sondern auch für komplexere Abläufe im Nervensystem.

Ziehen wir jetzt den Vergleich mit der Erde. Sicher gibt es an der Erdoberfläche vieles, was ihr verfolgen könnt, aber viele Zusammenhänge sind doch nicht erkennbar, und das gilt erst recht für alles, was unter der Oberfläche geschieht. Vieles bleibt nach wie vor unverstanden und unbegreiflich – was in den

Meeren vor sich geht, die Wetterabläufe, die Beziehungen zur Galaxis, die kosmische Strahlung und die Strahlen der Zentralsonne und so weiter.

Bei unseren Biorelativitätsübungen greifen wir zu eurem besseren Verständnis oft einen Aspekt heraus der gerade wichtig ist und bearbeitet werden muss. Wir betrachten ihn isoliert, obwohl er immer vielfältige Beziehungen zum Ganzen hat. Betrachten wir es am Beispiel eures Körpers. Vielleicht habt ihr Schmerzen im Knöchel oder im Knie, die ihr loswerden möchtet, aber der Blick auf das ganze System ergibt, dass sich in Hals, Rücken und Schultern Haltungsfehler eingeschlichen haben und die Schmerzen im Knie eigentlich von dort kommen. So ist es mit der Erde auch. Wenn ihr euch die Dürren im mittleren Bereich der USA anschaut und dazu die letzten Vulkanausbrüche in Chile und anderswo und dazu noch die Unruhen im Nahen und Mittleren Osten, dürft ihr all das nicht isoliert betrachten, sondern müsst es in seinem Bezug zum Ganzen sehen.

Manche sagen ja, es sei ein großes Weltereignis zu erwarten, irgendeine gewaltige Eruption, aber niemand weiß, wo das sein wird. Im Zusammenhang mit den Ereignissen in Fukushima werden die Karten nur sehr zögernd aufgedeckt, aber klar ist trotzdem, dass es sich um ein Ereignis mit Konsequenzen für die ganze Welt handelt. Für das jetzt erwartete Weltereignis wird dagegen ein Ausmaß angenommen, das durch nichts zu vertuschen sein wird.

Aktivierung des Aufstiegsrings von Jerusalem aus

Wir möchten uns deshalb jetzt einer Biorelativitätsübung zuwenden, die eine Verbindung zwischen dem Ring des Aufstiegs und einem Punkt von sehr hoher Energie auf der Erde knüpft,

ich meine Jerusalem. Viele sehen Jerusalem als eine zentrale Verbindungsstelle des universalen Lichts mit der Erde. Es ist eine heilige Energie, weshalb wir Jerusalem auch als Standort einer Aufstiegsleiter gewählt haben. Wenn wir also der ganzen Erde ausgleichende Energien des Aufstiegsrings zukommen lassen möchten, gibt es kaum einen besseren Anknüpfungspunkt als Jerusalem mit seinem Felsendom und der Aufstiegsleiter. Den Aufstiegsring haben wir Arkturer vor Jahren zusammen mit den Sternensamen der Gruppe der Vierzig installiert, um einen interaktiven Ausgleichsmechanismus zwischen der fünften und der dritten Dimension zu schaffen, und jetzt nutzen wir diese Verbindung zur Harmonisierung der Erde.

Da trifft es sich gut, dass wir durch Mordejai, einen aus der Gruppe der Vierzig, gerade jetzt eine starke Verbindung nach Jerusalem haben. Mordejai hält sich eben in einer Synagoge mitten in Jerusalem auf. In diesem Augenblick nimmt er die Thorarolle, die heiligen Bücher Mose, zur Hand, während er an uns denkt und seinerseits unsere Energien und Gedanken empfängt.

Verbindet euch jetzt also direkt mit ihm und der Thora, dieser magischen Quelle der Energie. Als Gruppe der Vierzig senden wir unsere Gedanken direkt zur Thora, und sie wird von ihrem Ort im Zentrum von Jerusalem aus einen Aktivierungslink zum Ring des Aufstiegs legen. Es ist jetzt ganz wichtig, dass ihr alle zusammen eure Energien auf Mordejai und die Thorarolle in seinen Händen richtet. Sie ist jetzt von Licht erfüllt und sendet dieses Licht zum Aufstiegsring.

Ein strahlendes Licht geht von Jerusalem aus direkt zum Ring des Aufstiegs und reaktiviert ihn, sodass die Erde von dort neue Kräfte des Ausgleichs empfängt. Bleibt bei eurer Ausrichtung auf die Thora und das Licht, das sie zum Ring des Aufstiegs hin aussendet. Gehen wir jetzt in die Stille. [Pause.]

Wir aktivieren ein wunderschönes Energielicht, das den Ring des Aufstiegs neu erstrahlen lässt, sodass er in Richtung einer interaktiven neuen Balance auf der Erde wirken kann. Näheres dazu jetzt von Erzengel Metatron.

Die Kraft der Buchstaben

Erzengel Metatron

Es ist eine wunderbare Sache, jetzt während dieser Biorelativitätsübung bei euch zu sein. Es ist ein heiliger Augenblick, in dem eure Arkanenergie – wie Juliano die Verstärkung eurer Gedankenkräfte nennt – durch die Biorelativitätsübung gesteigert ist.

Die Thora, die Mordejai gerade hält, ist so von Licht erfüllt, dass er Mühe hat, sie zu halten. Licht geht von dort aus, weil ihr Mordejai Licht sendet, und jetzt erhebt es sich über Jerusalem und erreicht den Ring des Aufstiegs. Visualisiert jetzt dazu die alten Worte der Thora, die vor Jahrtausenden geschrieben wurden – sie bergen einen energetischen Code.

Manche sprechen ja von einem »Bibel-Code«, sicher habt ihr schon davon gehört. Jeder Buchstabe der Thora trägt eine besondere Bedeutung, die weit über die Bedeutung der Worte und ihrer Auslegung hinausgeht: Sie bilden eine interaktive mathematisch-energetische Einheit, die alle Begriffe übersteigt. In dieser Einheit sind die Buchstaben von staunenswerter Ordnungskraft und können eurer Intention gemäß Licht aussenden. In diesem Augenblick, in dem wir Licht senden, steigen die wunderschönen hebräischen Buchstaben, in denen die Codes des Aufstiegs enthalten sind, zum Aufstiegsring auf, sie durchdringen ihn und tragen zu einem neuen Gleichgewicht des Friedens und der Harmonie bei.

Die berühmten Aufstiegsworte *Kadosh, Kadosh, Kadosh, Adonai Zevaoth* kreisen jetzt im Ring des Aufstiegs und übersetzen sich in alle Sprachen der Welt, sodass in diesem Augenblick alle Menschen ihrer Energie ausgesetzt sind. Alle Gleichgewichtsprozesse auf der Erde, die eine neue Harmonie brauchen, werden vom Aufstiegslicht aktiviert. Der Aufstiegsring fördert nicht nur euren persönlichen Aufstieg, sondern trägt darüber hinaus Frieden, Harmonie und Heilung in die Welt. Die Aufstiegsenergie ist für alles auf der Erde heilsam.

Ich hebe jetzt die Kristalle im Lago Puelo, im Bodensee, im Bosporus vor Istanbul und im Fudschijama. Auch sie senden Mordejai und der Thora in seinen Händen Licht, und das Licht steigt auf und umringt die Erde. Es ist ein guter Tag für den Aufstieg und für euch ein guter Tag, an dieser Aktivierung teilzuhaben. Mit der Aktivierung des Aufstiegsrings erweist ihr eurer Erde einen guten Dienst. Auf solche Gelegenheiten des Austauschs mit der ganzen Erde sind eure Lehrer und Führer bedacht. Ich danke euch, dass ihr bei der Aktivierung dieses Lichts mitgeholfen habt. Ich sehe Abertausende hebräische Buchstaben rings um die Erde im Ring des Aufstiegs, sie reaktivieren die Codes des Aufstiegs für die ganze Erde.

Jetzt wird Chief White Eagle das Wort ergreifen und ein Gebet für die Erde sprechen.

Gebet für die Erde

Chief White Eagle

Für mich ist es eine wunderbare Sache, in einem heiligen Augenblick wie diesem mit euch zusammen zu sein. Heilige Zeit ist immer ein großartiges Erlebnis. Heilige Zeit macht ihr ei-

nerseits selbst, aber zum anderen ist sie auch ein Bestandteil der Schöpfung, gleichsam die Signatur des Schöpfergeists.

Wenn ihr wie jetzt in heiliger Zeit seid, erlebt ihr eure direkte Verbundenheit mit dem Schöpfer. Bei eurer Arbeit mit dem Ring des Aufstiegs sehen wir einen großen Lichtkreis um die Erde, und viele Geister aller Religionen und Stämme bilden rings um den Globus ein großes Medizinrad.

Und so wird es ja auch in unserer heiligen Überlieferung gesagt: dass ein großes Medizinrad im Äther rings um die Erde gebildet wird und dort viele große Geister, Großvatergeister und Großmuttergeister, sitzen werden, um die Erde zu heilen und die Erde in eine höhere Energie zu überführen, um ein neues Gleichgewicht zu schaffen und Mutter Erde das Licht des Aufstiegs zu bringen.

Mutter Erde, heute finden wir uns hier mit dieser Gruppe von Sternensamen ein. Wir sind mit dem heiligen Ort verbunden, der Jerusalem heißt, und mit einem Medizinmann namens Mordejai, der ein großes Licht hält und aussendet, damit wir diesen großen Ring des Lichts aktivieren können und noch mehr Menschen dafür gewinnen, neue Harmonie und neues Gleichgewicht zu schaffen.

Mutter Erde, hörst du die Menschen von einer Katastrophe sprechen, von großem Unheil? Wir beten darum, dass Frieden einkehren möge, damit keine weitere große Katastrophe kommt, sondern ein großes Miteinander aller als Brüder und Schwestern, ein neuer Einklang für die Erde, ein Augenblick des Friedens, in dem die Menschen spüren und erkennen, wie sie mit Mutter Erde gemeinsame Sache machen können. Mit unserer Liebe und der Sehnsucht nach Ausgleich, die wir in den Ring des Aufstiegs senden, gehen wir jetzt in die Stille. [Pause.]

Mutter Erde und du, Schöpfer von allem, wir sind Brüder und Schwestern. Wir sind eine große Familie, eine Sternen-

familie. Wir beten darum, dass dieser Ring des Aufstiegs, dieses große Medizinrad, in harmonischen Einklang mit der Zentralsonne und den großen Kräften der Erde kommt. Mögen alle höheren Kräfte durch den Ring des Aufstiegs auf die Erde abgestimmt und ihr zugeleitet werden.

Am heutigen Tag haben die arkturischen Sternensamen der Gruppe der Vierzig mithilfe der Energien Jerusalems und des Sternensamens Mordejai den Ring des Aufstiegs reaktiviert und den Weg für ein neues Gleichgewicht gebahnt, das bisher unmöglich schien – aber von jetzt an wird die Zuversicht wachsen, dass es doch möglich ist.

Die ätherischen Kristalle sinken zurück an ihre Plätze, aber die Thora sendet weiterhin ihr Licht zum Ring des Aufstiegs, und das Licht wird noch die nächsten 24 Stunden um die Erde sein. Wenn ihr der Gegend, in der ihr lebt, heilende Energie zuleiten möchtet, könnt ihr es jederzeit dem Ring des Aufstiegs entnehmen und als Licht- und Energiestrahlen auf euren Wohnort scheinen lassen. Wenn ihr irgendwo Bedarf an ausgleichenden Energien seht, wird der Ringe des Aufstiegs darauf eingehen und eure Gedanken mit neuem heilendem Licht von großer Kraft ausrichten.

29 DIE BEDEUTUNG DES AUFSTIEGSRINGS FÜR DIE HEILUNG DER ERDE

Juliano und die Arkturer, Sananda

Ihr wisst, dass alles, was zur Heilung der Erde getan werden kann, jetzt eingesetzt werden muss, einfach weil die Polarisierungen, aber auch die globalen Veränderungen beispielsweise des Klimas weiter zunehmen. Zugleich sind aber auch die Chancen der telepathischen Kontaktaufnahme mit der Erde besser als je zuvor. Es ist eine spannende Zeit für eine Inkarnation auf der Erde, in der ihr eure Fähigkeiten als Heiler der Erde ins Spiel bringen könnt. Viele von euch haben sich gerade dazu in dieser Zeit auf der Erde verkörpert: Sie möchten sich als Heiler der Erde betätigen, sie möchten die Möglichkeiten erkunden und etwas beitragen. Diese Bereitschaft wird für das Überleben der Biosphäre und das neue Gleichgewicht der Erde von ausschlaggebender Bedeutung sein.

Wir haben häufig über euren persönlichen Aufstieg gesprochen, aber es geht auch immer wieder um den Aufstieg der Erde insgesamt. Eines der wichtigsten Instrumente für den Aufstieg der Erde ist der Ring des Aufstiegs, und wir möchten jetzt näher erläutern, was es mit ihm auf sich hat. Wie könnt ihr als Erd-Heiler diesen Aufstiegsring besser für eure Biorelativitätsübungen zur Heilung und Neuausrichtung der Erde nutzen? Es wird jetzt Zeit, dass ihr die Erde als Ganzes in eure Arbeit einbezieht. Klima ist kein lokales Geschehen, die Kontinente hängen zusammen und kommunizieren miteinander. Der pazifische Feuerring ist eine Kette von Energiebrennpunkten,

die sich über mehrere Länder, Kontinente und Meere erstreckt. Was in Chile oder Australien passiert, wirkt sich auf das Geschehen an der Westküste der USA und Kanadas aus. Deshalb ist der sinnvollste Ansatz der Biorelativitätsarbeit im Allgemeinen der globale, es kann aber durchaus auch vorkommen, dass ganz gezielte lokale Arbeit erforderlich wird.

In jedem Fall habt ihr jedoch zu bedenken, was ihr eigentlich verändern möchtet und wie sich die angestrebte Veränderung auf den Rest der Welt auswirkt. Wenn für eine bestimmte Gegend ein schwerer Sturm angekündigt wird und ihr eine Umleitung dieses Sturms anstrebt, müsst ihr natürlich dafür sorgen, dass er nicht in einem Nachbarland verheerende Schäden anrichtet. Besser wäre es in solch einem Fall, den Sturm zu »verdünnen«, ihn also zeitlich und räumlich zu strecken. Zu einem vollständigen Ansatz würde in solch einem Fall gehören, dass ihr euch die von der Südhalbkugel kommenden Meeresströmungen und die Erwärmung in diesen Bereichen genau anseht, um zu ermitteln, was diese beiden Faktoren mit zunehmenden Unwettern zu tun haben.

Wie bereits gesagt, sind die Verhaltensmuster der Erde und des Wetters sowie das Feedback-System der Erde derart komplex, dass wir hier sehr umsichtig zu Werk gehen müssen. Wir müssen unsere Biorelativitätsinterventionen genau einschätzen können und wissen, wie sie anzuwenden sind. Man kann in einem Dürregebiet um Regen beten und mit einiger Sicherheit davon ausgehen, dass dadurch keine Nachteile für andere Regionen entstehen, aber nehmt als Gegenbeispiel den Tausende Kilometer langen Feuerring mit seinen vielen Vulkanen und den sich gegeneinander verschiebenden Plattengrenzen. All das gehört zum großen Feedback-System der Erde, und wenn man irgendwo die Energie eines Ausbruchs unterdrückt, muss man sich fragen, ob es dadurch nicht irgendwo anders zu einem Ausbruch oder Beben kommen wird.

Der Supermind der Menschheit

In vielerlei Hinsicht haben wir uns daran gewöhnt, die Erde in ihrer Gesamtheit zu betrachten. Und da lässt sich nur in aller Bescheidenheit sagen, dass wir die Feedback-Systeme der Erde nicht bis in Letzte erfassen können. Wir machen uns gar nicht erst die Mühe, zu ermitteln, wie alle Dinge im Gleichgewicht zu halten sind. Zum Beispiel sind am Energiefeld der Erde viele Einzelaspekte zu unterscheiden. Da sie sich auch auf die Meridiane und das Feedback-System der Erde auswirken, lässt sich kaum einschätzen, wie sich die vom Menschen verursachten Blockierungen der Meridiane auf das Ganze auswirken. Das Feedback-System der Erde ist schon ohne Störungen durch den Menschen – also ohne Kernreaktoren und oberirdische Atombombentests – komplex genug. Ich sollte hier wohl erwähnen, dass diese Tests nach wie vor die Aura der Erde beinträchtigen, auch wenn sie Jahrzehnte zurückliegen. Die Nachwirkungen sind bis heute sehr deutlich vorhanden. Es ist auch sehr schwer einzuschätzen, wie sich Dämme, mit denen wichtige Wasserwege gestaut werden, auf das Feedback-System der Erde auswirken, aber dass es solche Wirkungen gibt, müsste euch eigentlich der gesunde Menschenverstand sagen.

Eines der Grundprinzipien der Biorelativität lautet, dass die Erde ständig bestrebt ist, ein homöostatisches Gleichgewicht zu halten – und dass der Spielraum dafür begrenzt ist. Die Erde muss die Zusammensetzung der Luft einigermaßen konstant halten, damit die Biosphäre und alle Arten von Lebewesen überleben können. Ist es nicht staunenswert, dass es die Erde über die Zeitalter hinweg geschafft hat, ein Gleichgewicht zu halten, in dem Menschen und alle anderen Arten entstehen und überleben konnten?

Noch nie hat eine Lebensform das Feedback-System der Erde wissentlich oder unwissentlich so stark beeinflusst wie

jetzt der Mensch. Nicht einmal die Dinosaurier, die wahrscheinlich einmal die Vorherrschaft hatten, beeinflussten das Feedback-System der Erde in irgendeiner Weise, sie lebten im Einklang mit der Erde. Das tut der Mensch nicht, und in der Folge gerät die Erde nun aus dem Gleichgewicht. Der Erde gelingt es nur noch mit Mühe, ihr Gleichgewicht so weit zu wahren, dass ihr auf ihr existieren könnt. Und so setzen unsere Heilbemühungen jetzt bei der Erde insgesamt an, und unsere Biorelativitätsübungen sind auf telepathische Kommunikation mit dem ganzen Planeten angelegt. Wir müssen uns über die Grenzen des kleinen Geistes aller Einzelnen erheben und Zugang zum Supermind der Menschheit und der Erde finden.

Dabei können wir vom Aufstiegsring ausgehen, der in Zusammenarbeit mit den Arkturern und den aufgestiegenen Meistern heruntergeladen wurde. Ihr könnt euch diesen Ring wie beispielsweise beim Saturn vorstellen, nur dass der Aufstiegsring der Erde ätherisch ist, ein ätherischer Strahlenkranz. Das Besondere an ihm liegt in seiner Fähigkeit, fünfdimensionale Energie in die dritte Dimension herunterzuladen.

Der Ring der Erde ist von den Gedanken und der Liebe der aufgestiegenen Meister erfüllt. Euch ist bekannt, dass viele aufgestiegene Meister jetzt eingeschaltet sind und sich für den Aufstieg der Erde einsetzen. Der Aufstiegsring ist unter vielem anderen dazu da, den aufgestiegenen Meistern, Lehrern und Führern das Herunterladen fünfdimensionaler Informationen und fünfdimensionaler Energie zu Erde zu erleichtern. Ihr habt heute mehr Kontakt zu solchen Meistern und Lehrern als je zuvor. Viele Menschen channeln diese Führer und Lehrer, und viele andere suchen Anschluss an höhere Energien.

Es mag fantastisch klingen, aber heute leben mehr Sternensamen auf der Erde als zu irgendeiner anderen Zeit. Es sind auch mehr aufgestiegene Meister und Aufstiegskandidaten präsent als früher. Sicher gab es immer Propheten und Lehrer,

die vorbereitende Arbeit für den Aufstieg leisteten, aber es stiegen vergleichsweise wenige Propheten auf, immer nur ein paar in jedem Zeitalter. Aufstieg war etwas ganz Unvergleichliches und betraf immer nur Einzelne. Aber jetzt ist auf der Erde der Fall eingetreten, dass Tausende oder Hunderttausende Sternensamen aufsteigen können und werden.

Keine Frage, dass die Zusammenarbeit mit den aufgestiegenen Meistern jetzt besonders wichtig ist, einfach weil der Aufstieg etwas von einer Geburt hat. Stellt euch eine Geburt in der Klinik vor. Viele Menschen, beispielsweise Ärzte und Pflegekräfte, kümmern sich um alles, es werden Vorbereitungen getroffen, Angehörige sind zur Stelle. Beim Aufstieg erwarten euch auf der anderen Seite Führer und Lehrer, die den Übergang und euren Empfang vorbereiten. Dazu gehört auch, dass sie euch – unter anderem durch den Aufstiegsring – eine Energie bereitstellen, die euch an die fünfdimensionale Energie heranführen kann. Darüber hinaus dient der Aufstiegsring dem Aufstieg der Erde. Viele Führer und Lehrer, unter ihnen Sananda, Sanat Kumara und Ashtar, versammeln sich im Ring, gleichsam als Hebammen für den Aufstieg der gesamten Erde.

Die Kräfte des Aufstiegsrings

Ihr könnt euch den Aufstiegsring wie gesagt ungefähr so vorstellen, wie die Ringe des Saturn oder Neptun durch ein starkes Teleskop zu erkennen sind. Das ist einfach euer Anschauungs-Beispiel, doch tatsächlich ist es bei der Erde so, dass der Aufstiegsring sie ganz umschließt, er ist eine fünfdimensionale holografische Sphäre mit besonderen Kräften und Fähigkeiten.

Worin bestehen die? Ganz wichtig ist die Fähigkeit des Rings, dreidimensionale telepathische Mitteilungen der Menschen aufzunehmen und umzusetzen und zugleich die Bot-

schaften und Energien der fünfdimensionalen Meister zu empfangen. Stellt euch vor, ihr möchtet den klimatischen Bedingungen der Erde heilende Gedanken senden, um beispielsweise die Dürren im Mittleren Westen der Vereinigten Staaten zu beenden. Stellt euch vor, ihr betet dabei auch für die darunter leidenden Menschen und Tiere. Eure an das Feedback-System der Erde gerichteten Gedanken und Gebete werden vom Aufstiegsring vermittelt und verteilt. So geht ihre Energie um die ganze Erde und erreicht genau die Stellen und Bedingungen, von denen die Veränderungen ausgingen, die schließlich zu der Dürre führten. Vieles muss wieder zurechtgerückt werden, damit die Dürre enden kann, und besonders wichtig ist, dass es auf das gesamte Gleichgewichtssystem der Erde abgestimmt ist. Auf diese Art unterstützt ihr die ganze Erde mit einer harmonischen Schwingung, und das wird sich nicht nur auf dieses oder jenes Dürregebiet auswirken.

Der Aufstiegsring nimmt die von euch gesendete Energie auf und verteilt sie überall auf der Erde, wo sie benötigt wird, sodass sich ein neues Gleichgewicht bilden kann. Das Schöne daran ist, dass ihr überall Zugang zum Ring habt, ob ihr in Europa, Australien oder Amerika seid. Der Ring deckt also nicht nur einen bestimmten Streifen der Erde ab, sondern ist von überallher erreichbar. Er nimmt die Gedanken der Sternensamen auf, seien sie sehr umfassend oder auf etwas ganz Bestimmtes konzentriert. Außerdem sind auch die fünfdimensionalen aufgestiegenen Meister stets beteiligt, sie überwachen den holografischen Ring und wissen über eure Bedürfnisse und die der Erde Bescheid. Rechnet damit, dass die Antworten manchmal sofort kommen, aber ein andermal ihre Zeit brauchen, eine geraume Weile unter Umständen. Ihr kennt einfach nicht alle Einzelheiten des Feedback-Systems, die erst neu ausgerichtet werden müssen, damit eure Anstöße umgesetzt werden können.

Wir haben schon mehrfach über die Arkanstärke eurer Gedanken gesprochen. In diesem Fall ist eine bestimmte Arkanstärke erforderlich, zehn Arkan, besser 20. Je höher die Arkanstärke eurer in den Aufstiegsring gesendeten Gedanken, desto größer die Wahrscheinlichkeit, dass es zu den von euch anvisierten Veränderungen kommt. Auf diesem Wege treffen eure Gedanken auch auf die im Ring tätigen aufgestiegenen Meister, deren Gedanken und Energien ebenfalls in Arkan gemessen werden können. Sie mobilisieren allerdings Kräfte, die ihr euch nicht einmal vorstellen könnt. Aber ihre Gedanken und Kräfte können nur im Zusammenwirken mit euren Gedanken und Kräften etwas ausrichten. Das ist eines der Gesetze, die für die spirituelle Heilung der Erde gelten. Die Gedanken und Heilkräfte der fünfdimensionalen Meister und Lehrer müssen mit denen der dreidimensionalen Erdbewohner interagieren. Und der Ring des Aufstiegs ist der Ort, an dem es zu dieser Wechselwirkung kommen kann.

Was haltet ihr von der Idee, dass wir jetzt gemeinsam eine Bitte um Heilung der Erde in den Aufstiegsring senden? Der Ring ist überall da, wo ihr seid, wo eure Gedanken sind. Überlegt euch einen Heilgedanken, den ihr Mutter Erde über den Ring des Aufstiegs zukommen lassen möchtet. Bittet den aufgestiegenen Meister, der euch am nächsten ist, euren Gedanken aufzunehmen und als »Master-Gedanken« in den Aufstiegsring zu senden. Das wird euch einen Eindruck von der Kraft des Rings geben. Meditieren wir jetzt für einige Minuten.

Die Arkanstärke eurer Heilgedanken für die Erde ist jetzt hoch. Die Führer und Lehrer, vor allem Sananda, Sanat Kumara und Ashtar, transformieren eure Energie und senden sie als heilendes Licht für die Biosphäre in alle Welt. Der Aufstiegsring ist wirklich ein unglaublich gutes Werkzeug. Er kann zusammen mit den zwölf ätherischen Kristallen verwendet werden. Die lassen sich nämlich so weit über ihre Stand-

orte in der Erde heben, dass sie mit der Oberseite in den Ring hineinragen.

Stellt euch das bildhaft vor oder stellt euch vor, dass ihr es malt: diesen herrlichen fünfdimensionalen Ring um den Planeten und 40 mal 40 Menschen, die überall auf der Erde im Kreis sitzen und durch ihr Kronenchakra Licht in den Aufstiegsring senden. Daran beteiligt sind auch fünfdimensionale Lehrer und Meister, die ebenfalls ihre Gedanken und ihr Licht in den Ring senden. Die zwölf ätherischen Kristalle der Erde werden hinauf zum Ring gehoben und schalten sich in die Vorgänge ein. Der Ring verstärkt die Kraft eurer Gedanken. Jetzt sinken die ätherischen Kristalle zurück in die Erde und haben die Energie des Rings in ihrer Kristallstruktur gespeichert. Sie können enorme Mengen an fünfdimensionalen Energien und Heilkräften aufnehmen. Ihr seid an dieser Speicherung der Heilkräfte beteiligt, ihr habt mit dieser Übung wirklich Großes geleistet.

Iskalia-Licht von der Zentralsonne

Ein weiteres großartiges Instrument für die Heilung der Erde ist der Iskalia-Spiegel. Wir haben ihn als eine Art gigantischen Spiegel über dem Nordpol beschrieben. Es handelt sich um einen ätherischen Spiegel, der Energien aus den fernsten Fernen der Galaxis zu sammeln vermag. Ihr könnt euch das ähnlich wie bei einem astronomischen Spiegelteleskop vorstellen, dessen Spiegel einen Durchmesser von fünf Metern hat. Mit solch einem Teleskop kann man bei klarem Wetter Licht einfangen, das aus Millionen oder sogar Milliarden Lichtjahren entfernten Quellen stammt und natürlich entsprechend schwach ist. Die Instrumente der Astrophysiker sind so empfindlich, dass sie Licht aus der Geburtszeit dieses Universums einfangen können. Stellt euch jetzt einen fünfdimensionalen ätherischen

Spiegel vor, der Licht von unterschiedlicher Dimensionalität empfangen kann. Seine Spezialität ist das Licht von der Zentralsonne, das er bündelt und weitergibt. Es handelt sich um ein fünfdimensionales Licht der Erkenntnis und Weisheit, das in dieser Zeit speziell als heilendes Licht für die Erde ausgelegt ist.

Ihr lebt, wie schon vielfach bemerkt, in einer Zeit, die eine besondere Ausrichtung der Zentralsonne und der Erde erleben wird. Die Erde wird durch diese Ausrichtung einen Zustrom von fünfdimensionaler Energie erfahren, den es in diesem Ausmaß noch nicht gegeben hat. Aber es handelt sich nicht einfach um eine Endzeit-Energie, wie sie von vielen für 2012 angenommen wurde. Es ist nicht die Energie gewaltsamer Umbrüche, sondern fünfdimensionale Energie, die zunehmend zur Erde gelangt. Wie ich euch schon früher gesagt habe, hat die Verfinsterung der Zentralsonne bereits eingesetzt, die Erde ist bereits in den Schatten eingetreten.

Die Energie der Zentralsonne kommt zwar ständig zur Erde, aber sie muss gebündelt und gezielt zur Erde geleitet werden. Dafür haben die Arkturer über dem Nordpol den Iskalia-Spiegel installiert. Um ihn für das dreidimensionale Bewusstsein anschaulich zu machen, könnt ihr euch den Spiegel mit einem Durchmesser von mehreren Kilometern vorstellen. Aber die Größe ist eigentlich zweitrangig; wichtig ist vielmehr die Tatsache, dass der Iskalia-Spiegel das fünfdimensionale Licht der Zentralsonne einfangen und verdichten kann. Dieses Licht kann dann gebündelt und gezielt den Stellen auf der Erde zugeleitet werden, die heilende Energien besonders dringend benötigen.

Sehr wünschenswert ist auch die Möglichkeit, die Energie vom Iskalia-Spiegel direkt in die Städte des Lichts auf der Erde zu leiten, die besonders für den Empfang fünfdimensionaler Energie von der Zentralsonne ausgelegt sind. Rechnet also mit neuen Lösungen, neuen Ideen, mit Energien, die vielleicht noch

nie zuvor gesendet wurden. Das kann übrigens auch neue Musik sein. Lasst euch sagen, dass jetzt über den Iskalia-Spiegel neue Klänge und Töne aus der fünften Dimension zur Erde kommen werden, neue musikalische Energien. [Stimmt Töne an.] Ich rufe das Iskalia-Licht. Es geht jetzt vom Iskalia-Spiegel direkt in den Ring des Aufstiegs. Iskalia-Licht von der Zentralsonne, das höchste fünfdimensionale Licht, wird jetzt in den Aufstiegsring heruntergeladen. Es wird in die Lichtstädte der Erde übertragen.

Auch das Omega-Licht, über das wir schon vielfach gesprochen haben, steht für die Heilung der Erde zur Verfügung. Ja, es ist eine Zeit, die großer Heilenergien für die Erde bedarf. Wir rufen alle Heiler der Erde auf: Tut euch zusammen, setzt eure Kräfte der Meditation und organisiert Vorträge, um rings um die Städte des Lichts, die euch so viel bedeuten, Energiefelder zu schaffen. Es ist jetzt so weit, dass Gedankenkraft von höchster Arkanstärke eingesetzt werden muss, damit die Energien zur Heilung der Erde zusammengehalten und angewandt werden können.

Jetzt bitte ich Sananda, noch ein paar Worte an euch zu richten.

Eine neue Aufstiegsleiter

Sananda

Ich bin sehr angetan von eurer Aufstiegsarbeit. Ich finde es wunderbar, dass ihr mit der fünften Dimension kommuniziert und sogar selbst dort sein möchtet. Wie schön, dass durch die Mithilfe der Arkturer jetzt ein Aufstiegsring die Erde umschließt – gerade in dieser Zeit, in der viele vor allem Finsternis

und Polarisierung auf der Erde sehen. In dieser Zeit, in der ihr die Zerstörung vieler Biosphärenschätze mit ansehen müsst, ist der Aufstiegsring von ganz besonderer Bedeutung als Kernelement der fünfdimensionalen Download-Mechanismen. Er dient auch als verbindendes Element für die Leitern des Aufstiegs. Ihr wisst ja, dass wir Aufstiegsleitern installiert haben, und jetzt möchten wir, dass ihr uns beim Download einer weiteren Leiter in San Martín de los Andes am Lago Puelo helft, wo eine Gruppe sehr engagierter Sternensamen für die Heilung der Erde aktiv ist. Diese Gegend kann heilende Energien besonders gut empfangen und übertragen. Wir möchten mit euch ein Datum festsetzen, an dem wir dort die nächste Leiter errichten. Sie wird in San Martín stehen, von wo aus es nicht sehr weit zum Lago Puelo ist. Wir werden diese Leiter bis zum Aufstiegsring führen und dafür sorgen, dass auch alle anderen Leitern mit ihm verbunden sind.

Wir, die aufgestiegenen Meister, sind ganz darauf eingestellt, euren persönlichen Aufstieg und den Aufstieg der Erde zu fördern. Wie ihr die Erde liebt, so lieben wir euch. Ihr erweist uns und dem Schöpfer einen großen Dienst. Von ihm wissen wir, dass die Erde aufsteigen wird und viele Einzelne auf der Erde aufsteigen werden. Wir leiten jetzt alles in die Wege. Aufstieg ist die höchste Form der Interaktion mit der fünften Dimension. Nichts ist dem Schöpfer eine größere Freude als das Zusammenwirken der fünften und der dritten Dimension, durch das Sternensamen wie ihr in die höhere Sphäre erhoben werden.

30 UNSERE ARBEIT IN DER ZUKUNFT

Sanat Kumara, Juliano und die Arkturer

Als der »Logos« der Erde, wie ich, Sanat Kumara, oft genannt werde, habe ich einen guten Draht zum Geist der Erde und führe so etwas wie die Oberaufsicht. Nicht dass ich über die Abläufe auf der Erde zu bestimmen hätte, aber ich tausche mich mit der Erde aus und kann in gewisser Weise für sie sprechen – und so bewirke ich eben doch einiges.

Ich möchte noch einmal auf die Ölkatastrophe im Golf von Mexiko zu sprechen kommen, die eine tief greifende Veränderung bewirkt hat, weil in einem heiligen Meeresgebiet ein schwerer Fehler begangen wurde. Diese Veränderung hat etwas mit der Erinnerung an die atlantischen Energien und den Untergang von Atlantis zu tun. Manche sagen, die Erde sei jetzt sehr verärgert, und das sei einer der Gründe für die horrenden Schwierigkeiten bei der Abdichtung des Lecks gewesen. Ich kann euch sagen, dass der Geist der Erde überhaupt nicht froh ist über den Verlauf der Katastrophe und die anschließenden Reparaturarbeiten. Es war ein wirklich verheerender Aderlass an einer der Energielinien der Erde, und zu seiner Behebung waren ganz besondere »chirurgische Eingriffe« notwendig, von denen die Wissenschaftler keine Ahnung hatten. Das Bewusstsein für diese Dinge ist jetzt geschärft, doch das wurde sehr teuer erkauft.

Der Beginn eines neuen Denkens

In diesem Zusammenhang möchte ich über anstehende Veränderungen auf der Erde sprechen, insbesondere über den Gedanken des Dienens. Ihr erkennt ja bereits Tendenzen zu einer Umorientierung in der Finanzwirtschaft. Die wirtschaftlichen Wertvorstellungen werden sich ändern, und dadurch werden die gesellschaftlichen Abläufe sehr bald eine neue Grundlage bekommen. Immer öfter wird jetzt vom »nachhaltigen Wirtschaften« gesprochen. Wenn man sich die wirtschaftlichen Strukturen überall auf der Welt ansieht, könnte Deutschland in einer guten Ausgangsposition für die Entwicklung eines neuen globalen Wertesystems sein, das auf dem spirituellen Prinzip des Dienens basiert. Mutter Erde dienen – so sieht es ja auch der Baum des Lebens für die Heilung der Erde vor.

Der Einsatz für den Schutz der Wälder und Gewässer wird sich verstärken, in allen Bereichen des Gesellschafts- und Wirtschaftslebens wird man zunehmend auf Umweltverträglichkeit und Nachhaltigkeit achten. Wenn ihr euren Auftrag und den Dienst, den ihr den Menschen leisten möchtet, vor Augen habt, sind dafür nicht allein spirituelle Gesichtspunkte maßgebend. Denkt ruhig auch an Solarenergie und andere alternative Formen der Energiegewinnung. Technik und Wirtschaft werden nicht mehr auf Habgier und Wettbewerb basieren. Vielmehr werden die Menschen als Brüder und Schwestern zusammen an der Lösung aller Probleme arbeiten, und belanglose Fragen – wer verdient am meisten Geld, wer hat die beste Wirtschaftstheorie? – werden keine Rolle mehr spielen.

Hier können die Lichtstädte der Erde eine Vorreiterrolle spielen und demonstrieren, wie solche Lebensformen funktionieren können. Im Übrigen wird die Entwicklung der Lichtstädte eine neue psychologische Ausrichtung der Gesellschaft mit sich bringen. Das ist das Gebiet, auf dem Deutschland mei-

ner Einschätzung nach eine gute Ausgangsposition hat. Bei euren Bemühungen um diese Entwicklung müsst ihr immer den Dienst an der Erde im Blick haben. Überlegt euch, wie dieser Geist der Zusammenarbeit als Brüder und Schwestern sich ausbreiten kann. Die vorhandenen und entstehenden Lichtstädte der Erde stellen für die Bildung einer neuen Gesellschaft einen bedeutenden Schritt nach vorn dar. Und es wird das reine Vergnügen sein, in solch einer Gesellschaft, solch einer Stadt, solch einer Gemeinschaft zu leben.

Biorelativität und die neuen Lichtstädte der Erde

Juliano und die Arkturer

Die Städte des Lichts sind aus unserer Sicht eine der Kräfte der Biorelativität und der positiven Veränderung auf der Erde. Die Sternensamen besitzen die großartige Fähigkeit, rings um die Gegend, in der sie leben, Energiefelder aufzubauen und so heilige Orte zu schaffen – eben die Lichtstädte. Heilig sind die Lichtstädte unter anderem deshalb, weil ihr durch sie Verbindungen zu galaktischen und zu planetarischen Schwesterstädten des Lichts knüpfen könnt. Die Bedeutung der irdischen Schwesterstädte liegt darin, dass sie sich gegenseitig Energie senden können. Das ist der Gedanke, der auch hinter der Gruppe der Vierzig steht: Eine Gruppe von Sternensamen bringt gemeinsam weitaus mehr Energie auf, als es die Einzelnen könnten.

Jede Stadt bringt in die Zusammenarbeit zwischen den Schwesterstädten eine besondere Energie ein. So haben Balcolyn und Nelson Bay in Australien eine besondere Beziehung zur uralten Energie der Delfine und Wale. Diese beiden von den Sternensamen aktivierten Lichtstädte verfügen über ganz einzigartige Mittel der Kontaktaufnahme mit den Weltmeeren.

Darüber hinaus sind sie mit großen Sternensystemen verbunden, unter anderem mit den Plejaden. Sehen wir uns an, wie eine Lichtstadt in England aussehen könnte. Sie hat vielleicht nicht die Meeres-Energie der Delfine und Wale, dafür aber möglicherweise die Energie der Kornkreise, der Kelten und Merlins, von Stonehenge. Schwesterstädte können ihre jeweils einzigartige Energie miteinander teilen.

Es gilt also festzuhalten, dass jede Lichtstadt der Erde ihre ganz eigene Energie besitzt, und deshalb bitte ich die Sternensamen in diesen Städten des Lichts, alle Stärken und Energien ihrer Lichtstadt zu notieren und sich Möglichkeiten der gemeinsamen Nutzung dieser Energien zwischen den Schwesterstädten zu überlegen. Wenn ihr eure eigene Aufstellung gemacht habt, könnt ihr dann in eurer Schwesterstadt nachfragen, welche besondere Energien es dort gibt, die gemeinsam genutzt werden könnten. Sedona in Arizona beispielsweise ist jetzt die Schwesterstadt von San Martín de Los Andes in Argentinien. Sedona ist in Nordamerika die Hauptstadt des Übersinnlichen und hat ebendiese Energie. Nach unserer Einschätzung besitzt San Martín deshalb das Potenzial, die Hauptstadt des Übersinnlichen in Südamerika zu sein. Wenn sich Sedona und ihre Sternensamen mit denen in San Martín verbinden, können sie über diese Verbindung Energie senden, damit San Martín des Los Andes sein Potenzial schneller entfaltet.

Es muss also Lichtwerker geben, die – vielleicht über Telefonkonferenzen – Kontakt mit ihren Schwesterstädten aufnehmen, um die Energien senden zu können, die dort benötigt werden. Ich bin sehr zuversichtlich, dass sich das entwickeln wird und der Austausch sich dann als eine starke Heilkraft für die Erde erweist. Ich bitte alle, die sonst irgendwie mit den Lichtstädten in ihrer Gegend befasst sind, sich diesen Bemühungen anzuschließen. Auf diese Art könnt ihr einen umfangreichen und vielfältigen Energietransfer in Gang setzen.

Die Lichtstädte der Erde verlinken

Lichtstädte können ihre Energien untereinander austauschen und dadurch beiderseits die spirituelle Schwingung heben. Jede Lichtstadt ist also gehalten, andere Städte zu bestimmen, deren Schwesterstadt sie werden möchten. Wir haben bereits viele Städte ermittelt, und weil deren Zusammenwirken mit anderen Städten so wichtig ist, führe ich die ersten 20 aktivierten Orte hier mit ihren Schwesterstädten auf:

1. Taos in New Mexico wird San Pedro de la Paz in Chile als Schwesterstadt bekommen.
2. Aufkirchen, Ortsteil der Gemeinde Berg am Starnberger See, wird Schwesterstadt von Tallinn, der Hauptstadt Estlands, sein.
3. Sternensamen gaben den Anstoß, ein Dreieck von Schwesterstädten zu bilden. Verwirklicht wurde die Idee mit Carson City (Nevada), Mount Shasta (Kalifornien) und Twin Falls (Idaho).
4. Ananda Village in Herl bei Trier hat als Schwesterstadt Oldenburg.
5. Chihuahua in Mexiko verbindet sich mit Concepción in Chile.
6. Eine Vierergruppe von Stadtgeschwistern besteht aus Rancho Lagunitas (Mexiko), Mount Shasta (Kalifornien), Coyoacán (Mexiko) und Toledo (Spanien).
7. Pasadena (Kalifornien) verbindet sich mit Anchorage (Alaska).
8. Das spanische Saragossa hat als Schwesterstadt Sebucán, einen Stadtteil von Caracas (Venezuela).

9. Sedona (Arizona) verbindet sich mit den argentinischen Lichtstädten San Martín de los Andes und Palermo, einem Stadtteil von Buenos Aires.

10. Balcolyn in der Nähe von Nelson Bay an der australischen Ostküste hat als Schwesterstadt Polbathic im englischen Cornwall.

11. Cuicuilco in Mexiko verlinkt sich mit dem spanischen Montserrat.

12. Das französische Lourdes wird mit Murcia in Spanien ein Gespann bilden.

13. Ciudad Obregón in Mexiko wird Schwesterstadt des spanischen Santiago de Compostela.

14. La Plata, unmittelbar südöstlich von Buenos Aires, ist mit Monterrey in Mexiko verbunden.

15. Monterrey verbindet sich außerdem mit Lindlar und Schalkenmehren in Deutschland.

16. Das spanische Granada geht eine Verbindung mit La Serena in Chile ein.

17. Omaha (Nebraska) verbindet sich mit dem kanadischen Belleville.

18. Schwesterstadt von Auckland in Neuseeland wird Vale do Capão in Brasilien.

19. Groom Creek/Spruce Mountain (Arizona) verbindet sich mit dem spanischen Sant Pere de Ribes sowie Nelson Bay in Australien.

20. Und Gijón in Spanien bekommt als Schwesterstadt Bahía Blanca in Argentinien.

Die 21. Lichtstadt, Vale das Borboletas in Brasilien, befindet sich in der Aktivierungsphase.

David K. Miller

Einheit durch spirituelle Links

Wir möchten die Bewusstseinsenergie der Arkturer und überhaupt der fünften Dimension in die Lichtstädte der Erde leiten, zugleich aber auch betonen, wie wichtig die Verlinkung und gegenseitige energetische Unterstützung der Schwesterstädte auf der Erde ist. Wir könnten genauso gut von Bruderstädten sprechen – erinnert euch, dass im Zusammenhang mit dem heiligen Dreieck von der weißen Bruderschaft und der weißen Schwesternschaft die Rede war. Der Gedanke, Links zwischen den Schwesterstädten zu knüpfen, ist davon abgeleitet.

Die weiße Bruderschaft und Schwesternschaft stehen für einen energetischen Verbund, in dem die höheren mystischen Wahrheiten und Erkenntnisse aller Religionen Geltung besitzen. Alle diese Wahrheiten verbinden sich zu einer Einheit, wenn sie eine bestimmte energetische Intensität erreicht haben. Deshalb sind die großen spirituellen Meister aller Religionen auf einer höheren Ebene zu einer Einheit verbunden. Und diese Einheit ist es, die sich an alle Völker und Menschen wendet und das Bewusstsein aller Sternensamen, aller spirituellen Sucher, aller Menschen überall auf eine höhere Stufe heben möchte. Die Lichtstädte der Erde und ihre Schwesterstädte sind dazu bestimmt, diesem Zweck zu dienen. Deshalb ist es so wichtig, dass sich die Städte verlinken. Keine Stadt ist besser als irgendeine andere, jede besitzt ihren ganz eigenen Stellenwert – wie alle spirituellen Wahrheiten und Formen der spirituellen Praxis.

Die weiße Bruderschaft und Schwesternschaft sind zusammen mit ihren Geist-Führern darauf aus, das Bewusstsein der Menschheit auf eine höhere Stufe zu heben. Das gilt auch für die Lichtstädte der Erde und ihre Schwesterstädte: Sie sollen gezielt das Bewusstsein der Menschen in der jeweiligen Stadt weiten und entwickeln. Dazu dienen spirituelle Praktiken und

natürlich der Download fünfdimensionaler Energien. Mit eurer Gruppenarbeit werdet ihr den spirituellen Lichtquotienten eurer Stadt anheben. Veranstaltet spirituelle Workshops, und lasst die Menschen zu Zeremonien und Gesängen zusammenkommen. Hüllt eure Stadt in weißes Licht, umgebt sie mit Kristallen, die höhere Energien empfangen können. Es gibt noch viele weitere Möglichkeiten, das Lichtfeld einer Stadt des Lichts aufzubauen, damit sie Trägerin des höchsten Bewusstseins sein kann.

Ihr alle verfolgt die politischen und gesellschaftlichen Umbrüche auf diesem Planeten. Ihr folgt bei eurem Einsatz für die Erde dem Auftrag eurer Seele und fragt euch, was ihr tun könnt, wie ihr bei der Veränderung dieser Welt mithelfen könnt. Und so fragt ihr: »Also, soll ich mich jetzt gesellschaftlich engagieren, soll ich mich politisch engagieren?« Das ist natürlich eure eigene Entscheidung, aber seht bitte auch, dass wir Arkturer dieses Projekt der Lichtstädte gezielt für die Umsetzung drastischer Veränderungen ins Werk gesetzt haben. Wir glauben, dass selbst kleine von diesen Städten ausgehende Aktivierungen sehr viel bewirken können. Eure Beteiligung an diesem Projekt kann darin bestehen, dass ihr in eurer eigenen Stadt des Lichts ein Gewebe fünfdimensionaler Energie schafft.

Macht euch klar, dass die Beteiligung an diesem Projekt der Lichtstädte der Erde zu eurem Seelenauftrag gehört. Das Projekt wächst und kommt in Fahrt, und ihr wisst sicher, dass viele Menschen überall auf der Welt gern Angehörige einer Lichtstadt sein möchten. Und diese Menschen werden sich an euch wenden, ihr seid die Gründer der ersten Staffel von Lichtstädten der Erde. Andere werden sich genau ansehen wollen, wie ihr vorgegangen seid, wie ihr die Lebensgemeinschaft eures Wohnorts so umgestaltet habt, dass er eine Stadt des Lichts werden konnte.

Ein Netzwerk aus Licht

Die Schwesterstädte sind nun eine Erweiterung des ursprünglichen Ansatzes und der Idee der weißen Bruderschaft und Schwesternschaft nachgebildet. So wichtig die Aktivierung der ursprünglichen Lichtstädte war, sie sollen und können nicht für sich allein existieren. Sie sind in ein Netzwerk aus Licht eingebunden, das sie mit anderen Lichtstädten auf der Erde verbindet. Und sollte eine Lichtstadt beispielsweise in Schwierigkeiten geraten, kann sie sich über die Vernetzung mit anderen Lichtstädten, Schwesterstädten, Hilfe holen.

Über fünfdimensionale Verbindungen kann Energie erstaunlich effektiv übertragen und transformiert werden. Unterschätzt die Kraft ätherischer Energie nicht, insbesondere nicht die Kraft der aus der Ferne übertragenen fünfdimensionalen Energie. Lichtstädte können ihrer Familie, ihren Schwesterstädten, Licht senden, und jede Lichtstadt hat, wie ihr wisst, ihre ganz eigenen Stärken und Vorzüge.

Was jede einzelne Lichtstadt auszeichnet, lässt sich zwischen den Schwesterstädten austauschen. Vor allem könnt ihr Energien zwischen euren Städten austauschen. Die Vermögenderen unter euch werden sicherlich ihre Schwesterstadt oder Schwesterstädte besuchen wollen und dort unter den Menschen, mit denen ihr zusammenarbeitet, neue Freunde finden. Es wird auch organisierte Zusammenkünfte zwischen den Schwesterstädten geben. Ist das nicht ein wunderbarer Gedanken, eure fünfdimensionalen Aktivierungsenergien auch euren Schwesterstädten des Lichts zukommen zu lassen? Das wird eure Verbindung zur fünften Dimension umso stärker machen.

Meditation zur Aktivierung einer neuen Lichtstadt

In dieser Zeit hoher Energie werden euer Engagement und Einsatz für das Projekt der Lichtstädte und Schwesterstädte mehr und mehr Auftrieb bekommen. Ich möchte jetzt eine Gruppenmeditation mit euch machen. In dieser Meditation wollen wir die neue Lichtstadt aktivieren sowie die Verbindungen zwischen allen in der Liste aufgeführten bereits aktivierten Städten des Lichts knüpfen und stärker machen. Folgt bitte aufmerksam meinen Worten:

Ich, Juliano, erhebe jetzt die zwölf ätherischen Kristalle über ihre jeweiligen Standorte rund um den Globus. Die wunderbar anzuschauenden Kristalle, sie bergen fünfdimensionales arkturische Licht und fünfdimensionale Energie, heben sich jetzt. Ein Gewebe aus fünfdimensionalem Licht spannt sich um die Erde und formt sich zum Baum des Lebens, in dem die ganze Welt vernetzt ist, und der Ring des Aufstiegs erfährt ebenfalls eine gewaltige Aktivierung. Alle Lichtstädte der Erde empfangen dieses höhere Licht. Konzentriert euch jetzt bitte einige Minuten lang darauf, wie die zwölf ätherischen Kristalle oder die Kristalle, die euch am nächsten sind, Aktivierungslicht in die Städte senden, auch in die neue Lichtstadt Vale das Borboletas in Brasilien. Versenkt euch jetzt in die Meditation. [Pause.]

Visualisiert die Aktivierung der Links zwischen den Schwesterstädten. Seht die Stränge von fünfdimensionalem Licht, die Taos in Mexiko mit San Pedro de la Paz in Chile verbinden. Seht die Ströme von fünfdimensionalem Licht zwischen Aufkirchen und Tallinn. Stellt euch diese Lichtströme zwischen Carson City in Nevada, Mount Shasta in Kalifornien und Twin Fall in Idaho vor. Lichtströme fließen von Ananda Village nach Oldenburg, von Chihuahua in Mexiko nach Concepción in

Chile, von Rancho Lagunitas in Mexiko nach Mount Shasta, nach Coyoacán in Mexiko und nach Toledo in Spanien sowie von Pasadena in Kalifornien nach Anchorage. Seht, wie sich das Licht zwischen dem spanischen Saragossa und dem Stadtteil Sebucán der venezolanischen Hauptstadt Caracas bewegt. Das Licht erfasst Sedona in Arizona und zugleich San Martín de los Andes in Argentinien sowie den Stadtteil Palermo in dessen Hauptstadt Buenos Aires. Das wunderbare Licht verbindet Balcolyn in Australien mit Polbathic im englischen Cornwall und ebenso das mexikanische Cuicuilco mit Montserrat in Spanien. Es erleuchtet die Städte Lourdes in Frankreich und Murcia in Spanien. Lichtströme fluten durch Santiago de Compostela und das mexikanische Obregón. Ein und dasselbe Licht in La Plata bei Buenos Aires und Monterrey in Mexiko. In Deutschland strömt das fünfdimensionale Licht durch Lindlar und Schalkenmehren, durch Ananda Village und Oldenburg. Lichtströme verbinden Granada mit dem chilenischen La Serena.

Fünfdimensionales Licht durchströmt Omaha in Nebraska und Belleville in Kanada, sie verbinden Auckland in Neuseeland mit Vale do Capão in Brasilien. Sendet heilende Energien nach Auckland, verbunden mit dem Wunsch, dass die Ölpest vom Oktober 2011 ohne Langzeitfolgen verheilen möge. Und jetzt seht noch die Lichtverbindung zwischen Groom Creek/ Spruce Mountain in Arizona, Sant Pere de Ribes in Spanien und Nelson Bay in Australien – ein wunderschönes Lichtdreieck. Und schließlich stellt euch das Licht zwischen dem spanischen Gijón und Bahía Blanca in Argentinien vor. Alle diese Schwesterstädte des Lichts sind jetzt im Austausch miteinander, haltet also die Energie, während wir noch einmal in die Stille gehen.

Aus dem Sternenschiff Athena sende ich jetzt strahlend blaues Heillicht zu allen Schwesterstädten des Lichts auf der

Erde, aber auch zu allen, die in solchen Städten leben oder an der Einrichtung von Schwesterstädten arbeiten. Es wird zu vielen weiteren Aktivierungen kommen, viele weitere Verbindungen werden in den kommenden Monaten und Jahren geknüpft. Diese Verbindungen werden immer stärker und energiereicher werden. Bedenkt, dass sich die Schwesterstädte nicht nur als Städte verbinden, sondern ihr als Bewohner dieser Städte ebenfalls in Kontakt miteinander kommt. Ihr schafft jetzt ein großes schützendes Licht, ein Schönheit und fünfdimensionale Energie bergendes Licht, das in alles eingeht, was in den Lichtstädten der Erde weiterhin geschehen wird.

ANHANG

Glossar

ADAM KADMON Der hebräische Ausdruck für das Urbild des Menschen.

ADONAI Hebräischer Name Gottes, Übersetzung meist »Herr«.

AIN SOF In der Kabbala bedeutet Ain Sof »das, was kein Ende hat«. Manche vergleichen es mit dem Tao. Ain Sof ist die absolute Vollkommenheit, die keine Unterscheidungen kennt. Es zeigt sich nicht so, dass sein Wesen erkannt werden kann.

ASHTAR Anführerin einer Gruppe spiritueller Wesen, die der Erde beim Aufstieg helfen möchten. Sie existieren in der fünften Dimension und stammen aus vielen verschiedenen außerirdischen Zivilisationen.

ASTRALE EBENE Die nicht physische Ebene der Realität. Es heißt, dass Menschen nach dem Tod dorthin gelangen.

AUFSTIEG Eine Transformation, zu der es kommt, wenn der physische, der emotionale, der mentale und der spiritu-

elle Körper gänzlich vereinigt sind. Aufgrund dieser Vereinigung kann man die Beschränkungen der dritten Dimension transzendieren und in höhere Bereiche eintreten. Manche vergleichen es mit dem, was in der christlichen Tradition »Verzückung« genannt wird. Manche sprechen auch von einer spirituellen Beschleunigung des Bewusstseins, die der Seele die Rückkehr in höhere Bereiche erlaubt und sie vom Zyklus des Karma und der Wiedergeburt befreit.

AUR Das hebräische Wort für »Licht«.

BARUCH Das hebräische Wort für »gesegnet«, häufig verwendet, wenn vom Schöpfer die Rede ist.

BAUM DES LEBENS Der Baum des Lebens ist das galaktische Muster für die Erzeugung dieser Realität. Seine zu einem Baum angeordneten Sphären enthalten zehn energetische Codes. Diese Codes werden zur Heilung sowohl der Menschen als auch der Erde eingesetzt. Was die Abbildung nicht wiedergeben kann: Der Baum ist holografisch und vieldimensional. Seine 22 Verbindungslinien stellen Pfade der Manifestation dar. Der Baum des Lebens ist an die Energie des Kosmos angeschlossen.

B'NAI ELOHIM Die Kinder des Lichts. Der hebräische Ausdruck bezeichnet »die Söhne (oder die Bruderschaft) des Elohim«, also Gottes.

CHAKREN Die Energiezentren, wörtlich »Räder«, des menschlichen Körpers. Sie bewerkstelligen den Energietransfer zwischen dem spirituellen, mentalen, emotionalen und physischen Körper des Menschen.

ELOHIM Der hebräische Name des Schöpfers im ersten Kapitel der Genesis.

ERZENGEL Der Ausdruck wird generell für alle höheren Engel verwendet. Insbesondere ist damit die höchste Klasse von Engeln angesprochen. Die Kabbala nennt zehn Erzengel. Sie gelten als Botschafter, die göttlichen Ratschluss übermitteln.

ETZ HA CHAYIM Hebräisch für »Baum des Lebens«.

IBBUR Eintritt einer fremden Seele in einen Menschen. Schwängerung der menschlichen Seele durch einen höheren Führer oder aufgestiegenen Meister, an den man sich wendet und dem man sich öffnet.

KABBALA Hauptzweig der jüdischen Mystik. Das hebräische Wort wird mit »empfangen« übersetzt.

KADOSH Hebräisch für »heilig«.

KADOSH, KADOSH, KADOSH, ADONAI ZEVAOTH Hebräisch für »Heilig, heilig, heilig ist der Herr der Heerscharen«. Die Intonierung dieses Ausdrucks kann sehr wirksam sein und das Bewusstsein auf eine neue Stufe heben. Sie fördert die Aktivierung der Codes für den Aufstieg in die fünfte Dimension.

LICHTKÖRPER Der ätherische Geist-Körper, der mit der höchsten Seelenenergie in Verbindung steht.

MERKABA Dieses hebräische Wort bedeutet »Wagen«. In der modernen Spiritualität ist damit ein ätherischer Wagen

gemeint, der den spirituellen Sucher in höhere Dimensionen trägt. In der Kabbala wird Gottes Thron-Wagen in der Vision Hesekiels so bezeichnet. Auch ein Zweig der Kabbala, die »Merkaba-Mystik«, ist danach benannt.

METATRON Die Überlieferung bringt den Erzengel Metatron mit dem biblischen Enoch in Verbindung, »der mit Gott ging« (Genesis 5,22). Enoch wurde in den Himmel entrückt und in einen Engel verwandelt. Er nimmt den Platz direkt neben Gottes Thron ein. In der jüdischen Mystik ist Metatron ein Engel höchsten Ranges. Nach Aussagen der Arkturer ist Metatron für das Sternentor zuständig und hilft den Seelen beim Aufstieg in höhere Welten.

MICHAEL Dieser Name ist eigentlich eine Frage, nämlich »Wer ist wie Gott?«. Michael ist vielleicht der bekannteste Erzengel und in allen drei monotheistischen Religionen des Abendlands vertreten. Er wird meist geflügelt und mit gezogenem Schwert dargestellt, ein Krieger Gottes, ein Drachentöter. Seine Rolle beim Aufstieg besteht darin, uns beim Lösen der Anhaftungen an die Erde zu unterstützen, denn erst dann können wir uns dem höheren Bewusstsein annähern.

NABUR Ein kabbalistischer Rabbi, Lehrer des Autors in einem früheren Leben.

QUAN YIN Angehörige der spirituellen Hierarchie. Ursprünglich in der buddhistischen Tradition die weibliche Ausprägung des Bodhisattwas der Barmherzigkeit.

RAPHAEL Raphael ist vielleicht der liebenswerteste aller Engel – jedenfalls aber der in der abendländischen Kunst am häufigsten dargestellte. Sein Name bedeutet »Gott heilt«.

Er scheint einen besonderen Bezug zur Heilung menschlicher Gebrechen zu haben. Er soll es auch gewesen sein, der Jakobs Hüfte nach dem Kampf mit seinem Widersacher in der Nacht wiederherstellte. Er gilt als Hüter des Baums des Lebens im Garten Eden.

SANANDA Sananda ist der galaktische Name des Mannes, der auf der Erde als Jesus von Nazareth auftrat. Er wird als der größte Kabbalist aller Zeiten angesehen. Die Kabbala nennt ihn Joshua Ben Miriam, Marias Sohn Jesus.

SOHAR Das »Buch des Glanzes« ist ein spanischer Grundtext der Kabbala aus dem 13. Jahrhundert.

STERNENSAMEN Jetzige Bewohner der Erde, die bereits Inkarnationen in anderen Teilen der Galaxis hinter sich haben. Es sind Menschen, denen bewusst ist, dass anderswo in der Galaxis und im Universum ebenfalls Lebewesen existieren.

STERNENTOR Ein mehrdimensionales Portal zu den höheren Bereichen. Das arkturische Sternentor untersteht der Aufsicht der Arkturer und befindet sich auch in der Nähe ihrer Heimat. Wer von der Erde aus durch dieses Tor möchte, muss alle irdischen Inkarnationen absolviert und alle irdischen Lektionen abgeschlossen haben. Es bildet den Zugang zur fünften Dimension. Hier bekommen die Seelen neue Aufträge und werden in höhere Bereiche der Galaxis und des Universums entsandt.

VYWAMUS Ein fünfdimensionaler Psychologe, bekannt für seine Kenntnis der irdischen Probleme, Spezialist für alle Fragen der auf der Erde inkarnierten Sternensamen.

WEISSE BRUDERSCHAFT So wird die Gemeinschaft der aufgestiegenen Meister in der fünften Dimension bezeichnet. Ihre hohe Schwingung wird als weißes Licht erlebt.

Der Baum des Lebens

Der Baum des Lebens, *Etz ha Chayim*, kommt zwar in diesem Buch nicht sehr häufig vor, doch da sicherlich nicht jeder Leser bereits mit ihm vertraut ist, möchte ich ein paar kurze Anmerkungen dazu machen und anschließend den neuen arkturischen Baum des Lebens als Diagramm vorstellen. Es gibt viele Informationsquellen über die Kabbala und den Baum des Lebens sowie die damit verbundene Kosmologie, und wenn Ihnen dieses Thema interessant erscheint, können Ihnen vielleicht die Wikipedia-Artikel »Kabbala« und »Sephirot« als Einstieg dienen.

Der Baum des Lebens ist eine Art kosmologisches Diagramm der Schöpfung, an dem sich Kabbalisten orientieren, um die Beziehungen zwischen allen Dingen im Universum zu verstehen. Er besteht in seiner klassischen Form aus zehn Sefirot (auch Sephirot) oder Sphären mit 22 Verbindungspfaden. Er beschreibt eine Art Hierarchie des Seins vom grenzenlosen Licht des *Ain Sof Aur* bis hinunter zur stofflichen Seite der Schöpfung.

Die obersten drei Sefirot bilden die übernatürliche Triade. Sie werden auch als die höchste Seelenebene angesehen, als das aufgestiegene Bewusstsein:

- Die Sefira *Kether* ist Gott am nächsten. Auf sie richtet sich das Augenmerkt der Gnostiker, die nach Vereinigung mit dem Göttlichen streben. Der Name bedeutet »Krone«.
- *Chochmah* oder »Weisheit« steht für die erste Bewegung, den allerersten Funken.
- *Binah* ist die Ur-Dualität. Binah empfängt die von Chochmah ausgehenden Kräfte und wird von ihnen geformt. Der Name bedeutet »Verstand, Einsicht«.

Die nächsten sechs Sefirot werden vielfach unter dem Gesichtspunkt des Intellekts und des Bewusstseins zusammengefasst:

- *Chesed* steht für die Liebe und Gnade Gottes, also die Energie, auf der die Schöpfung ruht. Der Name bedeutet »Barmherzigkeit«.
- *Gebura* ist Durchhaltevermögen, Urteilskraft und Wille. Der Name bedeutet »Strenge«.
- *Tiferet* ist das Christus-Bewusstsein, ein von Verständnis geleitetes Mitgefühl, der Ausgleich von Chesed und Gebura. Der Name bedeutet »Schönheit«.
- *Nezach* ist Initiative, Willenskraft und Überwindung. Der Name bedeutet »Sieg«.
- *Hod* ist Glaube, Ergebung und Loslassen. Der Name bedeutet »Herrlichkeit«.
- *Jesod* ist Erinnerung, unbewusste Verbindung und himmlisches Bewusstsein. Der Name bedeutet »Grundlage«.

Unterhalb von Jesod befinden wir uns auf der stofflichen Ebene, im Bereich der Leidenschaften und Begierden, der animalischen Seele:

- *Malakuth* ist Verwirklichung und Schöpfung, das Materielle. Der Name bedeutet »Königreich«.

Diese Angaben sind sehr unvollständig und vorläufig, und ich empfehle Ihnen, sich ein wenig weiter einzuarbeiten. Die Sefirot besitzen sehr viele recht unterschiedliche Qualitäten, und die Verbindungspfade zwischen ihnen geben dem spirituellen Sucher manche Anregung.

Der neue fünfdimensionale arkturische Baum des Lebens
im Zusammenspiel mit den ätherischen Kristallen auf der Erde

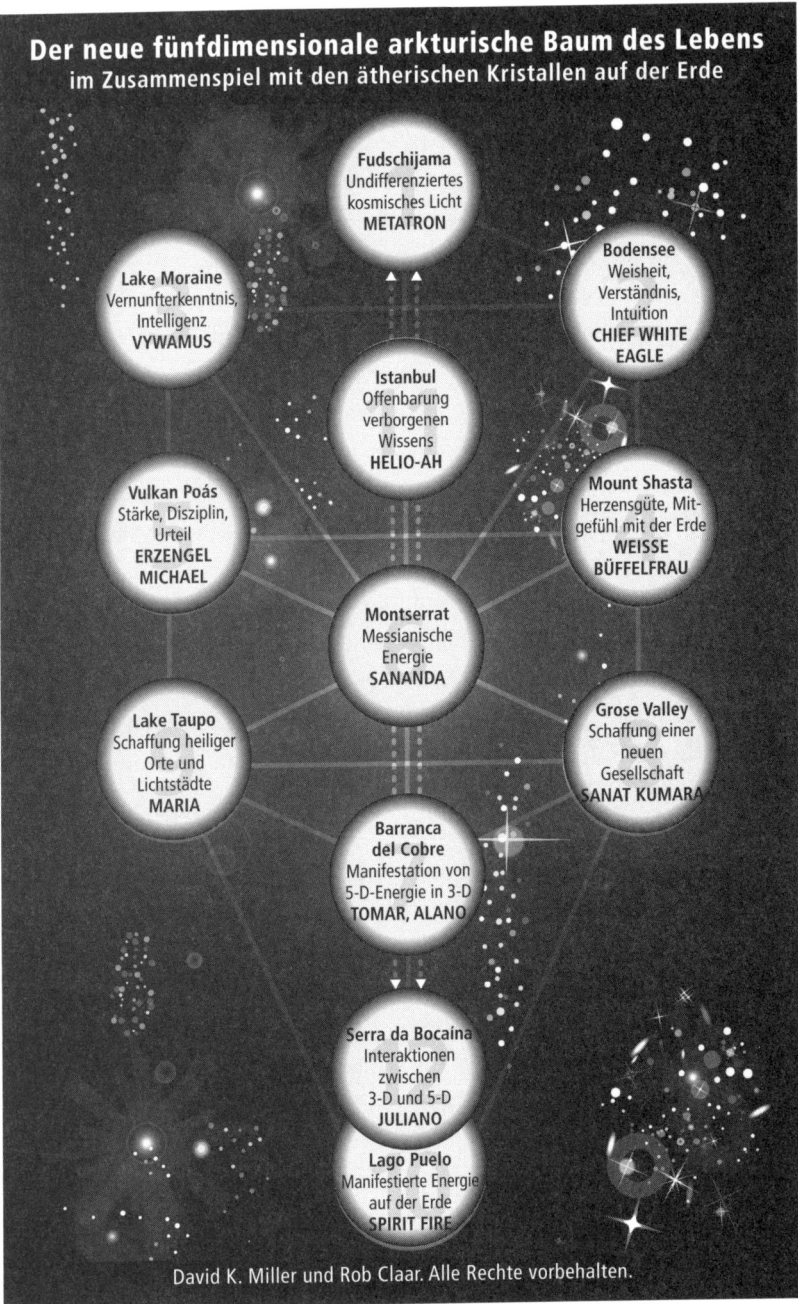

Fudschijama
Undifferenziertes
kosmisches Licht
METATRON

Lake Moraine
Vernunfterkenntnis,
Intelligenz
VYWAMUS

Bodensee
Weisheit,
Verständnis,
Intuition
CHIEF WHITE EAGLE

Istanbul
Offenbarung
verborgenen
Wissens
HELIO-AH

Vulkan Poás
Stärke, Disziplin,
Urteil
ERZENGEL MICHAEL

Mount Shasta
Herzensgüte, Mit-
gefühl mit der Erde
WEISSE BÜFFELFRAU

Montserrat
Messianische
Energie
SANANDA

Lake Taupo
Schaffung heiliger
Orte und
Lichtstädte
MARIA

Grose Valley
Schaffung einer
neuen
Gesellschaft
SANAT KUMARA

**Barranca
del Cobre**
Manifestation von
5-D-Energie in 3-D
TOMAR, ALANO

Serra da Bocaína
Interaktionen
zwischen
3-D und 5-D
JULIANO

Lago Puelo
Manifestierte Energie
auf der Erde
SPIRIT FIRE

David K. Miller und Rob Claar. Alle Rechte vorbehalten.

Landkarte der zwölf ätherischen Kristalle

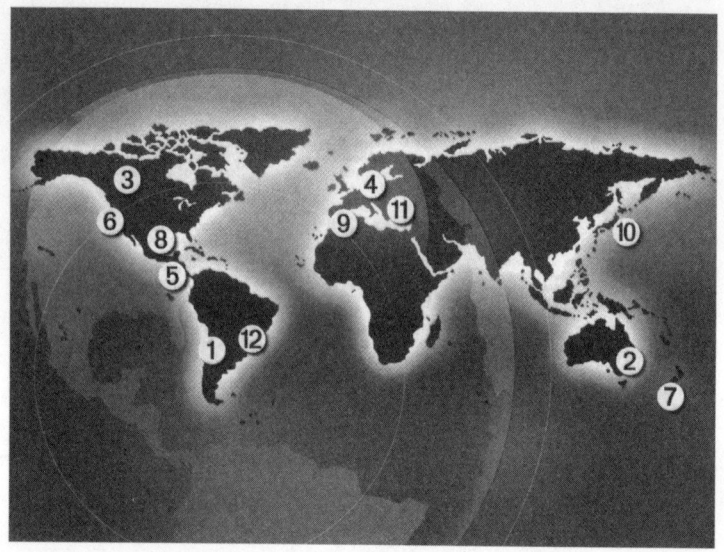

Die zwölf ätherischen Kristalle mit dem Jahr ihrer Aktivierung

1 Lago Puelo, Argentinien, 2002
2 Grose Valley, Australien, 2003
3 Moraine Lake, British Columbia, Kanada, 2004
4 Bodensee, Deutschland, 2005
5 Der Vulkan Poás in Costa Rica, 2006
6 Mount Shasta, Kalifornien, USA, 2007
7 Lake Taupo, Neuseeland, 2007
8 Barranca del Cobre, Mexiko, 2008
9 Montserrat, Spanien, 2008
10 Fudschijama, Japan, 2008
11 Istanbul, 2009
12 Serra da Bocaína, Brasilien, 2009

DIE LICHTSTÄDTE DER ERDE

*mit ihren Schwesterstädten auf der Erde
und im Universum*

Hier eine Liste der bis gegen Ende 2011 aktivierten Lichtstädte mit ihren Schwesterstädten auf der Erde und im Universum, sofern solche Verbindungen entstanden sind. Weitere Schwesterstädte werden in die Liste auf der Website der Gruppe der Vierzig hinzugefügt, sobald die Kontakte geknüpft sind. Neue Einträge und die aktuellen Kontaktinformationen finden Sie unter http://gofcitiesoflight.blogspot.de.

Altos Mirandinos, Caracas, Venezuela
Koordination: Yelithza Ramos del Corral

Ananda Village, Herl bei Trier
Schwesterstadt: Oldenburg
Koordination: Prabhu Nama'Ba'Shie' Hornung

Wir in Ananda Village grüßen euch mit den Elohim-Worten *Omar Ta Satt.* Wir bringen die ursprünglichen Frequenzen der Schöpferquelle wieder auf die Erde und verankern so die Energien der wahren Bruder- und Schwesternschaft, um das Paradies auf Erden zu schaffen.

Anchorage, Alaska
Schwesterstadt: Tallinn, Estland
Koordination: Patsy Hayes

Nordlichter aus fünfdimensionalen Energien und Gedanken umstrahlen unsere Lichtstadt nach innen und außen. Die Naturkräfte dieser weiten arktischen Gebiete schließen sich uns an, und zusammen tauchen wir rings um den Polarkreis alles in unser Licht, auch das Nordportal zur inneren Erde. Unterstützt werden wir von den Ureinwohnern sowie den Geistern der frei lebenden Tiere, Meeresbewohner und Gefiederten. Wir achten die großen Kräfte der kristallenen Eisfelder, der majestätischen Gebirge, der endlosen Tundra-Weite, der Wälder, der Flüsse und Meere, der geothermischen Energien. Die Lichtstadt Anchorage strahlt Nordlicht und Liebe für Mutter Erde aus und für alles, was auf diesem wunderbaren blauen Juwel lebt. Wir verdanken unserer arkturischen Familie, dass sich Gruppen der Vierzig bilden können, die uns Sternensaat erlauben, uns an unser fünfdimensionales Bewusstsein zu erinnern und Lichtstädte auf der Erde einzurichten.

Auckland, Neuseeland
Schwesterstadt: Vale do Capão, Brasilien
Koordination: Lesley Beckley

In Auckland mischen sich uralte und neue Energien, und es besteht eine tiefe Verbindung zu Lemuria. Wir sind die Ersten, die am Morgen die Sonne aufgehen sehen, unsere Stadt der Segel ist von Wasser umgeben und thront auf dem Feuerring: Unter all der prachtvollen Flora und Fauna liegen mindestens sieben Vulkane. Unsere multikulturelle Stadt vibriert von Delfin- und Wal-Energien, Sternensamen aus allen Regionen der Galaxis sind hier zu Hause. Und so können wir in dieser Zeit wieder Regenbogen-Stamm genannt werden.

Aufkirchen am Starnberger See
Schwesterstadt: Tallinn, Estland
Koordination: Oliver Hauck

In Aufkirchen ist Jungfrau Maria energetisch sehr gegenwärtig, weil das kleine Dorf seit Jahrhunderten ein Pilgerort ist. In Aufkirchen fühlen wir uns auch der weißen Bruder- und Schwesternschaft sehr verbunden, und es kommt uns so vor, als wäre hier ein Sternentor zum Universum, zu unseren Brüdern und Schwestern auf Arktur und den Plejaden.

Bahía Blanca, Argentinien
Koordination: Maria Lidia Oliva

Bahía Blanca liegt am Meer, der Heimat der La-Plata-Delfine, und hier befindet sich ein Energiewirbel. Schon der Name, »Weiße Bucht«, lässt an Licht denken. Die Pampa fließt hier bis ins Meer.

Balcolyn, Australien
Schwesterstädte: Polbathic in England und Nelson Bay
in Australien
Koordination: Caroline Beechey und Fay Rayner

Die Energie von Balcolyn hat mit der Beziehung zu den Delfinen und Walen zu tun – und mit der uralten Traumzeit-Verbindung zu den Aborigines.

Belleville, Ontario, Kanada
Schwesterstadt: Omaha, Nebraska, USA
Koordination: Deb Graves Araznu

Belleville liegt an der Bay of Quinte, einem Teil der Wasserwege, die die Verbindung zum Ontariosee und den übrigen Großen Seen im amerikanisch-kanadischen Grenzgebiet herstellen. Da hier ursprünglich eine indianische Siedlung namens Asukhknosk bestand, sind die indigenen Energien noch deutlich spürbar. Es bestand hier auch schon immer ein Zugang zu den Mutter-Energien, der die Ureinwohner hierher zog. Wir haben mitten im Ort ein interdimensionales Portal aktiviert, und es kam sofort ein wahrer Schwall ursprünglicher Energien. Wir hatten dabei indianische und göttliche Hilfen und konnten eine Aufstiegsleiter einrichten, um diese staunenswerte Energie wieder mit dem Ursprung zu verbinden.

Brandenburg an der Havel
Koordination: Sylvia Schütz-Lohlein

Die kreisfreie Stadt Brandenburg ist die älteste Stadt des Bundeslands Brandenburg. Ihre Energie ist von Harmonie und Klarheit geprägt. Seit dem Frühmittelalter ist dies eine vielfach umkämpfte Gegend gewesen, und es bleibt noch einiges an Heilarbeit zu tun, bevor die Stadt und das Land in ihrer vollen fünfdimensionalen Schönheit erstrahlen können.

Breda, Niederlande
Koordination: Dax El-Na-ya

Unsere Grote Kerk, die Liebfrauenkirche, trägt auf der Turmspitze einen goldenen Hahn, und lebende Hähne findet man im Stadtpark. Ihr Krähen mischt sich in den Klang der Glocken,

die jede Viertelstunde über den großen Marktplatz hallen. Den historischen Stadtkern umgibt ein Wassergraben mit Seerosen, und auch die vielen gepflasterten Straßen vermitteln ein Gefühl von europäischer Vergangenheit und Geschichte – vom Kommen und Gehen in dieser so lebendigen Stadt.

Carson City, Nevada, USA

Schwesterstädte: Mount Shasta, Kalifornien,
und Twin Falls, Idaho
Sternen-Schwesterstadt: Taharae, Arktur (mit Helio-ah als Hüter)
Koordination: Donna Dunfield

Die Lichtstadt im Carson Valley ist von der Energie der amerikanischen Ureinwohner erfüllt. Viele haben hier schon bei der Meditation Visionen von indianischen Kriegern gehabt, und manchen ist unsere örtliche Gruppe als Versammlung eingeborener Heiler erschienen, die weiteren Sternensamen zur Inkarnation auf der Erde verhelfen. Früher einmal wurde diese Gegend Eagle Valley genannt, und heute noch sieht man hier viele Adler. Außerdem haben wir noch die Energie der heiligen Wasser. Wir haben Zeremonien zu Ehren des Wassers abgehalten und überall im Tal Kristalle in die Gewässer eingegraben. Kaum zu glauben, aber diese hoch gelegene wüstenartige Gegend hat einmal unter Wasser gestanden!

Chihuahua, Mexiko

Schwesterstadt: Concepción, Chile
Koordination: Biby Sifuentes

Diese Stadt strahlt blaue und indigene Energie aus. Wir verstehen die Ethnie der Rarámuri als Vorbild einer neuen Gesellschaft und nennen sie »die Alten der künftigen Gesellschaft«. Wir leben hier ein einem Punkt des Zusammenstroms von We-

gen und Kulturen. Auch die Hoffnungen und Träume der Menschen treffen hier zusammen, wo Feuer, Wind und Luftspiegelungen ihre Leben tief greifend wandeln. In seiner Verbundenheit mit den Plejaden ist dies ein Ort der Liebe und Harmonie, das Schweigen der Wüste und die Laute des Sands sind Träger einer Friedensbotschaft. Der Ort hat etwas Bergendes und Vereinigendes, er spricht mit dir. Ganz in der Nähe sind die alten Minen mit ihren großen Kristallen, wo wir die elementare Präsenz der Erde spüren, und der achte ätherische Kristall in der Barranca del Cobre, der »Kupferschlucht«, ist auch nicht weit entfernt. Männliche Energie herrscht hier vor, sie übersetzt sich im Einklang mit Sonne und Erde in Tatkraft. Wir bieten allen Unterschieden Raum und achten sie, wir lieben die Vielfalt und stehen doch vereint zusammen.

Concepción, Chile
Schwesterstadt: Chihuahua, Mexiko
Koordination: Raquel Fuentes Alister

Concepción ist Chiles zweitwichtigste Stadt. Sie liegt zwischen Lagunen und grünen Hügeln an der Mündung des Biobío. Am Austritt des Flusses zwischen zwei Bergen besteht ein Energiewirbel. Nach einem schweren Erdbeben wurde die Stadt 1754 landeinwärts verlegt und erhielt einen erweiterten Namen, der in der Übersetzung »Empfängnis der heiligen Mutter des Lichts« lautet – sie ist also ganz wörtlich eine Lichtstadt der Erde. Schulen, Universitäten und Andachtsstätten schmücken sich mit Marias Namen, und auf dem »Jungfrauenhügel« finden sich an jedem 8. Dezember viele Pilger ein. Concepción ist von der Energie der Jungfrau Maria, die im fünfdimensionalen Baum des Lebens für die Schaffung heiliger Ort und Lichtstädte zuständig ist. Sie ist die Schutzheilige unserer Lichtstadt, wir lieben sie und bauen auf ihre Liebe.

Coyoacán, Mexiko-Stadt

Schwesterstädte: Rancho Lagunitas in Mexiko und
Toledo in Spanien
Koordination: Rocio Garcia Esquivel

Coyoacán ist erfüllt von der Energie der Kunst, der Freude, des
Tanzes, der Poesie, der Blüten und des Gesangs – ein Ort, an
dem Gefühle zum Ausdruck kommen. Die Kunst ist es, die negative Gefühle in positive verwandelt.

Cuicuilco, Mexiko

Schwesterstadt: Montserrat, Spanien
Koordination: Ana Rosa Moreno

Die Energie dieser Stadt des Lichts geht von unseren tolteki-
schen Vorfahren aus. Der Ort war ein wichtiges religiöses Zentrum der Tolteken und ist deshalb, wie Juliano ausgeführt hat,
an fünfdimensionale Energien angeschlossen. Hier verbinden
sich heilende Energien, etwa in der Kinderklinik, mit Energien
der Gesundheit, wie sie von den Bauten für die Olympiade
1968 ausgehen. Auch die Kraft der Erkenntnis hat hier ihren
Sitz, repräsentiert beispielsweise durch die Universidad Nacio-
nal. Alle diese Energien fließen in Cuicuilco zusammen und
machen es zu einem wahren Kraftort.

Gijón, Spanien

Koordination: Aintzane Pomposo

Für die Lichtstadt Gijón ist die Energie des Einfachen typisch,
sie strahlt mit der Kraft der Sonne aus ihrem Kristall, und so
steht sie für das Kronenchakra Spaniens. Sie vereinigt die Kräfte des Landes und der Berge und der See vor ihrer Küste. All
das führt uns zu uns selbst zurück, es bringt uns ins Gleichgewicht und öffnet uns für das Christusbewusstsein.

Granada, Spanien
Schwesterstadt: La Serena, Chile
Koordination: Ana M. Zuniga und Juan Rejon

Zwei Naturparks umgeben die Stadt, im Süden die Sierra Nevada mit den höchsten Erhebungen der Halbinsel, deren Schneedecke im Winter und Frühjahr von der Stadt aus zu sehen ist. Auch wasserreiche, fruchtbare Landstriche haben wir, wo alles angebaut wird, was man sich nur denken kann. Die Alhambra und der Generalife haben der Stadt Weltruhm eingetragen. Im Norden liegt der Nationalpark Sierra de Huetor mit dem für die Reinheit seines Wassers berühmten Dorf Alfacar. Jeder weiß, dass man sich hier entspannen und erholen kann; weniger bekannt sind die hier in den Wäldern lebenden magischen Wesen wie Feen und Kobolde, durch die wir energetisch mit Avalon, Lourdes, Montserrat, Fatima und Toledo verbunden sind. All das macht Granada zu einem Ort märchenhafter Verzauberung. Unser Unterkristall strahlt die Energie des Dienens aus.

Groom Creek/Spruce Mountain, Arizona, USA
Schwesterstadt: Sant Pere de Ribes, Spanien
Koordination: David Miller

An der Energie dieser Stadt des Lichts erkennt man, dass es hier viel Natur und gute Luft gibt – sie zieht Sternensamen aus aller Welt an.

Jupiá, Stadtteil von Piracicaba, Brasilien
Koordination: Edson Cella

Wir sind ein Wohngebiet, in dem es eher einfach zugeht – hier und da Zuckerrohrwäldchen und andere Grünflächen. Hier

herrscht auch eine starke schamanistische Energie, deren spirituelle und astrale Heilkräfte wir mit den anderen Lichtstädten der Erde austauschen können. Wir brauchen Unterstützung, um unseren Fluss sauberer zu machen und damit den Lichtquotienten unserer Stadt zu heben.

La Plata bei Buenos Aires, Argentinien
Schwesterstadt: Monterrey, Mexiko
Koordination: Cristina Curubeto

La Plata, Spanisch für »Das Silber«, liegt am gleichnamigen Fluss in Argentinien, dessen Name ebenfalls das Silber enthält (von lateinisch *argentum*, »Silber«). Die gegen Ende des 19. Jahrhunderts auf dem Reißbrett entworfene Stadt ist ein perfektes weibliches Mandala, die einzige Stadt der Erde, die ein lebendiges vierdimensionales Mandala bilden kann. Der maßgebende Stadtentwickler war Freimaurer und entwarf die Stadt nach einer aus dem 14. Jahrhundert stammenden heiligen Geometrie. Unter der Stadt verlaufen Tunnel, deren ursprünglichen Zweck niemand kennt und von deren Vorhandensein die Öffentlichkeit erst kürzlich unterrichtet wurde. An der Anlage der Stadt ist manches bemerkenswert, unter anderem finden sich Elemente der Numerologie der Maya. In dem großen Muster aus exakt rechtwinklig verlaufenden Straßen und diagonalen Avenidas findet sich alle sechs Blocks eine grüne Plaza. Dieses Mandala nimmt die in der Hauptstadt Buenos Aires, der Eintrittspforte der Energie, empfangenen Kräfte auf und verteilt sie über das ganze Land.

2009 sind wir Stadt des Lichts geworden und haben jetzt im mexikanischen Monterrey eine Schwesterstadt, mit der uns auch häufige Zusammenarbeit in Gruppen verbindet. Deren Mitglieder wechseln zwar, doch die Gruppen sind ständig aktiv. Die meisten Beteiligten sind noch mit ihrer persönlichen

Heilung beschäftigt, aber es gibt einige, die auch schon für die Erde arbeiten können, und das ist ein Schwerpunkt, dem wir immer mehr Aufmerksamkeit widmen. Wir möchten auf einem Gelände in der Nähe einen achteckigen Tempel errichten, aber es muss sich erst noch zeigen, wie das gehen könnte.

La Serena, Chile
Schwesterstadt: Granada, Spanien
Koordination: Marcela Estay Garcial

Die Energie unserer Lichtstadt ist vom Pazifik und von Metallen wie Kupfer, Gold und Silber bestimmt. Wir haben auf der einen Seite Strände und auf der anderen Bodenschätze, hier fließen also ozeanische und mineralischer Energien zusammen und erzeugen starke Magnetkräfte, die man besonders im Tal des Río Elqui spürt.

Lindlar, Deutschland
Schwesterstadt: Schalkenmehren, Deutschland
Koordination: Susanne Vedder

Um unsere Lichtstadt herrschen natürliches Gleichgewicht und Harmonie, und davon ist auch der Austausch der Menschen mit den Tieren und Pflanzen und den Geistern der Natur geprägt.

Lourdes, Frankreich
Schwesterstadt: Murcia, Spanien
Koordination: Montse Soley

Lourdes ist eine Kleinstadt in den Ausläufern der Pyrenäen in Südwestfrankreich. Sie ist von hohen bewaldeten Bergen umgeben und ein bedeutender Wallfahrtsort mit rund fünf Millio-

nen Übernachtungen jährlich bei einer Größe von rund 15.000 Einwohnern. Das Quellwasser der Mariengrotte gilt als heilkräftig, und Lourdes gehört sicherlich zu den Hauptstädten des Übersinnlichen. Venus-Energie, die Energie der »aktiven Liebe«, ist hier besonders stark. Lourdes unterhält energetische Beziehungen zu Spanien und vereinigt auf diese Weise Sananda mit Maria Magdalena und der Gottesmutter Maria. Auf einem Berg in der Nähe, dem Pic du Jer, der von einer reinen und subtilen Energie ist, finden wir uns zur Meditation für die Reaktivierung der Lichtstädte zusammen. Wunderschön ist auch der See von Lourdes, ein Magnet für das Licht und die Liebe, die uns umfangen. Er liegt inmitten von Wiesen und Wäldern mit teils gewaltigen Bäumen – ein magischer Wald voller Leben und Lichtwesen, mit denen man sich beim Spaziergang austauschen kann. Die vorherrschende Schwingung in Lourdes ist reine Liebe, die unsere Seele mit Frieden erfüllt.

Maple Valley, Washington, USA
Koordination: Diana Fairbank

Verwirklichung und Ehrfurcht strahlt diese Lichtstadt aus, die in heilsamer Verbundenheit mit den Naturkräften, den Seen, Flüssen und Wäldern ringsum lebt. Mount Rainer ist von vielen Punkten der Stadt aus zu sehen, und seine atemberaubende Schönheit beeindruckt einen immer wieder tief. Uralt und heilig ist die Verbundenheit mit dem Geist der Ureinwohner Amerikas. Maple Valley ist die Heimat vieler Künstler und reich an Kunstwerken im öffentlichen Raum. Dadurch herrscht hier immer eine frische, dem Neuen aufgeschlossene Energie, eine hohe Schwingung, verstärkt noch durch unsere Gruppe der Vierzig hier im pazifischen Nordwesten der Vereinigten Staaten.

Minas, Uruguay (noch in der Entstehung begriffen)
Koordination: Shanti

Monterrey, Mexiko
Schwesterstadt: La Plata, Argentinien
Koordination: Art Hur

Spirituelle Stärke ist charakteristisch für die Energie dieser Lichtstadt, in der Vertrauen und Wohlwollen von jeher Tradition sind.

Montserrat, Spanien
Schwesterstadt: Cuicuilco, Mexiko
Koordination: Encara Sanchez und Ernesta Augusto

Die Lichtstadt Montserrat ist mit Montrat verbunden, der Innererde-Stadt unter den Montserrat-Bergen, die den ätherischen Hauptkristall Spaniens beherbergt. Dieser Kristall projiziert Kraft und Gewissenhaftigkeit, Spielarten der Mars-Energie. In Montserrat wirkt die Kraft des Heiligen, und die vom Kristall ausgehende messianische Energie wird flankiert von Lourdes und seiner Energie der aktiven Liebe, von Santiago und der Energie des Mitfühlens, sowie von Fatima und seiner Energie der Reinheit. Die Glocken von Montserrat und Montrat schaffen zusammen eine höhere Bewusstseinsebene und stiften in allen Religionen, allen Völkern, allen Ideologien und aller Verschiedenartigkeit auf dieser Erde Einigkeit und Brüderlichkeit.

Mount Shasta, Kalifornien, USA
Schwesterstädte: Carson Valley in Nevada, Twin Falls in Idaho und Rancho Langunitas in Mexiko
Koordination: Donna Dunfield

Die Energie dieser Stadt kommt in ihrer Verbindung zu Telos, Adamus Saint Germain und anderen Meistern zum Ausdruck, und ein interdimensionaler Lichtkorridor lässt grandiose Übertragungen von fünfdimensionaler Energie zu.

Murcia, Spanien
Schwesterstadt: Lourdes, Frankreich
Koordination: David Arbizu

Die Lichtstadt Murcia strahlt die Energie der Erde mit ihrer Kraft der reinen Liebe aus. Auch die Energie des Mondes mit ihrer Reinheit und weiblichen Kraft spielt hier eine große Rolle, da sie die weibliche Energie des Mütterlichen und Schöpferischen ausstrahlt und dessen Stärke als Verständnis und Schutz zum Ausdruck bringt.

Nelson Bay, Australien
Schwesterstädte: Balcolyn in Australien und
Polbathic in England
Koordination: Caroline Beechey

In der Energie dieser Stadt kommt ihre uralte Verbundenheit mit den Tieren, dem Meer, den Großmüttern und Großvätern, den Aborigines zum Ausdruck. Ein fünfdimensionaler Korridor verbindet die Aufstiegsleiter auf dem Tomaree Head mit der Lichtstadt Nelson Bay und erzeugt einen permanenten Strom fünfdimensionaler Energie dorthin.

Obregón, Mexiko
Koordination: Myrna Georgina Benitez

Ciudad Obregón liegt im nordwestlichen Bundesstaat Sonora. Sie gilt als zweitwichtigste Stadt der Region. Obregón gehört zum Verwaltungsbezirk Cajeme, der nach einem früheren Führer des Yaqui-Indianer benannt ist. So liegt die Stadt denn auch mitten im fruchtbaren Yaqui-Tal, das »Kornkammer Mexikos« genannt wird. Hier wird Getreide angebaut und in Hightech-Gewächshäusern Gemüse für den Export erzeugt. Der Einfluss der Yaqui mit ihrer schamanistischen Tradition ist noch deutlich spürbar. Ein bedeutender Vertreter dieses Volks, Carlos Castanedas Lehrer Don Juan, ist weltbekannt. Der Aufstieg setzt, wie wir wissen, ein Erwachen voraus, und wir können beobachten, dass viele Menschen in dieser Gegend durch den Einfluss des fünfdimensionalen Lichts aus unserer Stadt erwachen. Der Stadt wird ein hohes Bildungsniveau bescheinigt, was auch an ihren Universitäten liegt, die sehr viel für die Kultur und den Bildungsstand des Landes leisten. Es ist eine verhältnismäßig ruhige Stadt, die seit Jahren zu den zehn mexikanischen Städten mit der höchsten Lebensqualität gezählt wird.

Oldenburg
Schwesterstadt: Ananda Village, Herl bei Trier
Koordination: Markus Dongowski

Unsere Lichtstadt Oldenburg im Oldenburger Land strahlt Frieden, Rhythmus und Stärke aus. Hier mischen sich unter anderem die Energien der nahen Nordsee und des sehr quarzreichen Untergrunds der Stadt. Es ist eine gute Energie für die Heilung von Menschen und die Vorhaben zur Heilung der Erde.

Omaha, Nebraska, USA
Schwesterstadt: Belleville, Kanada
Koordination: Robb Fahey

Der nördliche Kristall unserer Lichtstadt ist an einer Stelle ver-
graben, die wir als heiligen Ort betrachten. Hier versammeln
wir uns zu Vollmond und Neumond in einer sechs Meter hohen Kupferpyramide beziehungsweise um sie herum. Dem jetzigen Eigentümer erschien dieses Gelände eines Tages in einer
Vision. Er sah dort ein multikulturelles Zentrum, einen Ort der
Studien, der Andacht und der Meditation. Vorhergesagt ist
auch, dass es hier bald eine physische Öffnung geben wird, ein
Portal zur inneren Erde, das in naher Zukunft durch ein Erdbeben entstehen wird. Diana Cooper hat diese Voraussage auf-
gegriffen, und dieser Ort erscheint in James J. Hurtaks *Das
Buch des Wissens* als »Das Herz der Taube«. Etliche Leute haben bei unseren Mondzusammenkünften schon Fotos von den
Lichtwesen, Elfen und Devas des Landes gemacht. Hier waltet
die Energie der inneren Erde und der kommenden Vereinigung
aller auf und in der Erde lebenden Wesen.

Palermo, Stadtteil von Buenos Aires, Brasilien
Schwesterstädte: San Martín de los Andes in Argentinien
und Sedona in Arizona
Sternen-Schwesterstadt: Palermo auf Arktur
Koordination: Purvesh San Martin

Palermo ist ein quirliges Barrio (Viertel) der Hauptstadt, direkt
an der breiten Trichtermündung des Rio de la Plata gelegen,
der Argentinien von Uruguay trennt. Palermo in seiner jugend-
lichen Frische ist auch der größte Stadtteil von Buenos Aires,
sprühend vor Kreativität und voller Designershops und Res-
taurants. Die Psychoanalytiker-Dichte ist hier ungewöhnlich

hoch, daher auch der Spitzname »Villa Freud«. Am Nachmittag kommt eine erfrischende Brise vom Rio de la Plata her auf, und auch das ging wohl in den Namen der Stadt ein: »Gute Luft«. Vor allem sind im Stadtteil Palermo viele Sternensamen zu Hause, sodass hier eine starke spirituelle Energie vorherrscht, die Palermo in Südamerika zu einer Hauptstadt des Übersinnlichen macht.

Pasadena, Kalifornien, USA
Schwesterstadt: Anchorage, Alaska
Sternen-Schwesterstadt: Oho, Sirius
Koordination: Olga Stangl

Pasadena liegt in den Ausläufern der San-Gabriel-Berge, von wo aus man die Pazifikküste sehen kann. Unsere Lichtstadt ist die Brücke, die Herz und Seele von Südkalifornien verbindet. Die Hochtechnologiefirmen und die Technische Hochschule unserer Stadt ziehen Wissenschaftler und Studenten aus aller Welt an. Wir haben unsere Kristalle an Stellen von höchstem Verkehrs- und Fußgängeraufkommen platziert, damit ihre fünfdimensionale Energie von vielen Passanten und Verkehrsteilnehmern aufgenommen werden kann. Diese Energie nehmen die Menschen dann mit, wenn sie nach Hause oder in ihre Heimatländer zurückkehren.

Unsere Mitglieder sehen sich als Repräsentanten der Redlichkeit, Großzügigkeit, Vielfalt und Einheit aller Völker. Bei unseren Meditationen tauchen wir ganz Südkalifornien in fünfdimensionale Energie, Liebe und Licht. Von unserer Polizeiverwaltung haben wir erfahren, dass Gewaltverbrechen seit dem Beginn unserer Arbeit um 20 Prozent zurückgegangen sind. Wir glauben, dass unsere Meditationen und die Energie unserer Kristalle dazu beigetragen haben. In Pasadena sind darüber hinaus über 1 500 nicht kommerzielle Hilfsorganisatio-

nen vertreten. Auch in dieser wirtschaftlich schwierigen Zeit werden dieser Organisationen von den Bürgern Pasadenas großzügig mit Spenden unterstützt.

Polbathic, England

Schwesterstädte: Balcolyn und Nelson Bay in Australien
Sternen-Schwesterstadt: Alcyone, Plejaden
Koordination: Stephen Moore
Die Energie dieser Lichtstadt ist von der Beziehung zum keltischen Erbe, zu den Kornkreisen und zu Merlin geprägt.

Ponta Grossa, Brasilien

Koordination: Guillermo Mellado und Silvana Pereira

Quilpué, Chile

Koordination: Paola Pidiarte

Unsere Lichtstadt wird gern »Sonnenstadt« genannt, sie liegt in einem von Hügeln geprägten fruchtbaren Tal und zeichnet sich durch ein sehr angenehmes Klima aus. Diese Stadt bereitet eine neue Generation von Lichtwesen auf die Schaffung einer neuen Erde vor.

Rancho Lagunitas, Mexiko

Schwesterstädte: Mount Shasta in Kalifornien, Coyoacán in Mexiko und Toledo in Spanien
Koordination: Kathy Uribe und Montse Alberich

Ursprünglich war unsere Lichtstadt eine indigene Lebensgemeinschaft und ist für ihre Bewohner bis heute ein besonderer Kraftort. Wir arbeiten mit dem heiligen Dreieck und unterhalten Beziehung zur galaktischen Bruder- und Schwesternschaft sowie zu den weißen Meistern.

San José, Costa Rica
Schwesterstadt: Coyoacán, Mexiko
Koordination: Rocio Garcia Esquivel

San Martín de los Andes, Argentinien
Schwesterstädte: Palermo, Buenos Aires, und Sedona, Arizona
Sternen-Schwesterstadt: X-Eria, Arktur
Koordination: Pepe Lema

Unsere Lichtstadt besitzt die Ausstrahlung einer energetischen Hauptstadt Südamerikas.

San Pedro de La Paz, Chile
Schwesterstadt: Taos, New Mexico
Koordination: Hilda Samson

San Pedro de la Paz liegt wenige Kilometer südlich von Concepción fast genau in der Mitte des Landes an der Mündung des Río Bío Bío in den Pazifik. Unsere in die Natur eingebettete Lichtstadt lässt überall die Hand des Schöpfers erkennen. Ihre Lagunen sind wie Spiegel, die Bergkette und die Küstenlinie des Pazifiks bestimmen die Form der Stadt – geradezu eine Postkartenidylle. Hier hat wirklich noch die Natur das Wort: Wind, Wasser, die üppige Vegetation und artenreiche Tierwelt bestimmen die Atmosphäre. Alle Tage fallen die Schwarzhals-Schwäne in der Laguna Grande ein und bieten ein Schauspiel von seltener Schönheit. Die Naturdevas tun jeden Tag ihr Werk in San Pedro de la Paz.

Santiago de Compostela, Spanien
Koordination: Maite Manso

Unsere Lichtstadt ist eine Sonne des reinen Mitgefühls, deren Licht von allen empfunden wird. Sie leuchtet auf jeden, den seine Pilgerreise hierherführt und der mit müden Füßen, aber zutiefst begeistert und froh hier ankommt. Dieser heilige Ort bestärkt sie in ihrer Hoffnung und erlaubt ihnen, immer mehr Einheit zuzulassen. Alle Menschen, sogar diese Pilger, meinen ja, sie seien vom Göttlichen getrennt, und das führt sie in diese Stadt mit ihrer heilenden Energie des Friedens und der Freiheit. Bei unserer Arbeit für den in dieser Stadt waltenden Geist der Vereinigung werden wir von Sananda geleitet. Wir sind sehr dankbar für diese Erfahrung der Einswerdung mit dem Göttlichen.

Sant Pere de Ribes, Spanien
Schwesterstadt: Groom Creek/Spruce Mountain,
Arizona, USA
Koordination: Magda Ferrer

Die Lichtstadt Sant Pere de Ribes liegt in der Nähe von Montserrat und hat damit teil an der Kraft im heiligen Berg. Sie zieht Sternensamen an, die diese Energie erleben und ihren spirituellen Lichtquotienten anheben möchten. Sant Pere ist mit der Stadt Montrat in der inneren Erde unter Montserrat verbunden und an die Energie des Jupiters angeschlossen. Das sichert die Verankerung des Hauptkristalls und schenkt den Menschen die Selbstachtung und das Vertrauen, die sie für die Umsetzung der inneren Kräfte benötigen, um dem höheren Auftrag der Seele gerecht werden zu können.

Saragossa, Spanien
Schwesterstadt: Sebucán (Caracas), Venezuela
Koordination: Ramon Durban

Saragossa ist seit jeher ein Treffunkt von Menschen unterschiedlichster Lebensauffassung aus vielen Kulturen. Saragossa hat neben dem Ebro noch drei kleinere Wasserläufe, und dieser Wasserreichtum stellt eine starke Verbindung zu Mutter Erde und ihren weiblichen Energien her. Es gibt hier aber auch eine starke männliche Energie, die der Wind von den Bergen des Nationalparks Moncayo heranträgt und der sich hier sehr schön mit dem starken Charakter der Menschen verbindet. Weibliche und männliche Energien befinden sich in unserer Lichtstadt im Gleichgewicht. Außerdem ist Saragossa wie das Zentrum einer Windrose, energetisch mit den ungefähr gleich weit entfernten berühmten Städten Barcelona, Bilbao, Madrid und Valencia verbunden. In diesem Land bestehen die unterschiedlichsten Ideologien und Überzeugungen friedlich nebeneinander. Es ist ein universaler Treffpunkt, der die Energie der Kommunikation und der Wahrheit ausstrahlt. »Liebe zur Vielfalt« – damit ist Saragossa treffend charakterisiert.

Schalkenmehren, Deutschland
Schwesterstadt: Lindlar, Deutschland
Koordination: Manfred Klos und Elisabeth Ulrich

Schalkenmehren in der Eifel besitzt die Energie des Ausgleichs weiblicher und männlicher Kräfte. Es ist die Energie der Liebe, und die Farbe, die darin ihren Ausdruck findet, ist Rosa.

Sebucán, Caracas, Venezuela
Schwesterstadt: Saragossa, Spanien
Koordination: Rafael Izaguirre

Zwei große energetische Einflüsse prägen unserer Lichtstadt Sebucán. Der heilige Berg Waraira Repano, bewacht von unseren karibischen Ahnen und erfüllt von der tiefen Weisheit der alten Schamanen, erhebt sich direkt über unserer Lichtstadt. Die aus diesem Berg strömende Energie ist so stark, dass man nachts oft ihr leuchtendes Gitternetz über der Stadt sehen kann. Außerdem haben wir noch die Energieverbindung zu unseren Delfinbrüdern, deren Fürsorglichkeit hohe Schwingungen vom Meer her zur Nordseite des Berges schickt.

Sedona, Arizona, USA
Schwesterstadt: San Martín de los Andes, Argentinien
Sternen-Schwesterstadt: Anan, Plejaden
Koordination: Aurora Spuhler

Sedona, zeitloser Ort des Lichts und eine Hauptstadt des Übersinnlichen in Nordamerika, ist seit unvordenklichen Zeiten ein heiliger und heilig gehaltener Ort – seit der Zeit von Lemuria und Atlantis mit ihren vielen Ansiedlungen rings um den großen Salzsee bis hin zu zahlreichen indianischen Kulturen, für die Sedona ein Ort der Gebete und Zeremonien war, immer in dem Bestreben, den großen Zusammenhang der Natur auf Mutter Erde zu bewahren. Das heutige Sedona wurde erst 1902 als Farmerdorf gegründet und hatte noch in den Siebzigerjahren des vorigen Jahrhunderts lediglich um die 500 Einwohner. Stadtrecht bekam der Ort 1988. Er hat nur gut 10.000 Einwohner (2010), wird aber von drei bis fünf Millionen Menschen pro Jahr besucht. Cathedral Rock, das heilige Herz von Sedona und Ort der Aufstiegsflamme, gehört zu den

am häufigsten besuchten und fotografierten Naturdenkmälern in den Vereinigten Staaten. Sedonas Schwingungen und Energien streben im Zuge unseres Aufstiegs immer höher hinauf – Monat für Monat, Tag für Tag, ja Minute für Minute. Man spürt hier geradezu körperlich, dass es sich um eine Lichtstadt handelt. Besucher sonnen sich in der Herzlichkeit und Wärme der Ortsansässigen und des heiligen Landes. Hier zu leben und zu lieben ist wahrhaft ein Segen.

Shangri-la, Brasilien
Koordination: Sra Adenir Amorim

Shangri-la wurde 2004 mit der Absicht gegründet, Menschen eine Heimat zu bieten, die sich für die Entwicklung der Menschheit einsetzen und durch Arbeit auf den Gebieten Bildung, Gesundheit und Umweltschutz eine Kultur des Friedens verbreiten möchten. Wir haben inzwischen über 40 Grundstücke erworben, vier Häuser sind fertiggestellt oder befinden sich im Bau. Wir leben nach den Prinzipien der Brüderlichkeit, der gegenseitigen Hilfe und der Freundschaft, und hier herrscht eine freundliche Atmosphäre, in der sich alle Beteiligten wohlfühlen.

Tallinn, Estland
Schwesterstadt: Aufkirchen am Starnberger See
Koordination: Eva Priiman

Ungefähr die Hälfte unseres kleinen grünen Landes an der Ostsee ist von Wäldern bedeckt. Wir haben weite, leere Strände, kristallklare Flüsse und Seen und eine reichhaltige Flora und Fauna. Nahe der Ortschaft Taevaskoja, der Name bedeutet »Himmelshaus«, gibt es ehemals bewohnte prähistorische Sandhöhlen. Hier kann die Erde mit dem Himmel kommunizieren, und hier entspringt eine Quelle mit heilkräftigem Was-

ser. In den Sumpf- und Moorgebieten – wie nennen sie die Lunge der Erde – reinigt sich Mutter Erde. Unsere Lichtstadt Tallin hat eine berühmte Altstadt und gehört zum UNESCO-Welterbe. Sehr alte Energien sind hier noch lebendig, und darüber hinaus spürt man Plejaden-Energie.

Tama, Großraum Tokio, Japan
Koordination: Rae Chandran

Taos, New Mexico, USA
Schwesterstadt: San Pedro de la Paz, Chile
Sternen-Schwesterstadt: Taos, Arktur
Koordination: Vera Le Doux

Das Besondere an Taos ist seine Beziehung zu den Geistern der Berge, den Großmutter- und Großvaterenergien und überhaupt der indianischen Weisheit. Taos besitzt noch zwei sekundäre Schwesterstädte von ähnlicher Energie, nämlich Santa Fe und Albuquerque. Diese ganze Gegend, zu der die drei Städte gehören, zieht Sternensamen, Künstler, Schriftsteller, Freidenker, Pioniere und Erneuerer aller Art an.

Tepoztlán, Mexiko
Derzeit keine Koordinatoren

Toledo, Spanien
Schwesterstädte: Rancho Lagunitas und
Coyoacán in Mexiko
Koordination: Teresa Sanchez

Unsere Lichtstadt hat die Energie Salomons und des hier installierten Unterkristalls, weshalb Verständnis und Unterscheidungskraft hier besonders stark sind. Unsere Stadt ist zu drei

Vierteln vom Fluss Tajo eingeschlossen, und die Merkur-Energie der Kommunikation bestimmt das Bild. Toledo, nahe Madrid in der Mitte der Iberischen Halbinsel gelegen, hat drei Kulturen Heimat geboten, der jüdischen, der arabischen und der christlichen, weshalb sie ein Symbol des brüderlichen Miteinanders und kulturellen Austauschs ist.

Twin Falls, Idaho, USA
Schwesterstädte: Mount Shasta, Kalifornien,
und Carson Valley, Nevada
Koordination: Dr. Lori Gumper

Verbindungen knüpfen, das ist die große Stärke dieser Stadt. Menschen finden sich bei aller Verschiedenartigkeit ihrer Ansichten und Überzeugungen zusammen, um gemeinsam etwas zu bewegen, und ihr Wunsch nach Verbundenheit ist so unerklärlich wie die Vielzahl der Wasserläufe, die hier mitten in einer eher wüstenartigen Gegend zusammentreffen. Naturliebe ist ein sehr charakteristischer Zug, der die Menschen bei der Arbeit, beim Sport und vielem anderen verbindet. Ebenso charakteristisch sind Ehrlichkeit, Redlichkeit, Freundlichkeit und Großzügigkeit im Umgang der Menschen miteinander: Sie fühlen sich anderen Werten als denen des Materialismus verpflichtet.

Vale das Borboletas, Brasilien
Koordination: Aidda Pustilnik

In unserer Gemeinschaft sind Zusammenarbeit und Solidarität sehr stark. Vale das Borboletas gehört zu der Stadt Sabará und liegt 30 Kilometer östlich von Belo Horizonte, der Hauptstadt des Bundesstaats Minas Gerais. Uns geht es in unserer Gemeinschaft in erster Linie um Bewusstseinsentwicklung, aber wir betätigen uns auch handwerklich. Wir arbeiten sehr viel mit

Bambus, sowohl am Bau als auch kunsthandwerklich, und geben für die umliegenden Gemeinden Kurse in dieser Technik.

Vale do Capão, Brasilien
Schwesterstadt: Auckland, Neuseeland
Koordination: Vânia Meirelles

Das Capão-Tal liegt in einer Mittelgebirgsregion namens Chapada Diamantina im brasilianischen Bundesstaat Bahia. In der Frühzeit der Erde war diese Gegend von Meer bedeckt, und als sie sich hob, gestalteten Wetter und Wasserläufe mit der Zeit Schluchten und Felswände. Es entstanden spektakuläre Wasserfälle und eine üppige Vegetation, die einer artenreichen Tierwelt Raum bot. Es dürfte sich um eine der schönsten Gegenden der Welt handeln. Unser Dorf Capão liegt im Herzen des Nationalparks Chapada Diamantina auf einer Höhe von 1000 Metern und ist von herrlichen Bergen umgeben. Da der Untergrund sehr quarzreich ist, eignet sich die Gegend hervorragend zum Channeln von Energien. Die Menschen kommen aus aller Welt in unser Tal, um sich den hier herrschenden hohen spirituellen Energien auszusetzen. Vale do Capão gilt als eine Pforte für interplanetarische Energien.

UNSERE SONNE, UNSER SCHICKSAL!

Ist die Sonne die treibende Kraft in der Geschichte der Menschheit? Müssen wir uns darauf gefasst machen, dass sie unsere Zukunft in entscheidender Weise bestimmt? Ja, sagt der Autor dieses aufrüttelnden Buchs, denn wir befinden uns inmitten eines massiven und außerordentlich langen Sonnensturms. Und fast jeder Aspekt des Lebens auf unserem Planeten ist von physikalischen Änderungen in und auf der Sonne abhängig. Gerät unser Zentralgestirn weiter aus der Balance, kann jederzeit eine Katstrophe von biblischen Ausmaßen über uns hereinbrechen …

Mehr über unsere Bücher
www.scorpio-verlag.de

SCORPIO

DALAI LAMA

VON HIER ZUR ERLEUCHTUNG

Die zeitlose Weisheit des großen
tibetischen Weisen Tsong-kha-pa,
erklärt für das Leben in der
modernen Welt

270 Seiten, gebunden mit Schutzumschlag
ISBN 978-3-943416-33-6

Über den Autor

David K. Millers ursprüngliches Studiengebiet war die jüdische Mystik, insbesondere die Kabbala. Während einer Campingtour 1991 channelte er am Sublime Point am Nordrand des Grand Canyon zum ersten Mal seinen kabbalistischen Führer und Lehrer Nabur. Die wichtigsten Themen sind ihm bei seinen Channelings der Aufstieg und die Betrachtung der Seelenentwicklung unter dem Gesichtspunkt der jüdischen Mystik. Er channelt heute mehr als 15 Führer, darunter die Arkturer, Sananda, Maria, Ashtar, Erzengel Michael und nach wie vor Nabur.

Neben fünf Büchern hat David K. Miller über 50 Artikel in amerikanischen und australischen Zeitschriften veröffentlicht. Gegenwärtig macht er telefonische »Readings« und gibt Workshops, in denen es um die Lehren und Techniken des Aufstiegs, um Heilung und psychospirituelle Fragen geht, und schließlich geht er auch noch seinem Vollzeitberuf als medizinischer Sozialarbeiter nach. Er lebt mit seiner Frau Gudrun in Prescott, Arizona.

Kontakt:
David K. Miller
P.O. Box 4074
Prescott, AZ 86302
E-Mail: davidmiller@groupofforty.com
www.groupofforty.com

DAS SPIRITUELLE LIEBLINGSBUCH DES DALAI LAMA – ERKLÄRT VON IHM SELBST

Als der Dalai Lama in einer kalten Märznacht des Jahres 1959 über die Bergpässe des Himalaya aus Tibet floh, konnte er nicht viel bei sich tragen … aber er ließ es sich nicht nehmen, dieses Buch mitzunehmen: *Die Stufen des Weges zur Erleuchtung*, verfasst von dem großen buddhistischen Weisen Tsong-kha-pa (um 1400). Hier ist es, versehen mit den persönlichen Erklärungen des spirituellen Oberhauptes der Tibeter und Friedensnobelpreisträgers.

Mehr über unsere Bücher
www.scorpio-verlag.de

TRINITY

W0227310